Sabine Lingenauber (Hrsg.)

Handlexikon der Integrationspädagogik

Kindertageseinrichtungen

Sabine Lingenauber (Hrsg.)

Handlexikon der Integrationspädagogik

Kindertageseinrichtungen

projektverlag.

Bibliografische Information der Deutschen Nationalbibliothek

Die Deutsche Nationalbibliothek verzeichnet diese Publikation in der Deutschen Nationalbibliografie; detaillierte bibliografische Daten sind im Internet über http://dnb.d-nb.de abrufbar.

ISBN 978-3-89733-316-1

2., überarbeitete Auflage, 2013

© **projekt verlag**, Bochum/Freiburg 2013

www.projektverlag.de

Vertrieb@projektverlag.de

Umschlaggestaltung: punkt *KOMMA* Strich, Freiburg

Foto auf dem Umschlag: © Andres Rodriguez

Die Daten und Adressen in diesem Buch sind von Herausgeberin und Verlag sorgfältig geprüft worden, dennoch sind Irrtümer nicht ausgeschlossen.

Inhalt

Vorwort zur 1. Auflage

Das *Handlexikon der Integrationspädagogik* wird insgesamt drei Bände umfassen. Das Augenmerk des ersten Bandes liegt auf den Kindertageseinrichtungen, das des zweiten auf der Schule und das des dritten auf Beruf und Freizeit. In diesen drei integrationspädagogischen Praxis- und Diskursbereichen bestehen erhebliche Unterschiede u. a. in Bezug auf die historische Entwicklung, das aktuelle quantitative Angebot und die Perspektiven der Akteure, denen mit der dreibändigen Struktur Rechnung getragen wird. Gegenüber bisherigen Gesamtdarstellungen werden in dieser Publikation erstmals die Perspektiven sämtlicher Akteure zusammengeführt: Wissenschaftlerinnen und Wissenschaftler, Erzieherinnen[1], Eltern, Kinder und Einrichtungsträger. Damit erfolgt eine Vernetzung von Perspektiven, die bislang als Teile unterschiedlicher Spezialdiskurse in getrennten Veröffentlichungen dargestellt wurden. Inhaltliche Gestaltung und Auswahl spiegeln dementsprechend auch exemplarisch ausgewählte frühpädagogische und internationale Perspektiven wider. Damit wird ein möglichst breites Spektrum integrationspädagogischer Denkweisen verknüpft und deren übersichtliche Kenntnisnahme ermöglicht. Darüber hinaus erleichtert das Lexikon die Erfassung relevanter pädagogischer Ansätze und zentraler integrationspädagogischer Grundbegriffe.

Das Buch setzt keine Fachkenntnisse voraus und ist auch für einen Personenkreis geschrieben, der sich in das Thema neu einarbeitet, also etwa für Studierende sowie für Erzieherinnen, die sich einen Überblick über die Integrationspädagogik verschaffen möchten.

Durch eine Vielzahl von Verweisen (→) in den einzelnen Stichwörtern wird eine enge Vernetzung der Einzelbeiträge erreicht. Nur die Beiträge zur internationalen Perspektive enthalten keine Verweise, da Begriffe wie z. B. Integration in den entsprechenden Ländern anders als in der Bundesrepublik Deutschland definiert werden.

---

[1] Hier und im Folgenden wird die Bezeichnung Erzieherinnen bzw. Erzieherin gewählt; damit soll der Tatsache Rechnung getragen werden, dass die Mehrzahl der in Kindertageseinrichtungen tätigen Personen Frauen sind.

Vorwort zur 1. Auflage

Mein besonderer Dank gilt den Autorinnen und Autoren für ihre Bereitschaft, an diesem aufwendigen Buchprojekt mitzuarbeiten, und meinem
Verleger Fred Pusch für seine unerschöpfliche Geduld.

Fulda, im Oktober 2008   Sabine Lingenauber

Vorwort zur 2. Auflage

Für das *Handlexikon der Integrationspädagogik* waren im Erscheinungs-jahr der ersten Auflage 2008 insgesamt drei Bände geplant: Kindertagesein-richtungen (Band 1), Schule (Band 2), Beruf und Freizeit (Band 3). Die Rati-fizierung der UN-Behindertenrechts-Konvention (UN-BRK) im Jahr 2009 beeinflusst verschiedene Diskurse und die Praxis nachhaltig:

- Der *Nationale Aktionsplan* der Bundesregierung zur Umsetzung der UN-BRK ist ein wichtiger Schritt auf dem Weg zu einer inklusiven Ge-sellschaft.

- Die Kultusministerkonferenz der Länder erklärt Inklusion zum Bil-dungsthema des Jahres 2013.

- Vertreterinnen und Vertreter verschiedener gesellschaftlicher Bereiche diskutieren erstmalig gemeinsam im Rahmen der *Nationalen Konfe-renz zur inklusiven Bildung* im Juni 2013 in Berlin die Fragen: Welche Anforderungen stellen die gleichberechtigte Teilhabe und das gemein-same Lernen an Erzieherinnen und Erzieher, Lehrerinnen und Lehrer, Ausbilderinnen und Ausbilder, Hochschullehrerinnen und Hochschul-lehrer? Und wie müssen die Ausbildung und Professionalisierung von Fachkräften in der frühkindlichen Bildung, in der Schule, in der Aus-bildung und Hochschulbildung zukünftig ausgestaltet werden, um in-klusive Bildung zu verwirklichen?

Die genannten Beispiele stimmen einerseits optimistisch. Andererseits er-fordert die Realisierung einer inklusiven Pädagogik in sämtlichen Bereichen weitere Schritte und auch ein Bereitstellen der dafür notwendigen Res-sourcen. Aufgrund dieser Entwicklung wird das Handlexikon der Inte-grationspädagogik nicht um die Bände 2 und 3 erweitert. Der bisherige *Band 1* erscheint in der 2. Auflage ohne Zählung. Auch folgt das *Hand-lexikon der Integrationspädagogik* nicht dem gegenwärtig häufig zu be-obachtenden Trend, den Begriff Integration lediglich in Inklusion umzu-benennen.

Den Autorinnen und Autoren danke ich herzlich für die Bereitschaft, ihre Artikel für die zweite Auflage zu überarbeiten.

Fulda, im September 2013   Sabine Lingenauber

Akademisierung der Erzieherinnenausbildung

An den über 470 Fachschulen für Sozialpädagogik in Deutschland begannen 2011/12 über 30.000 junge Menschen pro Jahr – insgesamt fast ausschließlich Frauen – eine Ausbildung zur Erzieherin; 43 Prozent dieser Fachschulen befinden sich immer noch in privater Trägerschaft (vgl. Rauschenbach 2012). Der (vollzeit)schulische Teil der Ausbildung dauert in der Regel zwei Jahre, an die im Normalfall ein einjähriges Anerkennungsjahr in einer Kindertageseinrichtung oder einer anderen Einrichtung der Kinder- und Jugendhilfe anschließt. Sofern vor Beginn der Fachschulausbildung keine einschlägige Berufserfahrung oder der Abschluss einer Berufsfachschule vorliegt (z.B. in der Kinderpflege), besteht darüber hinaus als Ausbildungsvoraussetzung in der Regel zumindest die Verpflichtung zu einem einjährigen Vorpraktikum. Damit addiert sich nach dem Abschluss der allgemeinbildenden Schule die berufliche Ausbildungsdauer für einen Großteil der Erzieherinnen auf insgesamt wenigstens vier, nicht selten sogar auf fünf Jahre – und dies, obwohl es sich nicht um ein akademisches Studium, also eine Hochschulausbildung handelt. In Zeiten, in denen für ein Bachelor-Studium an Universitäten und Fachhochschulen drei Jahre als Richtwert angenommen werden, ist dies eine lange Zeit.

Die Ausbildung zum/zur Erzieher/in mit ihrer 150-jährigen Geschichte ist – neben der Lehramtsausbildung – nicht nur eine der ältesten, sondern auch eine der größten Ausbildungen im Bereich der Sozial- und Erziehungsberufe. Mitte der 1970er Jahre wurden jährlich zwischen 10.000 und 15.000 Erzieher/innen ausgebildet, danach ging die Zahl zurück. Seit einigen Jahren ist allerdings ein erneuter Anstieg zu verzeichnen (vgl. Rauschenbach/Schilling 2010), der – inzwischen im vereinten Deutschland – zu neuen Spitzenwerten geführt hat: Im Schuljahr 2010/11 haben immerhin 19.000 Neuausgebildete die Fachschulen für Sozialpädagogik verlassen, im Schuljahr 2014/15 werden es voraussichtlich sogar mehr als 25.000 sein (vgl. Schilling 2012) – und damit der höchste jemals erreichte Wert.

Aufgrund eigener Berechnungen auf Basis der KMK-Statistik und des Mikrozensus ist davon auszugehen, dass in Deutschland seit der zweiten Hälfte der 1970er Jahre bis heute insgesamt schätzungsweise rund 740.000 Erzieher/innen ausgebildet worden sind; diese Zahl schließt die 150.000 bis 180.000 – teilweise in spezialisierter Form – in der DDR bzw. seit 1990 in den östlichen Bundesländern ausgebildeten Erzieher/innen mit ein (vgl. Rauschenbach 2005, 2013; Galuske/Rauschenbach 1994). Von diesen waren laut Kinder- und Jugendhilfestatistik im Jahr 2010/11 gut 350.000 in der Kinder- und Jugendhilfe insgesamt, davon allein knapp 310.00 in Kindertageseinrichtungen tätig. Dem Arbeitsmarkt zur Verfügung standen nach Angaben des Mikrozensus im Jahr 2011 insgesamt rund 547.000 Erzieher/innen.

Sofern man von einer durchschnittlichen Zeitspanne zwischen Berufseintritt und Verrentung von mindestens 35 Jahren ausgeht, würde das rechnerisch bedeuten, dass von den in diesem Zeitraum ausgebildeten Erzieher/innen heute insgesamt gut 70 Prozent erwerbstätig sind. Weniger als 50 Prozent der Ausgebildeten arbeiten in der Kinder- und Jugendhilfe und ein Teil der Ausgebildeten offenbar fachfremd, also außerhalb sozialpädagogischer Arbeitsfelder. Auch wenn man zugleich in Rechnung stellen muss, dass ein Teil der ehemaligen Erzieher/innen sich später höher qualifiziert hat und ein anderer Teil dem Arbeitsmarkt nicht mehr zur Verfügung steht, so hieße das dennoch, dass eine nicht unerhebliche Zahl an ausgebildeten Fachkräften sich entweder in der „Stillen Reserve" befindet oder aber in ausbildungsfernen Branchen und Berufen arbeitet.

Bei genauerer Betrachtung fällt auf, dass sich Erzieher/innen im Vergleich zu Angehörigen anderer sozialpädagogischer Berufe viel stärker auf ein einziges Arbeitsmarktsegment konzentrieren: Von 351.000 in der Kinder- und Jugendhilfe tätigen Erzieher/innen arbeiteten 2011 310.000 in Kindertageseinrichtungen. Mit anderen Worten: Fast 90 Prozent sind in diesem Segment beschäftigt – was im Umkehrschluss bedeutet, dass innerhalb der Kinder- und Jugendhilfe nur rund 10 Prozent außerhalb von Kindertageseinrichtungen arbeiten, ein Umstand, der bei den derzeitigen Reformbemühungen zur Erzieherinnenausbildung kaum beachtet wird.

Obwohl es von verschiedenen Seiten schon seit vielen Jahren Bemühungen zur Reform und Anhebung der Erzieherinnenausbildung gegeben hat (vgl. Rauschenbach/Beher/Knauer 1995), hat diese Diskussion erst durch einen doppelten „italienischen" Impuls eine neue Dynamik erhalten. Zum einen entstand in Deutschland nach Veröffentlichung der ersten *PISA*-Ergebnisse (vgl. Baumert u.a. 2001) eine Diskussion über die ungenutzten Bildungsmöglichkeiten der frühen Jahre, in deren Verlauf auch die Angleichung der

Ausbildung des Personals im Elementar- und Primarbereich gefordert wurde. Zum anderen wurden, ausgelöst durch den *Bologna*-Prozess zur Internationalisierung und Modularisierung der Hochschulausbildung, Bachelor-Studiengänge als neue Basisausbildung propagiert, die im Vergleich zu den bisherigen universitären Diplom- oder Magisterstudiengängen nicht nur kürzer, sondern auch sehr viel schwächer disziplinär ausgerichtet ist. Diese Offenheit führte erwartungsgemäß rasch auch zum Entstehen neuer Studiengänge und -modelle in dem hier anstehenden Themenbereich – vornehmlich an Fachhochschulen, aber auch an den Pädagogischen Hochschulen und Dualen Hochschulen in Baden-Württemberg sowie bundesweit an einigen Universitäten.

Wie vielschichtig und damit aber auch unübersichtlich die derzeitigen Reformbemühungen jedoch sind, wird deutlich, wenn man die in Deutschland auffindbaren bzw. auf der Grundlage der bisherigen Erzieherinnenausbildung prinzipiell denkbaren Modelle typologisiert (vgl. Rauschenbach 2006). Dabei lassen sich acht Modelle unterscheiden:

(1) *Reformiertes Status-Quo-Modell:* Inhaltliche Weiterentwicklung der gegenwärtigen Fachschul-Ausbildung;

(2) *Upgrading-Modell:* Statusaufwertung durch eine förmlich geregelte Kooperation vorhandener Fachschulen mit Fachhochschulen;

(3) *Fachschul-Transformations-Modell:* Anhebung bzw. Umwandlung der gegenwärtigen Fachschulen zu (Fach-)Hochschulen eigener Art;

(4) *FH-Substitutionsmodell:* Elementarpädagogischer Ausbau und Umgestaltung bestehender sozialpädagogischer Fachhochschul-Studiengänge;

(5) *Uni-Substitutionsmodell:* Elementarpädagogischer Ausbau und Ausdifferenzierung bestehender erziehungswissenschaftlicher Hauptfach-Universitäts-Studiengänge;

(6) *FH-Expansionsmodell:* Einrichtung neuer elementarpädagogischer BA/MA-Studiengänge an Fachhochschulen;

(7) *Uni-Lehramts-Expansionsmodell:* Einrichtung neuer elementarpädagogischer BA/MA-Studiengänge an Universitäten in Anlehnung an bestehende Lehramtsstudiengänge;

13

(8) *Uni-Hauptfach-Expansionsmodell:* Einrichtung neuer elementar-pädagogischer BA/MA-Studiengänge an Universitäten in Anlehnung an bestehende erziehungswissenschaftliche Hauptfachstudiengänge.

Die momentan in Deutschland bereits vorhandenen Studiengänge lassen eine deutliche Dominanz des *FH-Expansionsmodells* erkennen, also jener Formen, die neben den vorhandenen Ausbildungen an Fachschulen, Fach-hochschulen und Universitäten *zusätzliche* neue Angebote unterbreiten. Wurden 2007 an mehr als 20 Fachhochschulen Fachkräfte für den früh-pädagogischen Bereich ausgebildet (vgl. Rauschenbach/Borrmann 2007), hat sich die Zahl frühpädagogischer Studiengänge in den letzten fünf Jahren mehr als verdreifacht und liegt heute bei mehr als 60 Angeboten (vgl. WiFF). Vereinzelt sind auch Kooperationen zwischen Fachschulen und Fachhoch-schulen zu verzeichnen, die im Sinne des *Upgrading-Modells* eine Art Doppel-Ausbildung anbieten. Dabei handelt es sich um integrierte Studien-gänge, bei denen eine erste Phase der Ausbildung an einer Fachschule ab-solviert wird, die zweite an einer Fachhochschule. Die Absolventen und Ab-solventinnen erlangen dabei zwei Abschlüsse, den der Erzieherin und einen Bachelor-Abschluss.

Während bislang bei vielen Studiengänge an Fachschulen ausgebildete Erzieher/-innen mit Berufserfahrung in der Arbeit mit Kindern auch ohne Fachhochschulreife die Zulassungsvoraussetzungen erfüllen (vgl. GEW 2005), ist dies vor allem durch Regelungen in den Landeshochschul-gesetzen möglich, die die Erteilung der Hochschulzugangsberechtigung durch berufliche Vorerfahrungen unter bestimmten Voraussetzungen (z.B. Realschulabschluss, mehrjährige Berufserfahrung, Abschluss einer dem gewählten Studiengang entsprechenden anerkannten Berufsausbildung) und oft nach Ablegen einer Feststellungs-, Einstufungs- oder Eignungs-prüfung regeln. Oft gilt auch eine Erzieherinnenausbildung und Fachhoch-schulreife als Zugangsvoraussetzung, wobei es zunehmend mehr Studien-gänge gibt, die auch ohne fachlich-berufliche Vorerfahrungen aufgenom-men werden können. Damit wird der Bereich auch für junge Menschen mit Hochschulzugangsberechtigung attraktiver, während Studiengänge mit der Zugangsvoraussetzung einer Erzieherinnenausbildung stärker an Weiterbil-dungs- und Aufstiegsmöglichkeiten orientiert sind.

Schon der Blick auf die unterschiedlichen Zulassungsvoraussetzungen zeigt, wie disparat der Bereich momentan ist. Insbesondere spielen die existierenden Fachschulen für Sozialpädagogik – abgesehen von ausgewählten Kooperationen mit den genannten Hochschulstudiengängen – noch keine ihrer Bedeutung und Anzahl entsprechende Rolle bei den derzeitigen Reformbemühungen, und dies, obwohl sich eine grundlegende Reform, im Gegensatz zu einzelnen Modellvorhaben, mittelfristig massiv auf sie auswirken wird.

Dass der derzeitige Prozess einer Akademisierung und damit Aufwertung der Erzieherinnenausbildung jedoch unumkehrbar zu sein scheint, dafür sprechen mehrere inhaltliche Gründe:

- Innerhalb der Elementarerziehung würde durch die auch inhaltliche Neubestimmung der Ausbildungsinhalte der Bildungsaspekt gestärkt und damit einer Kernforderung der vergangenen, durch den „Pisa-Schock" ausgelösten, Bildungsdebatten entsprochen. Als Folge würde auch eine deutliche Professionalisierung des Qualifikationsprofils der Erzieherinnen erreicht.
- Daneben würden die Fachkräfte in diesem Bereich endlich auf gleiche Augenhöhe mit anderen pädagogischen Berufen gebracht. Dadurch würde das bestehende Statusgefälle ausgeglichen.
- Auf der europäischen und damit internationalen Ebene kann auf diese Weise ebenfalls eine Angleichung der Ausbildungsniveaus erreicht werden. Allerdings muss auch beachtet werden, dass dieses Niveau nicht automatisch mit der realen Personalstruktur auf dem Arbeitsmarkt gleichzusetzen ist.
- Die vermeintlich hohen Zusatzkosten wären keineswegs ein so starker Hinderungsgrund, wie oft der Eindruck erweckt wird. Eine im Zusammenhang mit der Erstellung des 12. Kinder- und Jugendberichts erstellte Expertise kommt zu dem Schluss, dass nur mit geringen Kostensteigerungen pro Ausbildungsplatz zu rechnen wäre und die aufgrund der Akademisierung steigenden Personalkosten durch den aus demografischen Gründen sinkenden Erzieherinnenbedarf in der Gesamtsumme mehr als ausgeglichen werden könnten (vgl. Pasternack/Schildberg 2005).

Wie bei einem sich derzeit rasant wandelnden Feld nicht anders zu erwarten, sind jedoch viele Fragen noch unbeantwortet und einige Konsequenzen nach wie vor nicht absehbar (vgl. Rauschenbach/Schilling 2013; BMFSFJ 2013). Auf nur einen direkt mit der Struktur der Ausbildungsreform zusammenhängenden Punkt soll abschließend verwiesen werden.

Grundsätzlich muss geklärt werden, ob die gesamte Erzieherinnenausbildung reformiert werden soll oder nur die Ausbildung für die Tätigkeit im frühen Kindesalter. Denn bisherige Reformmodelle sind inhaltlich vor allem auf die frühe Kindheit ausgerichtet – auch wenn die Studiengänge künftig unter dem Etikett „Kindheitspädagogik" firmieren sollen – und bieten damit insbesondere den bislang in Kindertageseinrichtungen tätigen Erzieher/-innen Aufstiegschancen – allerdings nur, wenn das gesamte Arbeitsfeld eine Aufwertung erfährt. Durch die derzeit dominierenden *Expansionsmodelle* entsteht zudem eine Parallelstruktur, die den an Fachschulen ausgebildeten Erzieher/-innen entsprechende Weiterbildungs- und Aufstiegsmöglichkeiten bietet und jungen Menschen mit Hochschulzugangsberechtigung ein neues Arbeitsfeld eröffnet. Ist dies das Modell für die Zukunft, dann kann allerdings nicht von der Akademisierung *der* Erzieherinnenausbildung gesprochen werden. Eine *umfassende* Reform muss in der einen oder anderen Art und Weise die alten Fachschulen mit einbeziehen – ansonsten werden durch die Reformen Erzieher/-innen erster und zweiter Klasse ausgebildet und das traditionelle Qualifikationsprofil der Erzieher/-innen dadurch zu Unrecht abgewertet.

Zwischen der wahrgenommenen und der realen Bedeutung der frühpädagogischen Studiengänge besteht in professioneller Hinsicht, also mit Blick auf ihre tatsächliche Bedeutung im Ausbildungs- und Beschäftigungssystem, vorerst eine auffällige Kluft. Trotz der Steigerung der Anzahl an Hochschulstudienplätzen wird das damit verbundene Volumen bis auf Weiteres nicht ausreichen, um das Kräfteverhältnis zwischen akademischen und nicht-akademischen Fachkräften im Arbeitsfeld der Kindertageseinrichtungen entscheidend zu verändern.

Thomas Rauschenbach

Literatur

Baumert, Jürgen u.a. (Hrsg.): PISA 2000. Basiskompetenzen von Schülerinnen und Schülern im internationalen Vergleich. Opladen: 2001 Bundesministerium für Familien, Senioren, Frauen und Jugend (BMFSFJ) (Hrsg.): Vierzehnter Kinder- und Jugendbericht. Kinder- und Jugendhilfe in neuer Verantwortung. Bundestagsdrucksache 17/12200. Berlin: 2013

Galuske, Michael/Rauschenbach, Thomas: Jugendhilfe Ost. Entwicklung, aktuelle Lage und Zukunft eines Arbeitsfeldes. Weinheim und München: 1994

Gewerkschaft Erziehung und Wissenschaft (GEW): Erzieherinnenausbildung an die Hochschule. Der Anfang ist gemacht. Frankfurt a. M.: 2005

Pasternack, Peer/Schildberg, Arne: Die finanziellen Auswirkungen einer Akademisierung der ErzieherInnen-Ausbildung. In: Sachverständigenkommission Zwölfter Kinder- und Jugendbericht (Hrsg.): Entwicklungspotenziale institutioneller Angebote im Elementarbereich. Materialien zum Zwölften Kinder- und Jugendbericht. Band 2. München: 2005, S. 9-133

Rauschenbach, Thomas: Erzieherinnen in neuer Höhenlage. Unbeabsichtigte Nebenwirkungen einer beabsichtigten Ausbildungsreform. In: Erziehungswissenschaft 16 (2005) 31, S. 18-35

Rauschenbach, Thomas: Rahmencurriculum „Frühkindliche Bildung". (2006) URL: http://www.profis-in-kitas.de – Download vom 30.05.2006

Rauschenbach, Thomas: Pädagogische Aus-, Fort- und Weiterbildung: Fachschulen, Fachhochschulen, Universitäten, in: Krüger, Heinz-Hermann/Rauschenbach, Thomas (Hrsg.), Einführung in die Arbeitsfelder des Bildungs- und Sozialwesens. Opladen und Toronto: (5. Auflage) 2012, S. 381-406

Rauschenbach, Thomas: Ausbildung/Ausbildungen. In: Kreft, Dieter/Mielenz, Ingrid (Hrsg.): Wörterbuch Soziale Arbeit. Weinheim und München: (7. Auflage) 2013

Rauschenbach, Thomas/Beher, Karin/Knauer, Detlef: Die Erzieherin. Ausbildung und Arbeitsmarkt. Weinheim und München: 1995

Rauschenbach, Thomas/Borrmann, Stefan: In Zukunft nur noch an der Hochschule? Zur Akademisierung der ErzieherInnenausbildung in Deutschland, in: Kinderzeit: 2007, Heft 4, S. 8-10

Rauschenbach, Thomas/Schilling Matthias: Der U3-Ausbau und seine personellen Folgen. Empirische Analysen und Modellrechnungen. WiFF Studien 1. München: 2010

Rauschenbach, Thomas/Schilling, Matthias: Die Akademisierungsfrage der Frühpädagogik und ihre Nebenwirkungen. Erscheint in: Sektion Sozialpädagogik und Pädagogik der Frühen Kindheit der DGfE (Hrsg.): Konsens und Kontroversen zwischen Sozialer Arbeit und Pädagogik der Frühen Kindheit. Weinheim und München: 2013

Schilling, Matthias: Fachkräfteentwicklung in der Kinder- und Jugendhilfe unter besonderer Berücksichtigung der Erzieher-/innenausbildung. Unveröffentlichter Vortrag, Dortmund: 09. November 2012
Weiterbildungsinitiative Frühpädagogische Fachkräfte (WiFF): URL: http://www.weiterbildungsinitative.de/studium/studiengangsdatenbank.html

Allgemeine (integrative) Pädagogik

Der Begriff „Allgemeine Pädagogik" umfasst in Theoriebildung und Praxis eine reformpädagogische Konzeption, die es ermöglicht, das bestehende, nach unterschiedlichen personbezogenen Merkmalen, sozialem Status, Schicht-, Kultur- und Sprachraumzugehörigkeit selektierende und segregierende Erziehungs-, Bildungs- und Unterrichtssystem (EBU) zu überwinden und ein integratives zu schaffen, das in seiner Zielsetzung „eine Kindertageseinrichtung und eine Schule für *alle*" intendiert. Bemühungen der Integration im Feld der Pädagogik bestehen im deutschsprachigen Raum bereits im vierten Jahrzehnt. Sie gingen von Elterninitiativen (→ Elternperspektive) in Kindertageseinrichtungen aus und setzten sich in den 1980er Jahren in Form von Schulversuchen in die Primarstufe und das darauf aufbauende Schulsystem hinein fort; meist orientiert an Vorstellungen einer so genannten „sozialen Integration". Einige Modelle bezogen sich nur auf die Integration von Kindern und SchülerInnen mit einer bestimmten Behinderungsart, was in der Folge auch dazu führte, dass SchülerInnen, die im Prozess ihrer Schullaufbahn nach anderen Parametern als „behindert" erschienen, aus „Integrationsklassen" in Sonderschulen verwiesen wurden. Auch wurde der Unterricht für als behindert geltende SchülerInnen an Lehrplänen der Sonderschulen orientiert, die sie ohne → Integration hätten besuchen müssen. Solche überwiegend schulorganisatorisch konfigurierte Praxen der Integration dominieren noch heute. Zur Bewältigung der sich im Unterricht stellenden didaktischen Probleme werden nahezu ausschließlich Maßnahmen äußerer Differenzierung herangezogen, die auf individuellen Curricula bzw. Förderplänen für einzelne SchülerInnen beruhen. Die durch hohe Beliebigkeit zu kennzeichnenden integrativen Praxen erwecken den Eindruck einer modernistischen Passung des hierarchisch gegliederten, selektierenden und segregierenden EBU im Sinne einer *äußeren Reform* und lassen eine *innere* (Struktur-)*Reform* des Bildungswesens weitgehend vermissen (vgl. Erzmann 2003). Diese Konzeptionen können im Grunde nicht mit einem wissenschaftlich fundierten Integrations- und Inklusionsbegriff belegt werden. Die von Feuser grundgelegte und im sogenannten → „Bremer Modell" mit Beginn der 1980er Jahre in Kindertageseinrichtungen und in einem sich anschließenden Schulversuch fortgeführte Konzeption, gründet in einer die „Allgemeine Pädagogik" konstituierenden → „entwicklungslogischen Didaktik". Diese beruht ihrerseits auf einer subjektwissenschaftlich orientierten Hereinnahme natur- und humanwissenschaftlicher Erkenntnisse in ein erziehungswissenschaftliches Denken – vor allem hinsichtlich der strukturellen und funktionalen Phänomene menschlicher Persönlichkeitsentwicklung. „Entwicklungslogische Didaktik" beschreibt ein didaktisches Fundamentum des Zusammenhanges der „Kooperation am Gemeinsamen Gegenstand" und einer „inneren Differenzierung nach Maßgabe einer entwicklungsniveaubezogenen Individualisierung" (des → Gemeinsamen Gegenstandes).

Die Bewertung der „Allgemeinen Pädagogik" als reformpädagogische erfolgt mit Bezug auf das Zeitalter der französischen und deutschen Aufklärung sowie auf die Einflüsse der Französischen Revolution. Ausgehend von dieser Epoche verdichteten sich in vielen pädagogischen Strömungen die Forderungen nach *Humanisierung* und *Demokratisierung* von Erziehung und Unterricht, was durch beide Momente des didaktischen Fundamentums repräsentiert ist: Die „Kooperation am Gemeinsamen Gegenstand" konstituiert das Moment des Demokratischen und die „Innere Differenzierung nach Maßgabe einer entwicklungsniveaubezogenen Individualisierung" das Humanum der „Allgemeinen Pädagogik". Anders gefasst: Sie ist insofern *demokratisch als alle Kinder und Schülerinnen alles lernen* dürfen und insofern human, als dies unter Zurverfügungstellung aller erforderlichen materiellen und personellen Hilfen *auf die einem jedem Kind oder Schüler subjektiv mögliche Art und Weise ohne sozialen Ausschluss* erfolgen kann. Didaktische Quellen sind bereits im Wirken von Wolfgang Ratke (1571-1635) und Johann Amos Comenius (1592-1670) zu sehen. Verdeutlicht werden können die Einflüsse u. a. anhand der Forderung von Rousseau (1712-1778) im zweiten Buch des „Emile", wenn er schreibt: „Menschen seid menschlich, das ist eure erste Pflicht!" und fortfährt: „Seid es gegen alle Stände, gegen jedes Alter, gegen alles, was dem Menschen nicht fremd ist. Was für Weisheit gibt es für euch außer der Menschlichkeit?" (Rousseau 1979, S. 67) oder anhand des Artikel 23 des Katalogs der Menschen- und Bürgerrechte mit dem der Marquis de Condorcet (1743-1794) festhält: „Unterricht ist ein allgemeines Bedürfnis aller und die Gesellschaft schuldet ihn allen Mitgliedern in gleicher Weise" (vgl. Klafki u. a. 1972, S. 15), um letztlich niemandem höheren Unterricht zu verweigern, wie es 1789 in der Nationalversammlung gefordert wurde. Im Kontext sonderpädagogischer Fragestellungen verweist Édouard Séguin (1812-1880) vor dem Hintergrund des Saint-Simonismus und mit Blick auf die Behandlung geistig Behinderter schon 1846 darauf, dass es um die „Wiederherstellung der Einheit des Menschen in der Menschheit" und die „Wiederherstellung der Einheit unserer zusammenhanglos gewordenen Mittel und Werkzeuge der Erziehung" gehe (Séguin 1912, S. 164). Diese Verweise sollen in Anbetracht des überwiegend ahistorisch geführten Diskurses zur Integration exemplarisch verdeutlichen, welche Potenzialität, Bedeutung und Reichweite diese weit zurückliegenden Menschenbild- und Gesellschaftsfragen für eine zukünftige Entwicklung einer nicht ausgrenzenden Pädagogik im Sinne der Integration noch immer haben.

„Allgemeine (integrative) Pädagogik" versteht sich in Theoriebildung und Praxis als Gegenkraft gegen das bestehende selektierende und segregierende EBU. Die jeweils im didaktischen Fundamentum gepaarten Momente der *Kooperation* am *Gemeinsamen Gegenstand* richten sich gegen die *Selektion* nach Leistungskriterien und deren Beantwortung mittels *reduzierter und parzellierter Bildungsinhalte*, also gegen den pädagogischen Reduktionismus des (absteigend betrachtet) gesamten Bildungssystems, was in der Heil- und Sonderpädagogik seine deutlichste Entsprechung findet. Die *innere Differenzierung* durch eine entwicklungslogisch-biografisch orientierte *Individualisierung* richtet sich gegen die Segregation mittels *äußerer Differenzierung* und die schulform-, schulstufen- und sonderschultypenspezifischen *individuellen Curricula*. Auf der Ebene des Menschenbildes tritt gegen die defekt- und abweichungsbezogene *Atomisierung* der als behindert geltenden bzw. sozial diskreditierten Menschen ein Verständnis des Menschen als integrierte Einheit seiner biologischen, psychischen und sozialen Systeme und Wirklichkeit. Dies im Sinne einer humanwissenschaftlich fundierten Auffassung von *Behinderung* als Kompetenz eines Menschen, unter seinen Ausgangs- und (ökonomischen, sozialen und kulturellen) Randbedingungen in Familie, Schule und Gesellschaft ein menschliches Leben zu führen, sowie einer gesellschaftswissenschaftlichen Auffassung der *Be-Hinderung* der Persönlichkeitsentwicklung eines als „behindert" klassifizierten Menschen durch Ausgrenzung, Isolation, Restriktionen und Verweigerung einer gleichberechtigten Teilhabe an allen gesellschaftlichen Gütern und am uneingeschränkten sozialen Verkehr. Größt mögliche *Heterogenität* der Lerngruppen wäre schließlich gegen das zum Dogma geronnene Verständnis zu setzen, dass in *homogenen Gruppen* besser und leichter gelernt und gelehrt werden könnte. Substanziell für die „Allgemeine Pädagogik" sind die Entwicklung der (kritischen und materialistischen) „Behindertenpädagogik" und der auf der kategorialen Bildungstheorie und der kritisch-konstruktiven Didaktik fußenden „Allgemeinbildungskonzeption" von Klafki im Feld der Regelpädagogik. Die „Behindertenpädagogik" ist sehr zentral an einem neurowissenschaftlich, psychologisch und soziologisch fundierten und in der Tätigkeitstheorie der Kulturhistorischen Schule grundgelegten Verständnis der Persönlichkeitsentwicklung des Menschen orientiert. Ich erinnere hier nur an einige wenige Namen wie Vygotskij, Lurija, Leont'ev, Gal'perin, deren didaktisch hoch relevante Arbeiten zu Entwicklungsfragen in der deutschsprachigen Regel-, Sozial- und Sonderpädagogik noch immer weitgehend unbekannt sind. Mit dieser zentral von Wolfgang Jantzen entwickelten und von uns gemeinsam getragenen Konzeption wurde es nicht nur möglich, eine traditionelle, defektorientierte und biologistisch medizinisch-psychiatrisch fundierte Heil- und Sonderpädagogik zu überwinden, sondern eine vom Subjekt ausgehende Sichtweise menschlicher Aneignungstätigkeit zu entfalten (vgl. Jantzen 1987, 1990; Feuser 1995) Das heißt, pädagogische und therapeutische Prozesse, auch vollumfänglich die Diagnostik, als Basis didaktischer Entscheidungen im Sinne der „Rehistorisierung" der Betroffenen zu realisieren (Jantzen 2005).

Die Allgemeinbildungskonzeption ist heute als kompetenteste und elaborierteste erziehungswissenschaftliche Konzeption zu bewerten. Sie weist sich unter der Zielperspektive einer Befähigung aller Lernenden zu „Selbstbestimmungs-, Mitbestimmungs- und Solidaritätsfähigkeit" anhand einer curricularen Orientierung an „epochaltypischen Schlüsselproblemen" als „Bildung für alle im Medium des Allgemeinen" aus (Klafki 1996, S. 53). Im

Kontext der „Behindertenpädagogik" können die primär im Stofflichen verankerten, die „doppelseitige Erschließung" der kategorialen Bildung ermöglichenden Kategorien des „Elementaren" und „Fundamentalen" subjektwissenschaftlich neu bestimmt und in dieser Form als zentrale Kategorien des Aneignungsprozesses einer auf Erkenntnisgewinn gerichteten „Allgemeinen Pädagogik" definiert werden (Feuser 1989, 1995).

Beide Dimensionen, die „Behindertenpädagogik" und die subjektwissenschaftlich fortgeschriebene „Allgemeinbildungskonzeption", können schließlich in einem erziehungswissenschaftlichen Ansatz zur Synthese gebracht werden, die mit dem Begriff der „Allgemeinen Pädagogik" gefasst ist. Ihre pädagogische Realisierung bedarf der Integration. Sie ist im bestehenden Feld des selektierenden und segregierenden EBU als reformpädagogischer Versuch zu verstehen, die eine „Allgemeine Pädagogik" konstituierenden Parameter hinsichtlich Menschen- und Behinderungsbild, Sozialformen und „entwicklungslogischer Didaktik" zu realisieren. Diese Parameter können als Analyseinstrument bestehender Integrationskonzepte und -praxen und als zentrale Kriterien einer Qualitätssicherung der Integration fungieren (vgl. Feuser 2002). Bleibt in integrativen Ansätzen nur eines der Momente übrig, das seiner Funktion nach den funktionalen Kreislauf des sich selbst reproduzierenden segregierenden Systems unterstützt (z. B. Defektorientierung/ Atomisierung, äußere Differenzierung, individuelle Curricula/parzellierte und reduzierte Bildungsinhalte), zwingt es, wie das in der Praxis immer wieder beobachtbar ist, das ganze System in die alten Pfade. Integration beschreibt den Übergang von einem selektierenden und segregierenden EBU in ein nicht aussonderndes, inklusives und hebt sich in diesem auf. Sie kann definiert werden als Prozess der Transformation eines auf die gleichberechtigte und gleichwertige Teilhabe *aller* an Bildung für *alle* orientierten erziehungswissenschaftlichen Erkenntnisstandes in die pädagogische Praxis einer „Allgemeinen Pädagogik", die der Attribuierung als „integrativ" nicht (mehr) bedarf. Diese bringt eine Pädagogik auf den Begriff, in der *alle* Kinder und SchülerInnen in Kooperation miteinander, auf ihrem jeweiligen Entwicklungsniveau nach Maßgabe ihrer momentanen Wahrnehmungs-, Denk- und Handlungskompetenzen, in Orientierung auf die ‚nächste Zone der Entwicklung', an und mit einem Gemeinsamen Gegenstand spielen, lernen und arbeiten.

Allgemeine (integrative) Pädagogik

Die Entwicklung der Integration im Feld der Pädagogik entbehrt bis heute einer angemessenen erziehungswissenschaftlich fundierten didaktischen Diskussion. Darin kann ein zentraler Grund für die relative Beliebigkeit der praktizierten Konzepte wie der Blindheit gegenüber deren nach wie vor selektierenden und segregierenden Wirkung gesehen werden. Dass die nahezu vier Jahrzehnte der Integrationsentwicklung im Fach selbst zu einem Paradigmenwechsel geführt haben, ist nicht wahrzunehmen. Er ist in der Wissenschaftsorientierung der „Behindertenpädagogik" aber deutlich grundgelegt und begrifflich gefasst. Es kann auch nicht die Rede davon sein, dass die Heil- und Sonderpädagogik der Integration wegen in eine Krise geraten sei (vgl. Feuser 2000). Vielleicht ist gerade dies ihre nicht erkannte Krise.

Georg Feuser

Literatur

Erzmann, Tobias: Konstitutive Elemente einer Allgemeinen (integrativen) Pädagogik und eines veränderten Verständnisses von Behinderung. Frankfurt/M.: 2003
Feuser, Georg: Allgemeine integrative Pädagogik und entwicklungslogische Didaktik. In: Zeitschrift Behindertenpädagogik 28(1989)1, S. 4-48
Feuser, Georg: Behinderte Kinder und Jugendliche – Zwischen Integration und Aussonderung. Darmstadt: 1995
Feuser, Georg: Zum Verhältnis von Sonder- und Integrationspädagogik – eine Paradigmendiskussion? Zur Inflation eines Begriffes, der bislang ein Wort geblieben ist. In: Albrecht, Friederich/Hinz, Andreas/Moser, Vera (Hrsg.): Perspektiven der Sonderpädagogik. Disziplin und professionsbezogene Standortbestimmung. Berlin: 2000, S. 20-44
Feuser, Georg: Qualitätsmerkmale integrativen Unterrichts. In: Behinderte in Familie, Schule und Gesellschaft 25(2002)2/3
Jantzen, Wolfgang: Allgemeine Behindertenpädagogik. Bd. 1 u. 2. Weinheim/Basel: 1987, 1990
Jantzen, Wolfgang: „Es kommt darauf an, sich zu verändern ..." – Zur Methodologie und Praxis rehistorisierender Diagnostik und Intervention. Gießen: 2005
Klafki, Wolfgang u. a.: Integrierte Gesamtschule und Comprehensive School: Motive, Diagnostik, Aspekte: Braunschweig: (2. Auflage) 1972

Klafki, Wolfgang: Neue Studien zur Bildungstheorie und Didaktik. Weinheim/Basel: (5. Auflage) 1996

Rousseau, Jean-Jacques: Emile oder Von der Erziehung – Emile und Sophie oder Die Einsamen. München: 1979

Séguin, Édouard: Die Idiotie und ihre Behandlung nach physiologischer Methode. In: Krenberger, Salomon (Hrsg.) Wien: 1912

Behinderung

Die Grenze zwischen → Normalität und Anormalität ist fließend und wird in pädagogischen, medizinischen sowie in sozialrechtlichen Diskursen immer wieder neu gezogen. Jürgen Link betont aber, dass sämtliche Phänomene, die gegenwärtig unter dem Begriff Behinderung zusammengefasst werden, konstitutionell anormal sind (vgl. Link 2008, S. 65). Behinderung liegt demnach jenseits der Normalitätsgrenze, anders ausgedrückt: Es ist nicht normal, behindert zu sein. In modernen Gesellschaften wird Anormalität insbesondere durch den behinderten Körper repräsentiert (vgl. Waldschmidt 2007, S. 124). „Zum einen werden Körper, um sie als behindert etikettieren zu können, laufend mit anderen Körpern *verglichen*, z. B. in Intelligenztests und medizinischer Diagnostik; auch werden sie *differenziert*, nämlich als unterschiedlich (...) eingestuft; des Weiteren werden sie z. B. nach dem sozialrechtlich festgelegten ‚Grad der Behinderung' in eine *hierarchisierende* Rangordnung eingegliedert; außerdem werden sie in Gruppen – der Lernbehinderten, Hörgeschädigten, Mehrfachbehinderten etc. – eingeteilt, und schließlich werden sie in Sonderschulen, Wohnheimen und Behindertenwerkstätten *exkludierenden* Strategien unterworfen" (a. a. O., S. 127).

Die Frage, wer behindert ist, wird insbesondere im sonderpädagogischen Diskurs fortlaufend neu beantwortet. Dabei generiert die Sonderpädagogik Wissen über das „behinderte" Kind, während die Regelpädagogik Wissen über das „normale" Kind präsentiert. Diese Grenzziehung zwischen Sonder- und Regelpädagogik oder, anders formuliert, zwischen Behinderung und Normalität wird seit Anfang der 1970er Jahre infrage gestellt (vgl. Jantzen 1974).

Eine Analyse des integrationspädagogischen Diskurses zeigt exemplarisch anhand der Werke Georg Feusers und Hans Eberweins (1970-2000) die Entwicklung der Behinderungskategorie im Verhältnis zu den Kategorien → Normalität und → Integration auf (vgl. Lingenauber 2003). Die Analyseergebnisse machen deutlich, dass es im Laufe des Untersuchungszeitraumes zu Kombinationen unterschiedlicher Diskurstaktiken kommt, womit gesellschaftliche Normalitäts- und sonderpädagogische Behinderungskategorien infrage gestellt werden. Nachfolgend wird aufgezeigt, wie beide Wissenschaftler die Polarität der Kategorien Normalität und Behinderung gänzlich auflösen.

Im Mittelpunkt von Eberweins Werk der 1970er Jahre steht die Kritik an der Lernbehindertenpädagogik und an der Definition von Lernbehinderung. Diese Kritik ist durch Eberweins Praxiserfahrung als Sonderschullehrer an einer Schule für Lernbehinderte beeinflusst. Von seiner ersten Publikation an vernetzt Eberwein die Kategorien Behinderung, Normalität und Integration (vgl. Eberwein 1970). Er problematisiert sonderpädagogische Behinderungsbegriffe und wendet sich dagegen, Behinderung als Abweichung von Normalität zu definieren (vgl. a.a.O., S. 316). Für ihn ist nicht die Frage nach einer Behinderung des Individuums entscheidend, sondern die Frage nach der gesellschaftlichen Bereitschaft, eine Gesamtschule zu schaffen, in der Behinderungen als „Vielzahl menschlichen Seins" toleriert werden (vgl. Lingenauber 2003, S. 43 ff.). Nach Eberwein hat Behinderung die gesellschaftliche Funktion, Normalität zu erhalten. Anders ausgedrückt, bestätigt die Sonderpädagogik vorhandene Normalitätsgrenzen. Diese Argumentation mündet im Jahr 1975 in die Forderung, sowohl den Begriff „Lernbehinderung" als auch die Schule für Lernbehinderte „abzuschaffen" (vgl. Eberwein 1975, S. 74).

Dagegen ist in Feusers Werk der 1970er Jahre der Auf- und Ausbau der Geistigbehindertenpädagogik von zentraler Bedeutung. Als Sonderschullehrer für „geistig behinderte Kinder" kritisiert er in den frühen 1970er Jahren den Begriff „geistige Behinderung". Zu dieser Zeit nehmen die Kategorien Integration und Normalität in seinem Werk kaum eine Bedeutung ein. Seine Diskurstaktik ist vielmehr auf eine Flexibilisierung der Geistigbehindertenpädagogik gerichtet und zielt darauf, die bisher starre Grenze dieses *separierten* Normalfeldes (→ Normalität) für sämtliche „geistig behinderten" sowie für „autistische" Kinder zu öffnen. Mitte der 1970er Jahre dehnt er seine Diskursstrategie aus, indem er nun zum einen die „soziale Isolation geistig behinderter" Menschen kritisiert und zum anderen eine „Revision" der Behinderungskategorie fordert (vgl. Lingenauber 2003, S. 123 ff.). In seiner Dissertation aus dem Jahr 1977 kommt es zu einer neuen Bewertung des Behinderungsbegriffes, indem Feuser diesen in Anlehnung an Wygotski für „überflüssig" erklärt (vgl. Feuser 1977).

Anfang der 1980er Jahre wendet er sich als Universitätsprofessor[1] mit der Kategorie → Integration gegen die Normalitätsmaßstäbe der Sonderpädagogik (vgl. Lingenauber 2003, S. 132 ff.) und fordert, dass integrative Pädagogik sich nicht an den bisherigen Leistungsmaßstäben zu orientieren habe. Feuser kritisiert die Tatsache, dass das „Modell der Normalverteilung" zu einer „Messlatte" wurde, welche Aussonderung legitimiere (vgl. Feuser 1982a, S. 79). Diese Normalitätskritik führt zu einer veränderten Definition von Behinderung: „Schwerste Behinderung ist entsprechend für mich nur eine begriffliche Fassung jenes Prozesses, der sich daraus ergibt, daß auf dem Hintergrund der an Normalität fixierten gesellschaftlichen Vorstellung dessen, was ein Mensch mindest zu leisten hat, durch den von bestimmten Kindern ausgehenden Anspruch an die Gesellschaft hinsichtlich der Einlösung ihres Rechtes auf Gesundheit und Bildung die dieser Gesellschaft in diesem Bereich mögliche äußerste Toleranzschwelle unterschreitet" (Feuser 1982b, S. 57). Behinderung entsteht demnach erst durch die Unterschreitung gesellschaftlicher Normalitätserwartungen und durch den damit einhergehenden gesellschaftlichen Aussonderungsprozess. Bereits im Jahr 1982 betont Feuser, dass Behinderung an sich nicht existiere (vgl. ebd.). Erst der Ausschluss aus der Regelpädagogik und die damit einhergehende Isolation der betroffenen Subjekte sowie die dadurch eingeschränkten Aneignungsprozesse führten zu Behinderungen. Die negativen Folgen der Isolation können nach Feuser durch Integration überwunden werden (→ Allgemeine (integrative) Pädagogik). Die Interdependenz der drei Kategorien Behinderung, Normalität und Integration wird seit Anfang der 1980er Jahre in Feusers Werk besonders deutlich.

---

[1] Feuser lehrte ab 1978 an der Universität Bremen, und zwar mit dem Schwerpunkt „Didaktik, Therapie und Integration bei geistiger Behinderung und schweren Entwicklungsstörungen" (vgl. Lingenauber 2001).

Eberwein erweitert als Professor für Lernbehindertenpädagogik ebenfalls in den 1980er Jahren seine Definition von → Integration sowie sein Verständnis von Behinderung und → Normalität (vgl. Lingenauber 2003, S. 63 ff.). Diese Erweiterungen führen im Jahr 1988 zur Bildung des Begriffes *Integrationspädagogik*. Als wichtigste Funktion der Integrationspädagogik sieht es Eberwein, den Wandel vom medizinischen zum erziehungswissenschaftlichen Verständnis von Behinderung in Theorie und Praxis zu vollziehen (vgl. Eberwein 1988, S. 48). „Diese ganzheitliche Sichtweise verbietet Kategorisierungen, Einstufungen und Ausgrenzungen. Als Pädagogen haben wir anzuerkennen, daß es normal ist, verschieden zu sein (*Kanter* 1988, S. 3) [2], und daß die Gemeinsamkeit Voraussetzung ist, um Verschiedenheit akzeptieren zu können (...)" (ebd.). Er postuliert zu dieser Zeit also erstmals Verschiedenheit als neue Normalität und entwickelt ein neues Normalitätsverständnis, dessen Grundlage die Normalität des Subjektes selbst ist (vgl. ebd.). Eberwein fordert, die Entwicklung eines Kindes primär an seinen eigenen individuellen Entwicklungsfortschritten zu „messen" und sie damit auch nicht mehr vorrangig mit der Entwicklung anderer Kinder zu vergleichen. Der neue „Maßstab" zur Leistungsbeurteilung soll also jedes Kind selbst sein. Seine Kritik am Bild vom „Normalschüler" und an dem im Schulsystem vorhandenen Normalitätsspektrum führt also zur Forderung nach einer Veränderung des subjektbezogenen und institutionsorientierten Normalitätsverständnisses. Ende der 1980er Jahre löst auch er diskursiv die Polarisierung von Normalität und Behinderung ganz auf und setzt individuelle Normalitäten an ihre Stelle als Maßstab für das einzelne Subjekt. Für eine Gruppe von Subjekten – beispielsweise eine Integrationsklasse – postuliert er Verschiedenheit als neue Normalität (vgl. Lingenauber 2003, S. 80). In den 1990er Jahren stellt Eberwein verschiedene Forderungen auf, die eine Überwindung der Behinderungskategorie in der Praxis zum Ziel haben. Er entwirft diskursiv aus Sonderpädagogik, Regelpädagogik und Integrationspädagogik eine neue Pädagogik, die er als „Gesamtsystem der Viel-

---

[2] Die These: „Es ist normal, verschieden zu sein" stammt nicht von Gustav Kanter selbst; vielmehr zitiert er diese Aussage aus einem Vortrag von Rosemary Dybwad, den diese 1985 anlässlich des Hamburger Kongresses „Normalisierung – eine Chance für Menschen mit geistiger Behinderung" gehalten hat (vgl. Kanter 1988, S. 3). Dybwad war Ehrenpräsidentin dieses Kongresses (vgl. Feuser 1986, S. 58).

falt" bezeichnet (vgl. a. a. O., S. 107). Der Normalitätsmaßstab soll hier jedes Subjekt selbst sein. In „einer Schule für alle Kinder" soll Integration den „Regelfall" und damit eine neue Normalität darstellen. Für seine neue Pädagogik postuliert Eberwein einen Verzicht auf die bisherigen Kategorien Behinderung und Normalität. Für ihn ist zu dieser Zeit jede Art des Seins eine individuelle Normalität, und damit ist es auch normal, behindert zu sein (vgl. Eberwein 1994, S. 87 ff.).

Feuser differenziert im Jahr 1991 terminologisch und theoretisch zwischen „gesellschaftlicher" und „gattungsspezifischer" Normalität (vgl. Feuser 1991). Er fordert eine „Revision" der Behinderungskategorie und die „totale Integration" in sämtlichen Lebensbereichen (Lingenauber 2003, S. 179). Diese Forderungen sollen in der Praxis durch *ein* einheitliches Erziehungs- und Schulsystem sowie durch eine „einheitliche" Lehrerausbildung realisiert werden, wobei die Ressourcengewährung nicht an die Klassifikation von Behinderungen gebunden sein soll. Integration könne auf diese Weise losgelöst von Behinderungsklassifikationen in einem jeweils regionalen Verbund der Kindertageseinrichtungen und Schulen eines Stadtteils realisiert werden. Im Kontext seiner neuen, gattungsspezifischen Normalitätskategorie stellt auch Feuser die subjektbezogene These auf, dass es normal sei, behindert zu sein (vgl. Feuser 1994, S. 162). Sein Ziel ist es, die herrschenden Normalitäts- und Behinderungskategorien durch pädagogische und gesellschaftliche Veränderungen auch in der Praxis zu überwinden.

Zusammenfassend ist zu betonen, dass die Diskursbeiträge Eberweins und Feusers in den 1990er Jahren auf dem transnormalistischen Normalitätsmaßstab unbegrenzter, individueller Normalitäten basieren (→ Normalität). In beiden Werken gilt Behinderung als neue Normalität. In Feusers Normalitätsverständnis ist jedes Subjekt ein gattungsspezifisch normales; und damit ist es für den Menschen so normal, behindert zu sein, wie es normal ist, nicht behindert zu sein (vgl. Lingenauber 2003, S. 180). Es lassen sich bei beiden Wissenschaftlern vergleichbare Konkretisierungen zum Verzicht auf die Behinderungskategorie in der Praxis eines einheitlichen integrativen Bildungssystems ausmachen, z. B. die Loslösung der Ressourcengewährung von Behinderungsklassifikationen. In den Konzepten der 1990er Jahre stehen Diskursstrategien im Vordergrund, die darauf gerichtet sind, regel-, sonder- sowie integrationspädagogische Normalitätsspektren durch ein transnormalistisches Normalitätsspektrum zu ersetzen.

Die Diskursanalyse zeigt, dass der integrationspädagogische Diskurs mit der Kritik an der Gleichsetzung von Behinderung und Anormalität begann und schließlich die Vorstellung von Behinderung als Normalität hervorbrachte.

Sabine Lingenauber

Literatur

Eberwein, Hans: Die Sonderschule als Integrationsfaktor der Gesamtschule – ein pädagogisch-soziologisches Problem. In: Zeitschrift für Heilpädagogik 21(1970)6, S. 311-327

Eberwein, Hans: Lernbehinderung – eine negativ sanktionierte Normabweichung. In: Zeitschrift für Heilpädagogik 26(1975)2, S. 68-75

Eberwein, Hans: Integrationspädagogik als Weiterentwicklung (sonder-)pädagogischen Denkens und Handelns. In: Eberwein, Hans (Hrsg.): Behinderte und Nichtbehinderte lernen gemeinsam. Handbuch der Integrationspädagogik. Weinheim/ Basel: 1988, S. 45-53

Eberwein, Hans: Konsequenzen des gemeinsamen Lernens behinderter und nichtbehinderter Kinder für das Selbstverständnis der Sonderpädagogik und der Förderschulen. In: Zeitschrift für Heilpädagogik 45(1994)5, S. 289-301

Feuser, Georg: Grundlagen eines gesellschaftswissenschaftlich-erziehungswissenschaftlichen Verständnisses des frühkindlichen Autismus als Basis einer Pädagogik autistischer Kinder. Dissertation. Marburg: 1977

Feuser, Georg: Die Kontroverse Psychiatrie – Behindertenpädagogik am Beispiel Autismus. In: Feuser, Georg/Jantzen, Wolfgang (Hrsg.): Jahrbuch für Psychopathologie und Psychotherapie II/1982. Köln: 1982a, S. 73-100

Feuser, Georg: Arbeit am Behinderten – Arbeit mit Behinderten. Beispiel: Schwerstbehinderte. In: Schmidtke, Hans-Peter (Hrsg.): Sonderpädagogik und Sozialpädagogik. Bericht der 17. Arbeitstagung der Dozenten für Sonderpädagogik in deutschsprachigen Ländern zum Thema „Arbeit am Behinderten oder Arbeit mit Behinderten? Welchen Beitrag leisten Sonder- und Sozialpädagogik?" im Oktober 1980 an der Universität Essen. Heidelberg: 1982b, S. 46-59

Feuser, Georg: Ich habe mich entschlossen, nicht hinzugehen   Gedanken zum Ersten Europäischen Kongreß zum Thema „Normalisierung – eine Chance für Menschen mit geistiger Behinderung" vom 14.-18. Oktober 1985 in Hamburg. In: Behindertenpädagogik 25(1986)1, S. 56-60

Feuser, Georg: Entwicklungspsychologische Grundlagen und Abweichungen in der

Entwicklung. Zur Revision des Verständnisses von Behinderung, Pädagogik und Therapie. In: Zeitschrift für Heilpädagogik 42(1991)7, S. 425-441

Feuser, Georg: Vom Weltbild zum Menschenbild. Aspekte eines neuen Verständnisses von Behinderung und einer Ethik wider die „Neue Euthanasie". In: Merz, Hans-Peter/Frei, Eugen X. (Hrsg.): Behinderung – verhindertes Menschenbild? Fachtagung vom 3./4. September 1992. Luzern: 1994, S. 93-174

Jantzen, Wolfgang: Sozialisation und Behinderung. Studien zu sozialwissenschaftlichen Grundfragen der Behindertenpädagogik. Gießen: 1974

Kanter, Gustav: Editorial. Gemeinsame Unterrichtung. Behinderte und nichtbehinderte Kinder und Jugendliche in einer sich verändernden Welt. In: Geistige Behinderung 27(1988)1, S. 1-3

Lingenauber, Sabine: Georg Feuser. Gesamtwerk 1970-2000. In: Lingenauber, Sabine/Schildmann, Ulrike (Hrsg.): Fachvertreter der Integrationspädagogik: Hans Eberwein, Georg Feuser und Ulf Preuss-Lausitz. Bibliographie der Gesamtwerke. Münster, Hamburg und London: 2001, S. 31-62

Lingenauber, Sabine: Integration, Normalität und Behinderung. Eine normalismustheoretische Analyse der Werke (1970-2000) von Hans Eberwein und Georg Feuser. Opladen: 2003

Link, Jürgen: Zum diskursanalytischen Konzept des flexiblen Normalismus. Mit einem Blick auf die kindliche Entwicklung am Beispiel der Vorsorgeuntersuchungen. In: Kelle, Helga/Tervooren, Anja (Hrsg.): Ganz normale Kinder. Heterogenität und Standardisierung kindlicher Entwicklung. Weinheim und München: 2008, S. 59-72

Waldschmidt, Anne: Die Macht der Normalität. Mit Foucault „(Nicht-)Behinderung" neu denken. In: Anhorn, Roland u. a. (Hrsg.): Foucaults Machtanalytik und Soziale Arbeit. Eine kritische Einführung und Bestandsaufnahme. Wiesbaden: 2007, S. 119-133

Bremer Modell

Mit „Bremer Modell" wird in der fachinternen Diskussion oft die Spezifik der Theoriebildung und Praxis der → Integration in Bremen bezeichnet. Dies vor allem mit Blick auf deren Umsetzung im Bereich der Kindertagesstätten zu Beginn der 1980er Jahre, die von Anfang an in gemeinsamer Kooperation des ehemaligen Landesverbandes für Ev. Kindertagesstätten (LV) der Bremisch Evangelischen Kirche (dort Ilse Wehrmann) (→ Trägerperspektive)

und der Universität Bremen, ehemaliger Studiengang Behindertenpädagogik (dort Georg Feuser), initiiert und verantwortet wurde. Dieser Kooperation gingen sehr vehement geführte Auseinandersetzungen, Angriffe
und Diffamierungen gegen den Versuch voraus, eine offene und un-
abhängige Beratungsstelle für Menschen mit unterschiedlichsten Beeinträchtigungen, Entwicklungsstörungen und Behinderungen an der Universität Bremen einzurichten. Schließlich kam es zur Einrichtung der
Fachräume des Studienganges Behindertenpädagogik, in denen in Folge
auch in stationären Zusammenhängen von Forschung und Lehre das Konzept der SDKHT (Substituierend Dialogisch-Kooperative Handlungs-Therapie)
aus den von Feuser schon eingebrachten Anfängen heraus entwickelt wurde.
Hier konnte der Nachweis erbracht werden, dass auch mit schwerst-
behinderten Menschen und solchen, die als „austherapiert", „therapieresistent" oder gar als „gemeinschaftsunfähig" galten und langjährig hochgradig isoliert „verwahrt" worden waren, wieder in Dialog getreten werden
kann. Darüber hinaus konnte nachgewiesen werden, dass diese Menschen
lernen, sich entwickeln und in komplexe soziale Räume und Lebens-
verhältnisse integriert werden können (Feuser 2002). Voraus gingen auch
letztlich gescheiterte Bemühungen, eine Schule für Geistigbehinderte in ein
integratives Modell zu überführen. Das zeigte sehr schnell, dass Integration
dort beginnen muss, wo die Segregation greift – mit dem Eintritt in den
Kindergarten. Diese Sichtweise hat sich bis heute nicht durchgesetzt. Die
mit dem Bremer Modell gemachten Erfahrungen ließen in Vergleichen erkennen, dass viele Probleme, die die schulische Integration aufwirft, Arte-
fakte der Tatsache sind, dass die Schüler vor Schuleintritt keine Integrationserfahrung in Kindertageseinrichtungen hatten.
Eingebracht werden konnte seitens der Universität eine theoretisch bereits
sehr weit entwickelte, heute mit dem Begriff einer → „Allgemeinen (integrativen) Pädagogik" umschriebene Konzeption. Diese bewährte sich in allen
Kernstücken in der Begleitforschung, konnte weiter differenziert und als Basis eines sich anschließenden Schulversuchs auch für den integrativen
Unterricht bis in die Sekundarstufe I hinein evaluiert werden (Feuser/Meyer
1987). Substanziell für das Anliegen des Bremer Modells waren von Anfang
an eine Integration *aller* Kinder – unabhängig von Art und Schweregrad
einer Behinderung oder einer möglichen Hochbegabung – und jahrgangsübergreifende Kindergruppen. Das erforderte die didaktische Grundlegung

der pädagogischen Arbeit im Sinne einer → „entwicklungslogischen Didaktik" und einer „Kooperation am → Gemeinsamen Gegenstand" in Projekten und offenen Lernformen. Der Einbezug von Kindern mit Migrationshintergrund und von Erkenntnissen interkultureller Pädagogik war in gleicher Weise von Anfang an selbstverständlich (→ Migration/Interkulturelle Erziehung). Den unterschiedlichen Sozialisations- und Lernerfahrungen wurde durch eine „innere Differenzierung" entsprochen, die im Sinne einer auf die Biografie und Lerngeschichte der Kinder bezogenen „Individualisierung" ein gemeinsames Spielen und Lernen effizient ermöglichte, ohne dass ein Kind alle Ausdifferenzierungen eines Projektes durchlaufen musste. Grundlegend für das bis dato entfaltete Verständnis von → Integration war, dass sie sich realisiert durch

- eine *basale* Pädagogik, als sie Kinder und Jugendliche aller Entwicklungsniveaus, Grade der Realitätskontrolle, Denk- und Handlungskompetenzen ohne sozialen Ausschluss zu lehren und mit ihnen zu lernen vermag,
- eine *kindzentrierte* Pädagogik, als sie die Subjekthaftigkeit des Menschen und damit die Heterogenität einer jeden menschlichen Gruppe voraussetzt und die Lernangebote an den Kriterien der Gesetzmäßigkeiten menschlicher Entwicklung orientiert und
- eine *allgemeine* Pädagogik, als sie unter den vorgenannten Bedingungen keinen Menschen von der Aneignung der für alle Menschen in gleicher Weise bedeutenden gesamten gesellschaftlichen Erfahrung ausschließt,

weshalb sie folglich prinzipiell auf eine Trennung zwischen Regel- und Sonderkindergarten und verschiedene Schulformen und Sonderschultypen verzichten kann.

Diese sich noch heute im fachlichen Diskurs um Integration und für viele Integrationsmodelle hinsichtlich ihrer Grundlagen und Praxisdimensionen als „Utopie" verstehende Entwicklung war wesentlich durch drei Momente flankiert, die auch heute noch Gültigkeit beanspruchen dürfen, wenn eine „Vollintegration", wie das Modell auch bezeichnet wurde, realisiert werden soll:

1. Die Erkenntnis „Integration muss in den Köpfen beginnen" (Feuser 1985a). Ihr wurde durch eine vom LV organisierte und von diesem und der

Stadtgemeinde Bremen getragene „Zusatzausbildung Integration (ZA-Int)"
entsprochen. Sie wurde als berufsbegleitende Maßnahme über 11 zentrale
Lehrgangswochen angeboten. Zwischen diesen gab es für die Teilnehmen-
den Beratungsangebote vor Ort am Arbeitsplatz. Die curriculare Konzeption
ging von den evolutionären Grundlagen, den erforderlichen Bedingungen
und der Ganzheitlichkeit menschlicher Existenz, des Lernens und der Persönlichkeitsentwicklung – wie von deren Be-Hinderung durch isolierende Bedingungen – aus und orientierte sich am verfügbaren humanwissenschaftlichen Forschungs- und Erkenntnisstand. Das regelpädagogische, sonderpädagogische und therapeutische, aber auch das zentral leitende Personal
war in gleicher Weise einrichtungsbezogen und einrichtungsübergreifend
beteiligt. Auf diesem Weg konnte ein kommunizierbares Grundverständnis
der Integration aufgebaut und eine kohärente Entwicklung entlang der für
unveräußerlich bewerteten Grundsätze erreicht werden.
2. Die Organisation des behindertenpädagogischen und therapeutischen
Personals in einem Pool. Der Einsatz des multiprofessionellen Fachpersonals konnte auf diese Weise in den Einrichtungen bedarfsentsprechend
und für die Kinder mit hoher Kontinuität erfolgen, da dem Fachpersonal
durch zentrale Anstellung beim LV langfristige Arbeitsverhältnisse erhalten
bleiben konnten, was die Möglichkeit steigerte, dass sich qualifizierte Fachkräfte für eine solche Tätigkeit bewerben bzw. deren Qualifizierung durch
Maßnahmen – z. B. der ZA-Int – langfristig an verschiedenen Einsatzorten
wirksam und erfahrungsmäßig erweitert werden konnte. Dazu zählten für
sechs Kinder mit Behinderungen je ein universitär in Behindertenpädagogik
qualifizierter „Stützpädagoge", und im Umfang von je vier Stunden pro
Woche und behindertem Kind im Bereich „Bewegung" und „Sprache" qualifizierte Therapeuten (vgl. Feuser 1985b, S. 93-110).
3. Der uneingeschränkte und gleichberechtigte Einbezug der Eltern in alle
Planungs- und Realisierungsvorhaben sowie eine parteienübergreifende Infor-
mations- und Beteiligungspolitik durch den LV, die Wissenschaft, die Kinder-
tagesheime und die Eltern. Es ist in besonderer Weise anzumerken, dass die
durchgängige Entwicklung des Bremer Modells bis in die Sek. I hinein ganz
zentral den Initiativen und der wechselseitig solidarischen Kooperation
zwischen den Eltern und den hauptamtlichen MitarbeiterInnen zu danken ist.
Vier weitere Grundsätze galten als unveräußerlich und haben sich umfassend bewährt:

1. Der Abschied vom Dogma der „Homogenität" zugunsten größt möglicher *Heterogenität der Kindergruppen.* Das gebot nicht nur, altersgemischte Gruppen zu bilden, sondern sich vor allem nicht auf den teilstationären Charakter von Integrationsgruppen in den Kindergärten einzulassen, wie sie bundesweit aus Kostengründen intendiert und praktiziert wurden und heute wieder in Form von so genannten „Kompetenzzentren" angestrebt werden. Kein Widerspruch könnte größer sein als der, mit dem Vorhaben der Integration, neue Formen der Selektion einzuführen oder alte fortzusetzen. Das ist eine Hauptgefahr des opportunistischen „Machens" von Integration, bei dem als ein notwendiger Kompromiss wahrgenommen wird, was längst nichts mehr mit Integration zu tun hat. Integration ist unteilbar!

2. Die konsequente *Regionalisierung* der Lernorte für alle und die *Dezentralisierung* der sächlichen und personellen Erfordernisse für Kinder mit Lernproblemen, mit Entwicklungsstörungen und mit therapeutischen Bedarfen an die regulären Orte ihres Lernens.

3. Eine *integrierte Therapie* für die Kinder, die ihrer bedürfen. Nur in den Handlungszusammenhängen, in denen die Kinder in Kooperation mit ihren KameradInnen ein Motiv hinsichtlich eines gemeinsamen Handlungszieles ausgebildet haben, werden sie eine therapeutisch fundierte und orientierte Unterstützung ihrer Bewegungs-, Sprach- und Sprechtätigkeit wie ihrer sozial-interaktiven und kommunikativen Handlungen als *sinnvolle Hilfe* nicht nur annehmen, sondern aktiv an deren Aneignung und Übernahme ins eigene Tätigkeitskonzept mitwirken. Allein die Herausnahme von Kindern aus der Gruppe zur Therapie in gesonderte Räume wird als Akt der Selektion erfahren – in der Gruppe und vom betroffenen Kind. Mit isolierter Therapie wird die Chance präventiver Einflussnahme auf alle Kinder vergeben und ein hoher Grad an therapeutischer Effizienz eingebüßt, weil die Kinder in segregierten Settings – meist auch deren Inhaltslosigkeit wegen – weniger motiviert sind und das dort Erlernte nicht auf Alltagssituationen übertragen können und weil das pädagogische Personal häufig kontraproduktiv zur Therapie, das therapeutische Personal dagegen kontraproduktiv zur Pädagogik wirkt. Daraus folgt

4. die Realisierung des Prinzips des *Kompetenztransfers.* Es ist ein sehr zentrales Prinzip für das Zusammenwirken eines multiprofessionellen und interdisziplinären Teams, das der Notwendigkeit geschuldet ist, sich wechselseitig in gemeinsamer Verantwortung vor den Kindern kompetent zu

machen und das eigene Wissen an die jeweils anderen Teammitglieder zu transferieren. Nur so kann gewährleistet werden, dass die Kinder von allen Erwachsenen, die mit ihnen arbeiten, in gleicher Weise kompetent gefördert werden können. Was wir über mehr als ein Jahrzehnt der Begleitforschung immer wieder bestätigt fanden, ist, dass die Fähigkeit zur Team-Kooperation und zum Kompetenztransfer des Fachpersonals für das Gelingen und die Qualität der integrativen Erziehung und des integrativen Unterrichts an erster Stelle ausschlaggebend ist!

Seitens der TherapeutInnen ist eine Haltung der Offenheit hinsichtlich der Aneignung neuer Strategien in der Realisierung ihrer Praxis einzufordern, wie seitens der PädagogInnen eine Öffnung ihrer Konzeptionen für die Realisierung therapeutischer Ansprüche im pädagogischen Feld gefordert werden muss. Dem hätten auch Ausbildungskonzepte Rechnung zu tragen.

Die Gruppen von insgesamt 20 Kindern erfordern neben der Gruppenleitung den Einsatz einer pädagogisch qualifizierten Zweitkraft für die gesamte Zeit der Arbeit in der Kindergruppe. Je nach Schweregrad der Behinderung bzw. der Problemlage, die ein Kind aufwirft, kam eine „persönliche und/oder advokatorische Assistenz" zum Einsatz. Vor diesen Hintergründen und unter diesen Bedingungen konnte das „Bremer Modell" aufgebaut werden, das heute in seiner Theoriebildung international beachtet, in seiner Umsetzung angestrebt und dort in der Integration notwendig wird, wo kein Kind oder Schüler wegen individueller Merkmale aus einem gemeinsamen Lernen ausgeschlossen wird. Es realisierte von Anfang an eine Auffassung von Erziehung und Bildung, wie sie in den letzten Jahren partiell unter dem Stichwort „Frühe Bildung" als neue Errungenschaft diskutiert wird und umfassender als diese wie folgt definiert werden kann: „*Erziehung* meint die *Ausbildung des Bedürfnisses des Menschen nach dem Menschen* und auf dieser Basis die *Strukturierung der Tätigkeit des Menschen* mit dem Ziel größter Realitätskontrolle und *Bildung* meint *das Gesamt der Wahrnehmungs-, Denk- und Handlungskompetenzen eines Menschen* im Sinne seiner aktiven Selbstorganisation, verdichtet in seiner Biographie" (Feuser 1995, S. 140). *Integration* wurde beschreibbar als *die kooperative Tätigkeit der Subjekte im Kollektiv.* Gerade in der für die Persönlichkeitsentwicklung bedeutenden Epoche des Kindergartenalters ist die kooperative Tätigkeit die integrale Einheit des mit der menschlichen Existenz immanent bestehenden Bedürfnisses nach der Spiegelung seiner selbst in anderen

Menschen und in dem von der Gattung geschaffenen kulturellen Erbe. Entgegen aller Widerstände gegen das „Bremer Modell" hielten wir an zwei Grundsätzen fest: Einer ist bei Buber formuliert. Er lautet: „Es geht nicht an, das als utopisch zu bezeichnen, woran wir unsere Kraft noch nicht erprobt haben." (Buber 1985, S. 387). Der zweite bezeichnet das Erfordernis der Aufklärung, wenn man in einer extrem auf Ausgrenzung und Separierung orientierten Gesellschaft Integration realisieren möchte. Dies im Sinne der Dekonstruktion der Weltbilder, die eine Feudalordnung mit dem „Heiligenschein göttlicher Weihe" umgeben haben (MEW 19, S. 533) bis im Sinne von Marx alle Verhältnisse umgeworfen sind, „in denen der Mensch ein geknechtetes, ein verlassenes, ein verächtliches Wesen ist" (MEW 1, S. 385).

Georg Feuser

Literatur

Buber, Martin: Pfade in Utopia. Über die Gemeinschaft und deren Verwirklichung. Heidelberg: 1985

Feuser, Georg: Integration muss in den Köpfen beginnen. In: Wehrmann, Ilse/Feuser, Georg (Hrsg.): Informationen zur gemeinsamen Erziehung und Bildung behinderter und nichtbehinderter Kinder (Integration) in Kindergarten, Kindertagesheim und Schule. Bremen: 1985a, S. 14-20

Feuser, Georg: Curriculare und thematische Aspekte einer Qualifikation für die pädagogisch-therapeutische Tätigkeit in der gemeinsamen Erziehung behinderter und nichtbehinderter Kinder (Integration) in Regelkindergärten/Kindertagesheimen. In: Wehrmann, Ilse/Feuser, Georg (Hrsg.): Informationen zur gemeinsamen Erziehung und Bildung behinderter und nichtbehinderter Kinder (Integration) in Kindergarten, Kindertagesheim und Schule. Bremen: 1985b, S. 93-110

Feuser, Georg: Gemeinsame Erziehung behinderter und nichtbehinderter Kinder im Kindertagesheim. Bremen: (3. Auflage) 1987

Feuser, Georg: Behinderte Kinder und Jugendliche. Zwischen Integration und Aussonderung. Darmstadt: 1995

Feuser, Georg: Die „Substituierend Dialogisch-Kooperative Handlungs-Therapie (SDKHT)" – eine Basistherapie. In: Feuser, Georg/Berger, Ernst (Hrsg.): Erkennen und Handeln. Berlin: 2002, S. 349-378

Feuser, Georg: Integrative Elementarerziehung – Ihre Bedeutung als unverzichtbare Basis der Entwicklung des Bedürfnisses des Menschen nach dem Menschen. In: Landesverb. Ev. Tageseinrichtungen für Kinder, Bremen (Hrsg.): Gemeinsamkeit macht stark, Unterschiedlichkeit macht schlau! Bremen: 2003, S. 25-53

Feuser, Georg/Meyer, Heike: Integrativer Unterricht in der Grundschule. Solms-Oberbiel: 1987

Landesverb. Ev. Tageseinrichtungen für Kinder, Bremen (Hrsg.): Gemeinsamkeit macht stark, Unterschiedlichkeit macht schlau! Bremen: 2003

Marx, Karl/Engels, Friedrich: Werke Bd. 1. Berlin: 1973

Marx, Karl/Engels, Friedrich: Werke Bd. 19. Berlin: 1973

Wehrmann, Ilse/Feuser, Georg (Hrsg): Informationen zur gemeinsamen Erziehung und Bildung behinderter und nichtbehinderter Kinder (Integration) in Kindergarten, Kindertagesheim und Schule. Bremen: 1985

Einzelintegration

Der Begriff der Einzelintegration beschreibt die Konstellation, dass in der Gruppe einer Kindertageseinrichtung ein Kind mit Behinderung betreut wird, manchmal aber auch bis zu drei Kindern mit Behinderung zusammen mit Kindern ohne Behinderung betreut werden. Hinter der rein quantitativen Begriffsbestimmung steht ein bedeutungsvolles konzeptionelles Charakteristikum. Einzelintegration steht im ursprünglichen Sinn für die gemeinsame Erziehung der Kinder ohne und mit → Behinderung, die aus einem Wohnviertel bzw. aus dem Einzugsgebiet der Kindertageseinrichtung kommen. Der Begriff der Einzelintegration bezeichnet also die Integration von einzelnen Kindern mit Behinderung in eine Regelgruppe. Er setzt sich von der so genannten „Integrativen Gruppe" (in NRW: Schwerpunktgruppe) ab. Begriffslogisch sind beide Bezeichnungen misslich: Der rein quantitative Aspekt, der in der Charakterisierung „Einzelintegration" liegt, kann nichts über die eigentlich zugrunde liegenden konzeptionellen Inhalte aussagen; die Kennzeichnung → „Integrative Gruppe" ist dem Wortsinn nach auch für Regelgruppen zutreffend, die von einzelnen Kindern mit Behinderung besucht werden. Dennoch, da sich die Begrifflichkeiten durchgesetzt haben, sind sie näher zu erläutern.

Historisch betrachtet, ist die sogenannte Einzelintegration konsequente Konstellation in einer Entwicklung, die in Deutschland in den 1970er Jahren begann und sich in den darauffolgenden 1980er Jahren ausdifferenzierte. In Reaktion auf die gesellschaftliche Aussonderung aus dem allgemeinen Erziehungs- und Bildungswesen in separierende Sondereinrichtungen forderten Eltern und PädagogInnen das Recht der Kinder auf gemeinsame Sozialisation ein (→ Elternperspektive). Ihr erstes Bemühen war das gemeinsame Aufwachsen von Anfang an, also gemeinsame Erziehung von Kindern mit und ohne Behinderung im Kindergarten. Realisiert werden konnte dies zuerst in der heute weitverbreiteten sogenannten ‚Integrativen Gruppe' mit ca. zehn Kindern ohne und ca. fünf Kindern mit Behinderung. Kinder *ohne* Behinderung aus dieser Gruppe wohnen in dem Einzugsgebiet der Kindertageseinrichtung, ein guter Teil der Kinder *mit* Behinderung kommt jedoch aus anderen Stadtteilen oder anderen Dörfern. Die politisch bestimmten Finanzierungsmodelle der 1980er Jahre fokussierten vor allem diese Form der Betreuung.

Die Integrative Gruppe kann zentrale Forderungen der Integrationsbestrebungen wie Aufhebung der Separation und Dezentralisierung gewährleisten. Dennoch, andere wesentliche Aspekte von → Normalität bleiben weiterhin offen: Kinder mit Behinderung finden in ihrer Kindertageseinrichtung längst nicht immer Kinder aus ihrer Nachbarschaft, Freundschaften können außerhalb der Kindertageseinrichtung nur mit Erschwernissen (wegen der größeren Entfernungen) fortgesetzt werden, die Einbindung des Kindes und seiner Familie in das Gemeinwesen wird durch den Besuch einer „auswärtigen" Tageseinrichtung nicht begünstigt. Antworten auf diese Schwachstellen finden sich dann, wenn *jedem* Kind die Möglichkeit zusteht, einen Kindergarten in seiner Nachbarschaft zu besuchen, d.h. in der sogenannten Einzelintegration.

Die Einzelintegration, also der Besuch des Nachbarschaftskindergartens, ist die Betreuungskonstellation, die für fast alle Kinder zwischen drei und sechs Jahren gilt (es sei denn, ihre Eltern haben sich aus eigenem Antrieb für eine andere Einrichtung entschieden). Die Aufnahme eines Kindes mit Behinderung, so es in dem Einzugsgebiet der Kindertageseinrichtung wohnt, gewährleistet deshalb am besten den Verbleib in dem sozialen Umfeld des Kindes bzw. in seinem Gemeinwesen. Hier können am ehesten auch Freundschaften nach dem Besuch der Kindertagesstätte fortgesetzt werden. Allerdings sieht dies für die Kinder heute – ob mit oder ohne Behinderung – etwas anders aus, als es tradierte Vorstellungen erwarten lassen. Kinder finden längst nicht immer Gleichaltrige in ihrer Nachbarschaft, mit denen sie sich auch außerhalb der Institution Kindergarten ohne Weiteres treffen können. Der demografische Wandel hat zur Folge, dass es wesentlich mehr Familien ohne jüngere Kinder gibt, die Kinder daher nicht notwendigerweise in enger Nachbarschaft leben. Eltern müssen deshalb häufig ihre Söhne und Töchter im Kindergartenalter zu deren Freunden bringen, ob ihre Kinder nun eine Behinderung haben oder nicht. Insofern bedeutet der Besuch des Kindergartens im Wohngebiet längst nicht immer, dass die Kinder auch miteinander spielen können, ohne dabei von der Organisation der Erwachsenen abhängig zu sein. Doch bietet der Besuch des Nachbarschaftskindergartens immer noch die beste Möglichkeit, Freunde in leicht erreichbarer Nähe zu finden. Darüber hinaus ist die eben beschriebene Konstellation für die Familie insgesamt bedeutsam. Das Gemeinwesen zeigt sich aufnahmebereit für alle Kinder, die hier wohnen, gibt der Familie deshalb auch ein positives Signal zur Partizipation an den Angeboten und Leistungen des Gemeinwesens.

Die Rahmenbedingungen für drei- bis sechsjährige Kinder in Kindertageseinrichtungen sind in den Bundesländern verschieden, was Gruppengröße, räumliche, sächliche und personelle Ausstattung betrifft. Entsprechend unterscheiden sich auch die Bedingungen für Gruppen, in denen Kinder mit und ohne Behinderung betreut werden. In einigen Bundesländern wird die Größe der Regelgruppe um zwei bis vier Kinder gesenkt und der Personalschlüssel um einen gewissen Stundenumfang erhöht, wenn *ein* Kind mit Behinderung die Gruppe besucht (bei zwei oder drei Kindern mit Behinderung entsprechend mehr). In einigen Bundesländern bleibt die Gruppenstärke unverändert, es erhöht sich nur der Personalschlüssel. Üblich ist, dass zusätzliche Fortbildungsmittel zur Verfügung gestellt werden.

Insgesamt wurde im letzten Jahrzehnt die Einzelintegration sehr ausgeweitet, ungeachtet des großen Unterschieds, der zwischen den Bundesländern auszumachen ist. Während z. B. in Bayern der Anteil der gemeinsamen Erziehung von Kindern mit und ohne Behinderung einen relativ geringen Anteil ausmacht, sind in Hessen die Sondereinrichtungen im Elementarbereich seit Jahren aufgelöst. Ein weiterer Trend zeigt sich in den verschwimmenden Grenzen zwischen Einzelintegration und Integrativer Gruppe. In manchen

Bundesländern werden die Mittelzuweisungen nicht mehr an diesen Gruppentypen festgemacht, sondern es wird jeder „Integrationsplatz" finanziert (meint: Plätze für Kinder mit Behinderung), unabhängig davon, wie viele Kinder mit Behinderung in einer Gruppe sind.

Ein Kind mit Behinderung ist in vielem ein Kind wie jedes andere, was seine Bedürfnisse und Interessen angeht. Darüber hinaus wird es wahrscheinlich aufgrund seiner Beeinträchtigung besondere Unterstützung brauchen, um sich wie andere in der Gruppe betätigen zu können, um an den Aktivitäten der Gruppe teilzunehmen und um in seinem Tempo den Herausforderungen von Lernsituationen entsprechen zu können. Für pädagogische Fachkräfte ist dies eine Herausforderung, gleich, in welcher Kindertageseinrichtung sie arbeiten. Sie brauchen nicht nur das Wissen um angemessene Möglichkeiten individueller Unterstützung, als Gruppenerzieherinnen brauchen sie vor allem auch Orientierung gebende Konzepte der Integration. Für die MitarbeiterInnen einer Regeleinrichtung, die (auch) von Kindern mit einer Behinderung besucht werden, stellen sich darüber hinaus besondere Aufgaben. Sie müssen sich nicht nur die notwendigen Kompetenzen in der Aus- oder Fortbildung aneignen. Sie stehen vor der zusätzlichen Überlegung, wie diese Kompetenzen zu erhalten und kontinuierlich zu aktualisieren sind, auch wenn in manchem Kindergartenjahr kein Kind mit Behinderung in der Gruppe ist oder wenn über die Jahre hinweg immer Kinder mit sehr verschiedenen Beeinträchtigungen die Gruppe besuch(t)en. Ein fortlaufender Aufbau von Erfahrungen und deren Reflexion ist daher nicht immer möglich. Zur Sicherung der Kompetenzen ist deshalb sowohl die Zusammenarbeit mit den Eltern als auch mit anderen ExpertInnen unabdingbar.

Durch die Zusammenarbeit mit PädagogInnen anderer Einrichtungen, die ebenfalls integrativ arbeiten, mit MitarbeiterInnen der Frühförderung, mit TherapeutInnen, mit dem örtlichen Jugendamt und mit den aufnehmenden Schulen (weit im Vorfeld) kann am besten gewährleistet werden, dass sowohl die erforderliche Unterstützung für das Kind realisiert wird als auch die pädagogischen Kompetenzen der Erzieherinnen gesichert und erweitert werden. Die Motivation, Beratung zu suchen, mit Eltern und Fachkräften zusammen adäquate Unterstützungsstrategien zu entwickeln, die Bereitschaft zur Reflexion der eigenen Arbeit sind daher eine gute Ausgangsbasis für die pädagogische Arbeit in einer Regelgruppe mit Einzelintegration.

In älteren wie in neueren Befragungen (vgl. Hössl 1984; Kobelt-Neuhaus 2001; Kron/Papke 2006) stellt sich die Einzelintegration als eine Form der Erziehung und Betreuung dar, die von den beteiligten Eltern und Erzieherinnen in den meisten Aspekten sehr positiv beurteilt wird. Vor allem die Sorge, dass Kinder mit Behinderung eine negativ getönte Sonderstellung in der Gruppe einnehmen könnten, hat sich auf breiter Front als unzutreffend erwiesen. Im Gegenteil zeigt sich, dass der Bezug der Kinder aufeinander überwiegend positiv ist und Kinder mit wie ohne Behinderung gute Entwicklungsfortschritte machen. In einigen Punkten werden auch Verbesserungsbedarf, Probleme und Gefahren sichtbar: Für die pädagogischen Fachkräfte in der Einzelintegration ist Kompetenzerwerb unverzichtbar. Eine intensive Auseinandersetzung mit Konzepten der gemeinsamen Erziehung wie mit den besonderen Bedürfnissen einzelner Kinder gehört nicht überall zu den Ausbildungsinhalten (→ Akademisierung der Erzieherinnenausbildung). Die → Qualität der pädagogischen Arbeit hängt deshalb (wie immer) sehr stark von dem darüber hinaus gehenden Engagement der beteiligten Erzieherinnen ab. Zudem muss die Bereitschaft, ein Umfeld zu schaffen, das generell → Inklusion begünstigt, die gesamte Einrichtung erfassen, um wirksam zu werden. Dieses Bewusstsein wächst bei den Betroffenen, ist aber noch längst nicht überall durchgesetzt. Hinzu kommen politisch geprägte Tendenzen, die unmittelbar die Qualität der pädagogischen Arbeit beeinflussen. Sparbestrebungen seitens der Verantwortungsträger lassen es oft nicht zu, dass die sächliche wie personelle Ausstattung der sogenannten Einzelintegration ausreichend ist, dem Unterstützungsbedarf jeden Kindes gerecht zu werden. Dies betrifft den Personalschlüssel für die Gruppen, aber auch die Möglichkeit, Kooperationszeiten in notwendigem Umfang einzuhalten oder Netzwerke aufzubauen. Die Gefahr, dass aufgrund dieser Rahmenbedingungen neuen Kategorisierungen von Kindern Vorschub geleistet wird („das Kind mit Behinderung, das in einer Regelgruppe integrierbar ist bzw. nicht integrierbar ist"), liegt auf der Hand. Auch dass ein Kind aus ökonomischen Gründen nicht eine Kindertageseinrichtung seines Einzugsgebietes besuchen darf, sondern eine Einrichtung, in der bereits ein Kind mit Behinderung in einer Gruppe ist, weil dann die personelle Ausstattung günstiger ausfällt (mehr Zusatzstunden bei zwei Kindern mit Behinderung in der Gruppe), unterläuft die eigentliche Intention dieser Form der gemeinsamen Erziehung. Regelungsbedarf gibt es auch in der Frage von Therapien in der Kindertageseinrichtung, sofern diese für das Kind und zur Entlastung seiner Familie notwendig sind. Derzeit geltende Abrechnungsmodi verunmöglichen all zu oft, dass TherapeutInnen mit den Kindern in der Einrichtung arbeiten.

Die Lösungen für die dargestellten Probleme sind mit ihrer Charakterisierung schon beschrieben. Sie verlangen zum einen in vielen Regionen eine Verbesserung der Rahmenbedingungen. Zum anderen wäre aus Sicht der Eltern wie aus fachlicher Perspektive eine Weiterentwicklung der Praxiskonzepte zu unterstützen. Vor allem die stärkere Kooperation und Vernetzung fachlicher wie gemeinwesenbezogener Angebote (Frühförderung, Jugendamt, TherapeutInnen, Schulen, Familienunterstützende offene Hilfen etc.) wird die Begleitung des Kindes in der sogenannten Einzelintegration und seiner Familie qualitativ deutlich verbessern. Letztendlich wird damit ein Umfeld geschaffen, das es den Regeleinrichtungen leicht macht, *alle* Kinder aus ihrem Einzugsgebiet mit ihren besonderen Bedürfnissen positiv aufzunehmen.

Maria Kron

Literatur

Hössl, Alfred: Der Regelkindergarten in seiner Bedeutung für die Versorgung behinderter Kinder in einer Region. In: Gemeinsam Leben. (1984)12, S. 1-38

Kobelt-Neuhaus, Daniela (Hrsg.): Qualität aus Elternsicht. Gemeinsame Erziehung von Kindern mit Behinderung und Kindern ohne Behinderung. Seelze und Velber: 2001

Kron, Maria/Papke, Birgit: Frühe Erziehung, Bildung und Betreuung von Kindern mit Behinderung. Bad Heilbrunn: 2006

Kron, Maria (ed.): Early Childhood Education in Inclusive Settings: Basis, Background and Framework of Inclusive Early Education in Five European Countries – France, Germany, Hungary, Portugal and Sweden. Siegen: 2008

Elternperspektive

Erziehung ohne Ausgrenzung ist ein Menschenrecht, bedeutet gute Erziehung und ist sozial sinnvoll. Dieses Motto der Zeitschrift „Inclusion", herausgegeben von der Internationalen Liga von Vereinigungen für Menschen mit geistiger Behinderung (ILSMH) bringt auf den Punkt, was Eltern meinen, wenn sie von der Einbeziehung ihrer Kinder mit Beeinträchtigungen in die Regel-Bildungseinrichtungen sprechen: Jeder Mensch, also auch derjenige mit besonderen Lebenserschwernissen, hat als Mitglied der Gesellschaft, in die er hineingeboren wurde, ein Anrecht darauf, in jenen Institutionen zu lernen, in denen Bildung „normalerweise" stattfindet; er hat des weiteren ein Recht darauf, mit allen anderen Menschen zusammenzuleben. Nur auf diesem Weg kann erreicht werden, dass „die anderen" ihn als ihren Mitmenschen, so wie er ist, akzeptieren. Die Aufwertung seiner sozialen Rolle in der Gesellschaft ist hiermit eng verbunden.

Als unser Sohn Ulrich 1971 mit einem Down-Syndrom zur Welt kam, waren wir von diesem neuen Paradigma der Behindertenhilfe in Deutschland Lichtjahre entfernt. Zwar war in den 1960er Jahren schon vereinzelt mit der „Frühförderung" behinderter Kleinkinder begonnen worden – so propagierte die „Lebenshilfe" beispielsweise „Frühe Hilfen sind wirksamste Hilfen"; dass diese früh geförderten Kleinkinder aber später einen Kindergarten zusammen mit nicht behinderten Altersgenossen besuchen könnten, war zu jener Zeit unvorstellbar. Und erste Schritte von Eltern in diese Richtung wurden skeptisch betrachtet, kritisch kommentiert oder einfach abgelehnt. Für „geistig behinderte" Vorschulkinder waren „Sonderkindergärten" das Nonplusultra jener Zeit, Schonräume, in denen sie unter „ihresgleichen" heilpädagogisch therapiert und betreut wurden. Es darf jedoch nicht vergessen werden, dass diese Praxis durchaus einen Fortschritt gegenüber der vorher geltenden ausschließlich medizinischen Betrachtungsweise und Handhabung darstellte: behinderte Menschen wurden als „krank" definiert und in Heime oder Anstalten verbracht, wo man sie – meist in ländlicher Abgeschiedenheit – „auf der grünen Wiese" im Sinn des Wortes entsorgte. Auf diese Weise wurden sie von den „Normalen" ausgegrenzt. Hinzu kommt der Aspekt, dass die Zeit, als in unserem Land behinderte Menschen als „unwertes Leben" umgebracht worden waren, noch nicht weit zurücklag.

Die 1970er Jahre sind in diesem Zusammenhang deshalb von wesentlicher Bedeutung, weil in dieser Zeit der Gedanke an eine „Erziehung ohne Ausgrenzung" aufkeimte und mehr und mehr Gestalt anzunehmen begann. Wir erinnern uns, es war die Zeit, in der die „68er" eine geschockte Gesellschaft mit neuen Ideen und Forderungen provozierten. Mehr als 20 Jahre nach Kriegsende kam nun auch in die Erziehungs- und Bildungslandschaft Bewegung, verkrustete Denkstrukturen wurden aufgebrochen und Reformen vorgeschlagen (Der „Deutsche Bildungsrat" ist ein schönes Beispiel dafür). So ist es sicher kein Zufall, dass zu dieser Zeit und vor diesem Hintergrund das Unbehagen der Eltern, aber auch vieler „Fachleute" an den bestehenden Sonder-Vorschuleinrichtungen wuchs. Die Zeit war reif für Veränderungen.

Die neue Elterngeneration begann, die in den Sondereinrichtungen gewährten Hilfen zu hinterfragen. Sie bemängelte vor allem den Ausschluss ihrer Kinder vom normalen Lebensalltag und begann daher nach neuen Möglichkeiten und Wegen der Förderung zu suchen. Ihr Credo lautete – gemäß dem Motto „Ein Kind ist viel mehr als die Summe seiner Defekte": Humaner und effektiver als die isolierende „heilpädagogische" Behandlung des Defektes eines Kindes in homogenen Gruppen ist die Förderung seiner gesamten Persönlichkeit durch eine breite Angebotspalette in seinen täglichen Lebenszusammenhängen, die durch seine Separierung in einer künstlichen Welt zerstört werden und seine emotionalen und sozialen Bezüge auflöst.

Als besonders nachteilig für die Entwicklung der behinderten Kinder galt den Eltern das völlige Fehlen der Vorbildfunktion durch nicht behinderte Kinder beim Spielen und Lernen, mit all ihren Anregungen, Anreizen und Impulsen, die auch die begabtesten und engagiertesten (Sonder)-PädagogInnen nicht ersetzen können.

Aus diesen Gründen suchten Eltern nach Alternativen zu der ihnen angebotenen künstlichen „Gegenwelt" für ihre Kinder. Ihre Unzufriedenheit mit Bestehendem, ihr Wunsch nach „normaleren" Hilfen, ließ sie selber integrative Kindergärten (→ Integrative Kindertageseinrichtungen) gründen und nach Vorbildern und Modellen Ausschau halten, an denen sie sich orientieren und Argumentationshilfen für den Kampf mit Behörden und Politikern finden konnten. Was dabei besonders wichtig war: Sie fanden Eltern nicht behinderter Kinder, die sich gemeinsam mit ihnen für eine Verbesserung der Lebenserfahrungen aller Kinder stark machten. Denn auch diese Eltern waren der Meinung, dass ihren Kindern ohne den Kontakt zu Kindern mit besonderen Lebenserschwernissen ein Stück Lebenswirklichkeit vorenthalten werde. So kam der Stein der nicht aussondernden Erziehung ins Rollen.

Das geradezu „klassische" Vorbild und Modell war für viele Eltern Anfang der 1970er Jahre das Münchener Sozialpädiatrische Zentrum des Ordinarius für Kinderheilkunde, Professor Dr. Theodor Hellbrügge (→ Modellversuche), der ein überzeugter „Montessorianer" (→ Montessori-Pädagogik) war. Dieses Kinderzentrum bot vielen Eltern hinsichtlich Diagnose und Therapien erste wertvolle Hilfe für ihr Kind. Bei Besuchen in München lernten sie auch das dem Zentrum angeschlossene Montessori-Kinderhaus und die 1970 gegründete Private Montessori-Grundschule kennen und sie waren von dem selbstverständlichen Miteinander unterschiedlich behinderter und nicht behinderter Kinder in einer „vorbereiteten Umgebung" und mit individualisierten Lernmöglichkeiten stark beeindruckt. Begeistert und in ihren Plänen bestärkt gaben die Eltern die neuen Eindrücke vom „integrierten" Kinderhaus und der „integrativ" arbeitenden Schule an alle Interessierten weiter. Wahrscheinlich war den Eltern in dieser Anfangsphase noch gar nicht bewusst, welchen politischen Sprengstoff ihr Vorhaben barg; denn „integrative" Kindergärten sind Basis und Ausgangspunkt für alle folgenden nicht-aussondernden bildungspolitischen Veränderungen und Maßnahmen vor allem im anschließenden Schulsystem, was wiederum Auswirkungen auf die Lebensbereiche Arbeit, Beruf und Wohnen von Menschen mit → Behinderungen hat. Die Forderung, Kinder mit Beeinträchtigungen in den Regelkindergärten zuzulassen, ist als „Kampfansage" an ein staatlich vorgeschriebenes Sonder-Bildungssystem zu verstehen.

Anschaulich beschreibt Gisela Lau, Mutter einer 1972 geborenen Tochter mit Down-Syndrom, ihre mit der Gründung eines Kinderhaus-Modells gesammelten Erfahrungen: „Die Münchner Verordnungen waren es dann auch, die uns in Berlin zu dem Kinderarzt Dr. Karimi führten, der sich speziell um Kleinkinder mit cerebralen Bewegungsstörungen kümmerte. Die hier erhaltene gute Frühförderung endete jedoch in den meisten Fällen an der Praxistür. Eine sinnvolle Unterstützung auf dem Weg des Lernens setzt jedoch eine ganzheitliche Förderung voraus. Diese inzwischen auch artikulierten Bedürfnisse der Eltern der betroffenen und dort therapierten

Kleinkinder, unterstützt durch die 68er Kinderladen-Generation von Eltern mit Kindern ohne Behinderung, führten zu einem Konzept eines Kindergartens mit einer ganzheitlichen Betreuung: medizinisch, therapeutisch und vor allem sozial. Das ‚Kinderhaus-Modell' entstand. (...) Ein anspruchsvolles Modell, das schließlich nach Druck von unten durch die Berliner Landesregierung als zukunftsweisendes Integrationsmodell gefördert wurde. Davor lagen jedoch erst einmal die Mühen einer Konzeptentwicklung und -durchsetzung. Wir sahen darin auch eine gesellschaftliche Verpflichtung" (Lau/ Lau 2000, S. 293).

Anschließend kämpften die Berliner Eltern weiter für die Einrichtung einer „Integrations-Klasse". Ihr Einsatz hatte Erfolg: 1976 begann die „Fläming-Schue" in Berlin-Friedenau mit dem Gemeinsamen Unterricht für unterschiedlich behinderte und für „Regel"-Schüler (vgl. Hüwe 2000, S. 15 f.). Der unvergessene Pädagoge Jakob Muth nannte die Fläming-Schule „die Mutterschule der Integration" in Deutschland; denn viele nachfolgende schulische Integrationsprojekte holten sich von dort ihr „Know How". Auch dem nach Münchener Vorbild eingerichteten sozialpädiatrischen Kinderzentrum in Mainz (unter Leitung von Professor Pechstein) war ein Montessori-Kindergarten für behinderte und nicht behinderte Kinder angeschlossen. Eine in diesem Kindergarten entstandene Elterninitiative erkämpfte 1983 an der artenberg-Grundschule in Mainz die erste Integrations-Modellklasse in Rheinland-Pfalz.

Dem Kinderzentrum in Bonn war zwar kein „eigener" Kindergarten angegliedert, aber im gleichen Gebäudekomplex betreibt die Stadt Bonn seit 1976 einen Montessori-Kindergarten für behinderte und nicht behinderte Kinder, dessen Vorgänger eine private Spielgruppe für Kinder mit und ohne Behinderungen war. Eine Elterninitiative des Bonner Montessori-Kindergartens erkämpfte die erste integrative Modellklasse in Nordrhein-Westfalen, die 1981 an der Bonn-Bad Godesberger Bodelschwingh-Schule eingerichtet wurde. 1985 fand das „Modell" seine Fortführung an der Gesamtschule Bonn-Beuel, mit dem ersten „geistig behinderten" Schüler im gesamten Bundesgebiet, der mit kultusministerieller Genehmigung eine staatliche Schule im Sekundarbereich besuchen durfte (vgl. Roebke 2000, S. 61).

Um die Liste der „Kindergarten-Modelle" abzuschließen, sei noch an das Hamburger „Werner-Otto-Institut" und seinen Kindergarten für behinderte und nicht behinderte Kinder erinnert. Er war meines Wissens lange Zeit der einzige Kindergarten in Hamburg, der integrativ arbeitete.

Auf der Suche nach Modellen wandten die Eltern ihren Blick auch ins Ausland (→ Internationale Perspektive), zum Beispiel in die skandinavischen Länder und nach Italien (Auflösung der großen psychiatrischen Anstalten) oder in die USA, wo der Begriff der „Least Restrictive Environment" geprägt worden war: Dieser Anspruch eines jeden Bürgers der USA auf ungehinderten Zugang zu allen gesellschaftlichen Einrichtungen wurde vor allem von der Bürgerrechtsbewegung erkämpft. Damit ist das Recht eines jeden Menschen verknüpft, eine Form der Versorgung, Behandlung, Unterbringung, Beschulung usw. zu erhalten, die ihn am wenigsten von allen anderen Menschen absondert.

Um in Deutschland eine nicht aussondernde vorschulische Erziehung zu erreichen, brauchten die Eltern von Kindern mit Beeinträchtigungen Verbündete, die ihr Anliegen zu ihrem eigenen machten. Das waren zum einen an Innovationen interessierte „Fachleute" wie LehrerInnen, ErziehungswissenschaftlerInnen, Erzieherinnen, ÄrztInnen, aber auch kirchliche, kommunale und freie Träger. Auch der eine oder andere Politiker und Beamte konnte als „Mitstreiter" gewonnen werden. Es waren vor allem aber die Eltern nicht behinderter Kinder, die für den nötigen stabilen Rückenwind sorgten.

Stellvertretend für Eltern nicht behinderter Kinder sei Helga Burgwinkel von der hessischen Landesarbeitsgemeinschaft „Gemeinsam leben – Gemeinsam lernen" mit einem sehr persönlichen Statement zitiert: „Über die für die Kinder positiven Auswirkungen des gemeinsamen Lebens und Lernens von Anfang an wurde zwischenzeitlich viel diskutiert, geschrieben und wissenschaftlich untersucht. Welche Chance es uns Erwachsenen allerdings eröffnen kann, darüber wird meines Erachtens viel zu wenig gesprochen. Ich habe mich in den letzten Jahren oft gefragt, wie ich heute wohl denken würde, hätte ich diesen Kindergarten nicht kennengelernt, hätten ich, meine Tochter, ihr Vater und einige Menschen in unserem persönlichen Umfeld nicht die Chance erhalten, unsere heutige Sicht- und Denkweise zu entwickeln. Wahrscheinlich würden wir uns heute nicht von den vielen Erwachsenen unterscheiden, die mit Angst, Hilflosigkeit, Mitleid oder Abwehr auf Menschen mit Behinderung reagieren. Es waren diese ersten Erfahrungen im direkten Kontakt mit den Kindern und deren Eltern, die mich und einige andere Eltern zur Überzeugung gebracht haben, dass es wichtig und richtig ist, sich über das persönliche Interesse hinaus für das Anliegen der Integration einzusetzen" (Burgwinkel 2000, S. 265 ff.).

Um ihre Kräfte zu bündeln, gründeten Eltern von Kindern mit und ohne Beeinträchtigungen 1985 in Bonn die „Bundesarbeitsgemeinschaft Gemeinsam leben – Gemeinsam lernen. Eltern gegen Aussonderung behinderter Kinder" (1986 wird der Zusatz in „Eltern gegen Aussonderung" geändert). Beim ersten bundesweiten Treffen von „Integrationsinitiativen" trafen sich auf dem Bremer Gesundheitstag 1984 zum ersten Mal mehr als 20 Elterninitiativen und Vereine aus fast allen damaligen Bundesländern. Dort wurde die Arbeit von acht integrativen Kindergärten (von insgesamt ca. 100) und sieben Integrationsschulstandorten (Berlin, Bonn, Bremen, Hamburg, Mainz, Köln und Schenefeld) vorgestellt (vgl. Roebke 2000, S. 48). In der „Bremer Resolution" heißt es: „Die Anwesenden gehen davon aus, dass behinderte Menschen ein Recht auf ein gemeinsames Leben mit Nichtbehinderten haben und zwar nicht nur in Freizeit und Familie, sondern auch in Kindergärten und Schulen ihres Wohngebietes, ebenso wie in der Berufsausbildung und in der Arbeitswelt. (...) Die Anwesenden fordern (...) alle politischen Entscheidungsträger, insbesondere die Sozial- und Bildungspolitiker der einzelnen Bundesländer, aber auch alle Behindertenverbände und Elternorganisationen auf, Bedingungen zu schaffen, die den behinderten und nicht behinderten Kindern ein Zusammenleben ermöglichen. Das heißt für den Kindergartenbereich: Öffnung aller Kindergärten der Staatlichen und Freien Träger für Kinder mit Behinderungen durch Schaffung der entsprechenden personellen und organisatorischen Rahmenbedingungen; für den Schulbereich: Änderung der Schulgesetzgebung der Bundesländer, damit auch Eltern behinderter Kinder ein Recht auf freie Schulwahl für ihre Kinder haben und beanspruchen können, Einrichtung von Integrationsklassen überall dort, wo Eltern und Schulen dies wünschen!" (a.a.O., S. 49). Eine Bürgerrechtsbewegung war geboren.

Vor der Geburt unseres Sohnes im Jahre 1971 hatte unsere Familie (Vater, Mutter und ein kleiner Sohn) zwei Jahre in Austin, Texas, verbracht. Diese Zeit hat uns hinsichtlich der Einstellung zu unserem behinderten Kind und seiner Lebensplanung stark geprägt. Als Ulrich geboren wurde und wir nächtelang unsere Zukunft diskutierten, fielen meinem Mann und mir „Momentaufnahmen" ein, mit denen wir damals in Texas als „Nichtbetroffene" nichts anfangen konnten, die uns jetzt aber in eine Richtung sehen und gehen ließen, die zu jener Zeit in Deutschland für Menschen mit Behinderungen im Großen und Ganzen nicht vorgesehen war. Es war der Umgang mit behinderten Menschen in den USA, ihr „Stellenwert" in der Gesellschaft, der uns jetzt im Nachhinein deutlich vor Augen stand. So erinnerten wir uns zum Beispiel an Wahlkampfsendungen im Fernsehen, in denen sich Hubert Humphrey um das Amt des Vizepräsidenten bewarb. Wir sahen ihn im Kreis seiner Familie und dazu gehörte ganz selbstverständlich auch ein kleines Mädchen, das „merkwürdig" aussah wie wir fanden. Erst als wir unseren Uli hatten, fiel uns ein, dass das ja ein Kind mit Down-Syndrom war. Ein für deutsche Verhältnisse unerhörtes, unvorstellbares Ereignis: Ein Politiker, der Wahlkampf mit seiner „zurückgebliebenen" Enkeltochter macht! Ein weiteres Beispiel fiel uns ein: Auf einer Reise durch die Südstaaten begegneten wir in einem Restaurant in Louisiana einer Familie mit einem sehr schwer behinderten Mädchen. Die Art, wie die Eltern und die Gäste mit dem Kind umgingen, beeindruckte uns nachhaltig. Es gab kein Getuschel an den Nebentischen, keine verletzenden Blicke, keine brüskierende Ablehnung. Das Kind und seine Eltern waren Gäste so wie alle anderen auch. Ich kam kurz mit der Mutter des Mädchens ins Gespräch und erfuhr, dass die Familie gerade dabei war, in eine entfernte Stadt in den Staaten umziehen, weil ihr Kind dort einen guten Förderplatz von einer privaten Stiftung erhalten hatte. Die natürliche und unverkrampfte Einstellung zu Menschen, die auf Hilfe bei der Lebensbewältigung angewiesen sind sowie die Eigeninitiative und Eigenverantwortung bei der Veränderung einer Lebenssituation, diese amerikanischen „Eigenheiten" waren es, die nun konkret und „vorsätzlich" unser Tun und Handeln für unser Kind bestimmen sollten. Bestärkt in dieser Haltung haben uns am Anfang hauptsächlich zwei Menschen, die wir nicht vergessen werden. Das war zum einen der Kinderarzt in der Gießener Uniklinik, Professor Koch, zum anderen eine alte Bekannte aus unserer Berliner Zeit, die durch eine Kinderlähmung körperbehindert war. Beide gaben uns den Rat, selbst aktiv zu werden, auf unsere Umwelt zuzugehen und nicht zu warten, bis jemand etwas für uns tut. „Jetzt kommt alles auf Euch an" – dieses Memorandum haben sie uns ins Stammbuch geschrieben und wir beherzigen es noch heute.

Im Jahr 1971, als Ulrich geboren wurde, war Deutschland in Bezug auf „Integration" behinderter Kinder krasses Entwicklungsland. Die Einstellung gerade zu Menschen mit einer „geistigen" Behinderung war in der Bevölkerung bis auf wenige rühmliche Ausnahmen negativ, ablehnend und voller Vorurteile und Mitleid mit dem „armen Kind" und seinen Eltern. Erst langsam besserte sich die Situation, wohl auch durch den Druck von außen. Und im Fernsehen wurden Serien wie „Unser Walter" gesendet, in der das Leben mit einem Kind mit Down-Syndrom dargestellt wurde. Auch die „Aktion Sorgenkind", so sehr sie auch in die Kritik geriet, hat viele Denkanstöße gegeben.

Frühe Förderungsmöglichkeiten gab es in dem kleinen Ort in Hessen, wo wir damals wohnten, noch nicht. Deshalb waren wir froh, als wir von der „Arbeitsstelle zur Behandlung mongoloider Retardierung", einem Forschungsvorhaben im Rahmen des „Seminars für Allgemeine Heilpädagogik und Sozialpädagogik" in Köln unter der Leitung von Professor Heinrich Lenzen erfuhren. Dort stellten wir Ulrich einmal vierteljährlich vor und bekamen ein Übungsprogramm für die nächsten Monate. Doch schon bald merkten wir, dass Ulrich sich nicht so „trainieren" ließ, wie der Heilpädagoge es anmahnte und es von mir als Mutter und „Ko-Therapeutin" erwartete. In Köln konnten wir also nicht mit „Leistungen" punkten. Doch gleichzeitig beobachteten wir – erstaunt und erleichtert in einem –, dass es die Kinder waren, Freundinnen und Freunde des größeren Bruders, die täglich bei uns spielten, die Uli in seiner Entwicklung weiterbrachten. Von ihnen guckte er sich viel ab und war animiert mitzutun. Diese Kinder wurden im Spiel Ulrichs erste sehr erfolgreiche Lehrmeister. Sie kannten noch keine Vorurteile und der Begriff „Behinderung" sagte ihnen nichts.

Als Ulrich sich dem Kindergartenalter näherte, wollten wir ihn gern in einen Kindergarten geben, in dem er auch mit nicht behinderten Jungen und Mädchen zusammen sein konnte. Das zuständige Sozialamt hatte anderes mit ihm vor: es wollte ihn unbedingt in eine 30 km entfernte Sonderkindertagesstätte „einweisen". Das hätte für das noch nicht dreijährige Kind eine tägliche Busfahrt von drei Stunden bedeutet. Der Einweisung entging Ulrich nur, weil wir uns als Eltern energisch weigerten, dies zuzulassen. Wir fragten im Kindergarten unseres Dorfes nach, ob man sich vorstellen könnte, unseren Sohn aufzunehmen. Man konnte nicht. Wir suchten weiter. Ein Zufall im Urlaub in Spanien brachte die „Rettung": Am Meeresstrand lernten wir die Erzieherin eines privaten „Kinderladens" in unserer Nähe kennen. Die Eltern dort wollten sehr gern ein behindertes Kind dabei haben – als Bereicherung für alle Kinder. So konnten wir der Aussonderung unseres kleinen Jungen erst einmal ein Schnippchen schlagen. Das Glück dauerte jedoch nicht lange. Denn 1976 wurde mein Mann dienstlich in die Nähe von Bonn versetzt. Die Suche nach einem integrativen Kindergartenplatz begann aufs Neue. Dabei erfuhr ich zufällig, dass die Stadt Bonn im Herbst einen „integrativen" Montessorikindergarten eröffnen würde. Ich war froh, endlich eine „Spur" gefunden zu haben und wurde – wieder einmal – aktiv.

Kurze Zeit nach der Eröffnung gab es schon lange Wartelisten, doch zuvor hatte die Verwaltung Mühe, die vorgeschriebene dritte Gruppe zu belegen. Erst durch die intensive Öffentlichkeitsarbeit gelang es, den Kindergarten „zu füllen" und Ulrich bekam einen Platz in dieser dritten Gruppe, gewann neue Freundinnen und Freunde und wir lernten andere Eltern kennen, die mit uns die Fortsetzung der Integration in der Bodelschwingh-Schule erkämpften.

Christa Roebke

Literatur

Burgwinkel, Helga: Anregende Unterschiedlichkeit – gut für alle! In: Roebke, Christa/Hüwe, Birgit/Rosenberger, Manfred (Hrsg.): Leben ohne Aussonderung. Eltern kämpfen für Kinder mit Beeinträchtigungen. Neuwied u. a.: 2000, S. 265-272

Hüwe, Birgit: Gemeinsam leben – Gemeinsam lernen. Eine Vision von Eltern verändert das Schulsystem. In: Roebke, Christa/Hüwe, Birgit/Rosenberger, Manfred (Hrsg.): Leben ohne Aussonderung. Eltern kämpfen für Kinder mit Beeinträchtigungen. Neuwied u. a.: 2000, S. 14-42

Lau, Gisela/Lau, Wolf-Dieter: Unser Wunschkind Jenny. Wir kämpfen für ein normales Leben unseres Kindes. In: Roebke, Christa/Hüwe, Birgit/Rosenberger, Manfred (Hrsg.): Leben ohne Aussonderung. Eltern kämpfen für Kinder mit Beeinträchtigun-

gen. Neuwied u. a.: 2000, S. 291-303
Roebke, Christa: Der schwere, aber erfolgreiche Weg der Nichtaussonderung. In:
Roebke, Christa/Hüwe, Birgit/Rosenberger, Manfred (Hrsg.): Leben ohne Ausson-
derung. Eltern kämpfen für Kinder mit Beeinträchtigungen. Neuwied u. a.: 2000,
S. 44-261

Entwicklungslogische Didaktik

„Entwicklungslogische Didaktik" ist ein synthetischer Begriff. Er beschreibt
das didaktische Fundamentum einer → „Allgemeinen Pädagogik", wie sie
von Feuser zu Beginn der 1980er Jahre grundgelegt und im sogenannten →
„Bremer Modell" integrativer Elementarerziehung und Frühen Bildung sowie
in der sich anschließenden schulischen Integration umgesetzt und praktiziert wurde. Sie umfasst zwei Momente:
Didaktisch gesehen repräsentiert „entwicklungslogische Didaktik" den dialektischen Zusammenhang der „Kooperation am Gemeinsamen Gegenstand" und der „Inneren Differenzierung durch entwicklungsniveaubezogene Individualisierung" (des → Gemeinsamen Gegenstandes). Beide Momente ermöglichen es, in heterogenen Gruppen und Klassen hinsichtlich
unterschiedlicher Entwicklungsniveaus, Lernvoraussetzungen, Sozialisati-
onserfahrungen, sozialer Schicht-, Nationalitäten-, Kultur- und hinsichtlich
unterschiedlicher Sprachraumzugehörigkeit der Kinder und SchülerInnen
pädagogisch effizient zu handeln, zu unterrichten und effizient zu lernen.
Diese integrative Potenz einer „Allgemeinen Pädagogik", die sich von einer
selektierenden und segregierenden „allgemeinen Pädagogik", von Feuser
als „Regelpädagogik" bezeichnet, zentral unterscheidet, resultiert aus der
Orientierung didaktischer Entscheidungen an zentralen Parametern menschlicher Persönlichkeitsentwicklung.
Unter erkenntnistheoretischen Gesichtspunkten integriert der Begriff folglich (a) den humanwissenschaftlichen Erkenntnisstand z. B. hinsichtlich
systemtheoretischer Grundlagen menschlicher Entwicklung und menschlichen Lernens in das Feld der Pädagogik, impliziert (b) ein diesem Erkenntnisstand angemessenes Verständnis von → „Behinderung" bzw. von Stö-
rungen und Beeinträchtigungen des Lernens und der Persönlichkeitsent-

wicklung und führt (c) zu einer subjektwissenschaftlich stringenten Neubestimmung des Verständnisses pädagogischer Prozesse als dialektische,
was erziehungswissenschaftlich erstmals mit der Theorie der „Kategorialen
Bildung" von Klafki (1965) aufscheint.

Grundlegend für die Konzeption „entwicklungslogischer Didaktik" ist eine
tätigkeitstheoretische, in der Kulturhistorischen Schule (Vygotskij, Leont'ev,
Lurija, Gal'perin u. a.) gründende und mit der „kritischen und materialistischen Behindertenpädagogik" (Jantzen 1987, 1990) spezifisch weiter entwickelte Persönlichkeitstheorie und Theorie der „Be-Hinderung" (menschlicher Persönlichkeitsentwicklung). Unter Aspekten postrelativistischen
Denkens einer naturphilosophischen Betrachtungsweise beschreiben, begründen und erklären systemtheoretische Zugänge, die Selbstorganisa-
tionstheorie und Aspekte eines kritischen Konstruktivismus sowie weitere
Erklärungsmodelle dieser Ansätze, die Logik evolvierender lebender Systeme. Diese zusammenfassend kann gesagt werden: Was wir an Menschen
als „Behinderung" wahrnehmen, ist ein entwicklungslogisches Produkt der
Integration (interner und externer) System-Störungen in das System mit den
Mitteln des Systems, die sich nach Maßgabe der Ausgangs- und Randbedingungen der Systemevolution in der Biografie akkumulativ vermitteln und
der Entwicklungslinie eine bestimmte Drift geben. Bedingung interner
und/oder externer (sozialer) Isolation (erstmals von Spitz auch filmisch dokumentiert) führen in gattungsspezifisch definierte Grenzbereiche, in der
die Aufrechterhaltung der Kohärenz des Systems und seiner zentral ner-
valen und psychischen Regulationen extrem bedroht sind (Spitz 1963, Mantell 1991). Was in Folge als Produkte einer dem Selbsterhalt geschuldeten
autokompensatorischen und gegenregulatorischen Tätigkeit sichtbar und
als „pathologisch" bewertet wird, ist Ausdruck der Kompetenz eines Menschen unter seinen je spezifischen Ausgangs- und Randbedingungen ein
menschliches Leben zu führen. Mithin ist jede Art und Weise menschlicher
Verfasstheit ein Resultat der aus kooperativen Phänomenen resultierenden
synergetischen Effekte (auch die Bedingung „Isolation" definiert einen sozialen Raum) und hinsichtlich ihrer beobachtbaren bio-psycho-sozialen Erscheinungen (in der Perspektive des ‚inneren Beobachters') „entwicklungs-
logisch" (Feuser 1995, S. 84 ff., Feuser 2004). Das der „entwicklungslogischen Didaktik" zu Grunde liegende Verständnis von Entwicklung ist wie
folgt definiert: Entwicklung ist (für den einen wie für den anderen Men-

schen) primär abhängig vom Komplexitätsgrad des jeweils anderen und erst in zweiter Linie von den Mitteln und Fähigkeiten des eigenen Systems und primär geht es dabei um das, was aus einem Menschen (durch vorgenannte Zusammenhänge) seiner Möglichkeit nach werden kann und wiederum erst in zweiter Linie um das, was und wie sie/er im Moment gerade ist. Martin Buber drückt diese Sachverhalte auf sozial-psychologischer Ebene schon 1932 in dem Satz aus: „Der Mensch wird am Du zum Ich" (Buber 1965, S. 32), der, pädagogisch weitreichend, die Leseweise impliziert, dass er zu dem Ich wird, dessen Du wir ihm sind. Damit wird auch der Begriff der „Behinderung" als individuelle Kategorie obsolet. Er bleibt nur als soziale und gesellschaftliche Kategorie der schon angedeuteten „Be-Hinderung" menschlichen Lernens und menschlicher Entwicklung bedeutend – wie sie auch seitens der traditionellen Heil- und Sonderpädagogik praktiziert wird, wenn Beeinträchtigungen der Wahrnehmung, Bewegung und Sprache –, des Verhaltens, Denkens und Lernens mit einer der Art der vermeintlichen Behinderung entsprechenden Segregation der Betroffenen und der Reduzierung der Komplexität ihrer Kooperations- und Lernfelder beantwortet werden. Im Sinne normwertorientierter wissenschaftlich-diagnostischer Entscheidungen wird die „Pathologie" eines Phänomens konstruiert und entsprechend normativer Bewertungen individuellen Vermögens in Relation zu gesellschaftlicher Verwertbarkeit, als Kosten-Nutzen-Verhältnis, letztlich auch der „Lebenswert" bestimmt und im Rückgriff auf die vermeintliche Pathologie wiederum wissenschaftlich alibisiert.

Traditionelles Lehren und Lernen können hinsichtlich ihrer didaktischen Grundlegung im Sinne einer eindimensionalen Didaktik, die weitgehend nur der *Sachstrukturanalyse* der Lerngegenstände verpflichtet ist, gekennzeichnet werden. Klafki versteht Bildung als „Inbegriff von Vorgängen, in denen sich die Inhalte einer dinglichen und geistigen Wirklichkeit „erschließen", und dieser Vorgang ist – von der anderen Seite her gesehen – nichts anderes als das Sich-Erschließen bzw. Erschlossenwerden eines Menschen für jene Inhalte und ihren Zusammenhang als Wirklichkeit" (Klafki 1963, S. 43). Dabei weist die Formel vom Elementaren als dem doppelseitig Erschließenden darauf hin, „...dass das Bildende solcher Aneignung darin besteht, dass ein mehr oder minder weitreichender Aspekt der Wirklichkeit sich auftut und eben damit der junge Mensch sich selbst diese Wirklichkeit erschließt" (a.a.O., S. 122), während das Fundamentale mit jenen „umfassenden Grunderfahrungen, die eine Dimension der geistigen Wirklichkeit als solche konstituieren" (a. a. O., S. 123), beschrieben werden kann. Auch in der Fortschreibung der kategorialen Bildungstheorie geisteswissenschaftlicher Pädagogik über die kritisch-konstruktive Didaktik bis hin zur Allgemeinbildungskonzeption, die heute als elaborierteste erziehungswissenschaftlich-didaktische Konzeption wertzuschätzen, als „Bildung für alle im Medium des Allgemeinen" (Klafki 1996, S. 53) zu verstehen ist – und die in ihrer Zielperspektive die „Befähigung aller Lernenden zu Selbstbestimmung, Mitbestimmung und Solidaritätsfähigkeit" (a. a. O., S. 52) anstrebt, was durch eine curriculare Orientierung an „epochaltypischen Schlüsselproblemen" erfolgen soll, die „von gesamtgesellschaftlicher, meistens sogar übernationaler bzw. weltumspannender Bedeutung" sind, „gleichwohl jeden einzelnen zentral betreffen" (a. a. O., S. 56) –, bleiben die zentralen Kategorien der Bildung und Erkenntnisse bewirkenden Prozesse der inhaltlich-stofflichen Seite verhaftet.

Auf der Basis der vorliegenden humanwissenschaftlichen Erkenntnisse und der heute unbestreitbaren Annahme, dass der Mensch das erkennende Subjekt ist und die Erkenntnis in der internen Rekonstruktion der erfahrenen Welt liegt und nicht draußen in dieser, sie also von ihm oder ihr im kooperativ-handelnden Umgang mit den Menschen und Dingen der Welt hervorgebracht wird, tun wir noch immer so, als läge das Wesen des Lehrens, Unterrichtens und Lernens auf der sachstrukturellen Seite und dass eine rein fachdidaktische Orientierung ausreichend sei. Das lenkt den Blick auf die *Tätigkeitsstruktur* des Menschen. Durch sie gewinnt Didaktik eine zweite, ihre entwicklungslogische Dimension. Ihr muss die führende Rolle zugestanden werden. Unter Beachtung neuro-, lern- und entwicklungspsychologischer Sachverhalte, diese, der ihnen zugrunde liegenden erklärungstüchtigen Entwicklungstheorien wegen, besonders orientiert an den Arbeiten von Piaget (1969), Spitz (1972), Leont'ev (1973, 1982) und Vygotskij (1987), kann die Erkenntnis von Welt nur durch eine für den Lernenden sinnstiftende und bedeutungstragende Tätigkeit konstituiert werden. In Bezug auf diese findet Lernen stets in der „nächsten Zone der Entwicklung" (Vygotskij 1987) statt, während die Kooperations-, Kommunikations- und Interaktionsprozesse gegenstandsbezogen, auf der Basis der momentanen Wahrnehmungs-, Denk- und Handlungskompetenz – eingedenk blockierter Zonen der Entwicklung – zugänglich sein müssen. Das orientiert auf eine weitere didaktische Dimension, die zwischen der den Menschen grundsätzlich auf die Welt orientierenden Tätigkeit und deren realen Wirklichkeit vermittelt, die *Handlung*. Sie ist durch bedürfnisrelevante Motive initiiert, Zielen unterworfen und auf die objektive Seite des Gegenstandes bezogen. Eine entwicklungslogische Didaktik hätte im Sinne der *Handlungsstrukturanalyse* mit Bezug auf die *Tätigkeitsstrukturanalyse* die Frage zu beantworten, welche inhaltlichen Momente sich ein Kind in der handelnden Auseinandersetzung mit diesen sinnbildend aneignen und im Sinne der Ausdifferenzierung interner Repräsentationen ein qualitativ neues und höheres Wahrnehmungs-, Denk- und Handlungsniveau anbahnen und absichern kann. Damit dienen die Sachverhalte, Inhalte und Gegenstände der Auseinandersetzung in Umkehrung der bestehenden Verhältnisse der Persönlichkeitsentwicklung, der fortschreitenden Realitätskontrolle und sozial verantwortungsbewussten Emanzipation der Lernenden. Es geht, wie schon betont, über alle Lebensalters- und Entwicklungsstufen hinweg, um das Primat des Erkenntnisgewinns vor der Kenntnisvermittlung – einfachst gesagt – um das Lernen des Lernens – hier schwerpunktmäßig in Orientierung an der Interiorisationstheorie Gal'perins (Ferrari/Kurpiers 2001, Gal'perin 1980, Jantzen 2004).

Bezogen auf die Anerkenntnis des Menschen als in aktiver Auseinandersetzung mit der Welt erkennendes und diese sich aneignendes Subjekt und einer sich strukturell als dreidimensional erweisenden entwicklungslogischen Didaktik wäre zusammenfassend festzuhalten: Der **persönliche Sinn** *erschließt* die Welt hinsichtlich der auf ihn bezogenen **Bedeutungen**, die *er ihr verleiht*, wie die Welt, *wo sie* durch andere Menschen *kooperativ erschlossen* worden ist, *sich* dem Menschen *bedeutungsmäßig erschließen kann*, wenn sie sozusagen in *Gestalt der persönliche Sinnbildungsprozesse bestätigenden Bedeutungen* in Erscheinung tritt. Oder: Der Mensch erschließt sich die Dinge durch den Menschen und sich den Menschen über die Dinge.

Die integrale Einheit (im Individuellen wie im Sozialen) des mit der menschlichen Existenz immanent bestehenden Bedürfnisses nach der Spiegelung seiner selbst im anderen Menschen und in dem von der Gattung geschaffenen kulturellen Erbe ist die reziprok-kooperative Tätigkeit im Kollektiv, wie sie von Feuser als Integration beschreibend aufgefasst wird (Feuser 1989, 1995). Bezogen auf die zwischen Subjekt(en) und Objekt(en) im Sinne der „doppelseitigen Erschließung" vermittelnde Tätigkeit wäre – die von Klafki dafür bemühten Kategorien nun subjektwissenschaftlich gefasst – das „Elementare" als die im Subjekt *Bedeutung* konstituierende und das „Fundamentale" als die *Sinn* stiftende Seite dieses Prozesses zu begreifen.

Georg Feuser

Literatur

Buber, Martin: Das dialogische Prinzip. Heidelberg: 1965

Ferrari, Danielle/Kurpiers, Sonja: P.J. Gal'perin – Auf der Suche nach dem Wesen des Psychischen. Butzbach-Griedel: 2001

Feuser, Georg: Allgemeine integrative Pädagogik und entwicklungslogische Didaktik. In: Zeitschrift Behindertenpädagogik 28(1989)1, S. 4-48

Feuser, Georg: Behinderte Kinder und Jugendliche – Zwischen Integration und Aussonderung. Darmstadt: 1995

Feuser, Georg: Erkennen und Handeln. Integration – eine conditio sine qua non humaner menschlicher Existenz. In: Zeitschrift Behindertenpädagogik 43(2004)2, S. 115-135

Gal'perin, Pjotr: Zu Grundfragen der Psychologie. Köln: 1980

Jantzen, Wolfgang: Allgemeine Behindertenpädagogik. Band 1 und 2. Weinheim/Basel: 1987, 1990

Jantzen, Wolfgang (Hrsg.): Die Schule Gal'perins. Berlin: 2004

Klafki, Wolfgang: Studien zur Bildungstheorie und Didaktik. Weinheim: (5./7. Auflage) 1963

Klafki, Wolfgang: Neue Studien zur Bildungstheorie und Didaktik. Weinheim/Basel: (5. Auflage) 1996

Leont'ev, Alexej: Probleme der Entwicklung des Psychischen. Frankfurt/M.: 1973

Leont'ev, Aleksej: Tätigkeit, Bewusstsein, Persönlichkeit. Köln: 1982

Mantell, Peter: René Spitz 1887-1974. Leben und Werk im Spiegel seiner Filme. Köln: 1991

Piaget, Jean: Das Erwachen der Intelligenz beim Kinde. Stuttgart: 1969

Spitz, René: Vom Säugling zum Kleinkind. Stuttgart: 1963

Spitz René: Eine genetische Feldtheorie der Ichbildung. Frankfurt/M.: 1972

Vygotskij, Lew: Ausgewählte Schriften, Bd. 2. Köln: 1987

Erzieherinnenperspektive

Im Herbst 1991 übernahm ich die Leitung einer Sonderkindertagesstätte in Gießen, in der hauptsächlich Kinder mit Sprach- und Wahrnehmungsstörungen betreut und gefördert wurden. Diese war eng an das Sprachheilzentrum angebunden und hatte einen Einzugsbereich von bis zu 50 km rund um Gießen. In eng vernetzter Zusammenarbeit mit allen, die an der Förderung der Kinder beteiligt waren (Erzieherinnen, Eltern, TherapeutInnen, FachärztInnen), erfuhren die 23 Kinder – aufgeteilt in drei Gruppen mit jeweils zwei Erzieherinnen – ein gut strukturiertes Betreuungs- und Förderkonzept. Alle Kinder wurden 6 Stunden betreut. Es gab einen Fahrdienst für die Kinder, sodass die Eltern die Wegstrecke nicht täglich selbst bewerkstelligen mussten.

Aufgrund der zunehmenden Bedeutung des Integrations-Konzeptes (→ Integration) in Hessen, entschied sich der Träger, der Sozialdienst katholischer Frauen Gießen e.V., die Sonderkindertagesstätte in eine integrative Einrichtung umzustrukturieren und in eine größere Villa gegenüber der ehemaligen Einrichtung umzuziehen. Ich hospitierte zu dieser Zeit mit meinen MitarbeiterInnen in einigen schon existierenden integrativen Kindertagesstätten (z. B. Wiesbaden und Limburg) und bereitete mit ihnen gemeinsam die Umstrukturierung vor. Am Anfang dieses Vorhabens beschäftigten uns folgende Fragen: Was wird dies für unsere Kinder mit → Behinderung bedeuten? Wie werden sie sich in den größeren Gruppen zurechtfinden? Wie wird es den Eltern gehen, die gerade gelernt hatten, sich sehr offen über die Probleme ihrer Kinder und somit auch über ihre eigene oft schwierige familiäre Situation auszutauschen? Würden wir als pädagogische Fachkräfte allen Kindern gerecht werden können? Wie werden die unterschiedlichen Kinder mit ihren unterschiedlichen Fähigkeiten und Bedürfnissen miteinander zu Recht kommen?

Bei allen Kindern mit Behinderung, für die ein Integrationsplatz beantragt werden muss, ist die Vorbereitung zur Aufnahme ein längerer Prozess, in den das Kind und seine Familie mit einbezogen werden und sie somit der Einrichtung bekannt sind. Wie aber sollten wir die Aufnahme der *Regelkinder* vorbereiten? Sollten wir die Eltern der *Regelkinder* einfach eine Anmeldung ausfüllen lassen? Wäre es sinnvoll, mit allen Eltern im Beisein der

Kinder ein Aufnahmegespräch zu führen, um unsere Arbeit darzulegen und uns gegenseitig kennenzulernen? Bei 40 *Regelkindern*, die im September 1995 neu aufgenommen werden sollten, bedeutete dies zusätzlich zu den Integrationsvorbereitungen und parallel zum Umbau der Villa eine enorme Aufgabe. Die bisherigen Erfahrungen im heilpädagogischen Bereich, die Kinder und die Eltern bereits vor der Aufnahme kennen zu lernen, waren sehr positiv. Daher entschieden wir uns, mit allen an einer Aufnahme interessierten Familien ein Aufnahmegespräch zu führen. Sehr deutlich legten wir den Eltern unseren Schwerpunkt der bisherigen heilpädagogischen Arbeit dar und signalisierten ihnen, dass nur durch eine positive Unterstützung seitens der Eltern die Integration auch gelingen würde.

Am 04.09.1995 eröffneten wir unser Integratives Kinderhaus mit 4 Gruppen. Insgesamt konnten wir 60 Kinder aufnehmen, darunter befanden sich 20 Integrationsplätze für Kinder mit einer Behinderung.

Am Anfang waren wir alle verunsichert: Die Eltern der *Regelkinder* befürchteten ein schlechtes Sprachvorbild durch die *Integrations-Kinder* und somit eventuell eine Imitation dieser Sprachauffälligkeit durch ihr eigenes Kind. Die Eltern der *Integrations-Kinder* befürchteten, ihr Kind würde jetzt in der größeren Gruppe untergehen und eventuell von den anderen Kindern nicht ernst genommen werden. Auch für sie selbst war die Spannung groß, gab es doch jetzt viele Eltern der *Regelkinder*, bei denen bestimmt alles ganz problemlos war. Der Anfang war sehr aufregend: Eine vierte Gruppe musste gegründet, Personal ausgesucht und eingestellt sowie die Räumlichkeiten bezogen werden. Im obersten Stockwerk wurde der Flur abgeteilt, sodass eine logopädische Praxis eröffnet werden konnte. Die Turnhalle musste so abteilbar sein, dass sowohl die Einzelförderung der *Integrations-Kinder* als auch die motorische Förderung und Bewegungsfreiheit der *Regelkinder* ermöglicht werden konnte. Die Offenheit der Kinder war ansteckend: Sie spielten miteinander, verstanden sich sehr schnell als Gruppe und gestalteten miteinander den Alltag. Die gegenseitige Akzeptanz war so selbstverständlich, als hätten wir die Situation mit jedem Einzelnen in intensiven Gesprächen vorbereitet. Nach dem ersten Elternabend legte sich auch bei den Eltern die Unsicherheit (hatten doch auch die Eltern der *Regelkinder* Probleme und Sorgen mit ihren Kindern).

Die → Montessori-Pädagogik, die sich bereits in der Sonderkindertagesstätte in Form von Entwicklungsmaterial und individueller Unterstützung ausgedrückt hatte, bekam einen anderen Stellenwert, da ich in Zusammenarbeit mit der Montessori-Vereinigung Aachen einen zweijährigen Montessori-Diplomkurs für Erzieherinnen und LehrerInnen in unserem Haus anbot. Somit konnten unsere eigenen MitarbeiterInnen ausgebildet werden, alle Gruppen auf einer gemeinsamen Grundlage arbeiten und das Kinderhaus konnte als „Integratives Montessori-Kinderhaus" etabliert werden.

In den ersten Jahren änderte sich auch für die *Integrations-Kinder* nichts Wesentliches: Es gab auch weiterhin einen Fahrdienst, die Eltern zahlten keine Platzkosten, das Personal war, wie in der heilpädagogischen Tagesstätte auch, fest angestellt. Erst im Jahr 1999, als die neue Rahmenvereinbarung Integration in Hessen in Kraft trat, kam es zu massiven Veränderungen: Die bestehende Gruppengröße von 15 Kindern wurde aufgelöst, das fest angestellte Personal bekam integrationsbezogen befristete Verträge, es gab keinen Fahrdienst mehr, und die Eltern mussten die Platzkosten analog des Regelplatzes selbst finanzieren. Was bedeuten diese Veränderungen in der Praxis? In Hessen existieren seit 1999 keine heilpädagogischen Kindertagesstätten mehr, aber auch die ehemals integrativen Kindertagesstätten sind nach der Übergangsfrist, die 2002 endete, offiziell „Regeleinrichtungen mit Integrationsplätzen". Die Gruppengröße richtet sich daher jedes Jahr neu nach der Anzahl der genehmigten Integrationsplätze, das Personal muss jedes Jahr analog der Genehmigungen der Integrationsmaßnahmen neu berechnet und beantragt werden. Die Beförderung der Kinder wird nur noch im Ausnahmefall genehmigt. Durch die Delegierung der ehemals dem Landeswohlfahrtsverband (LWV) zugeordneten Aufgaben der Genehmigung an die Kommune gibt es keine einheitlichen Regelungen mehr. Jedes Kreissozialamt und jedes Gesundheitsamt vor Ort entscheidet individuell – häufig nach Finanzlage – über die Aufnahme der Kinder mit Behinderung sowie über die Genehmigung der Maßnahmenpauschale und die Befristung dieser Maßnahme. Dies ist der organisatorische Rahmen.

Wie hat sich die Integration auf die tägliche Arbeit und die Förderung der einzelnen Kinder ausgewirkt? Zurzeit betreuen wir in unserem Kinderhaus 4 Gruppen mit insgesamt 66 Kindern. Für 15 Kinder wurde eine Integrationsmaßnahme genehmigt. Ein gut strukturierter Tagesablauf und eine klar gegliederte Umgebung erleichtern allen Kindern die Orientierung und eine früheste mögliche Selbstständigkeit. Rituale bieten eine verlässliche Struktur, adäquate Angebote in allen Bereichen (sinnesorientierte Basisförderung, aber auch im naturwissenschaftlichen Bereich) fördern die unterschiedlichen Kompetenzen. Die durch die Montessori-Pädagogik selbstverständliche Beobachtung und daraus resultierende individuelle Förderung unterstützt sowohl die Kinder des Integrationsbereiches mit ihrem individuellen Hilfebedarf als auch die *Regelkinder* mit ihren individuellen Stärken und Schwächen. Die gelebte Selbstverständlichkeit des Miteinanders, die das Kind in seiner Gesamtheit in den Mittelpunkt stellt, führt dazu, dass Konkurrenzen (besonders bei gleichaltrigen Kindern) soweit minimiert werden, dass sie kaum zutage treten. Als besonders wichtiges Element der Integration erleben wir die verlässliche Zusammenarbeit mit allen an der Förderung des Kindes beteiligten Personen. Das sind sowohl die Eltern, die als Experten ihres Kindes die meiste Erfahrung haben, als auch die Erzieherinnen, die TherapeutInnen, die Frühförderung und manchmal auch die ÄrztInnen. Für alle Beteiligten ist es selbstverständlich, wichtige Beobachtungen miteinander auszutauschen und zu vergleichen, Entwicklungsbereiche abzustimmen und gemeinsame Ziele für einen überschaubaren Zeitraum (in der Regel ein halbes Jahr) festzulegen. Wichtig ist hierbei, zunächst die Stärken und besonderen Fähigkeiten des Kindes zu sehen, um anschließend den Unterstützungsbedarf zu beschreiben.

Da die TherapeutInnen im Kinderhaus – auf freiberuflicher Basis – selbst tätig sind, ist die therapeutische Förderung für die Kinder eher ein kleiner Luxus, eine zusätzliche intensive Zeit mit einem Erwachsenen, und wird nicht als „Therapiestunde" empfunden. Obwohl die TherapeutInnen einen ungefähren Zeitplan entwickelt haben, muss das einzelne Kind nicht minutiös therapiebereit sein. So kommt es vor, dass die Logopädin schon ein Spiel in der Gruppe mit dem Kind beginnt, bevor der Weg nach oben in die logopädische Praxis sprachlich entsprechend begleitet und so zur gelebten therapeutischen Unterstützung wird. Der Ergotherapeut nutzt beispielsweise die Vielzahl der Treppen und baut diese in die Therapiestunde mit ein. Was bedeutet dies für die *Regelkinder*? Manchmal begleitet das eine oder andere Kind einen Freund mit zur Therapiestunde, um zum einen Spielpartner zu sein, zum anderen einfach mitzuerleben, warum jemand mit zur Logopädin geht. So wird das Wasserbett, das die Physiotherapeutin häufig gerade für spastisch gelähmte Kinder nutzt, gerne als Highlight auch von den anderen Kindern in Anspruch genommen.

Wenn wir jetzt Bilanz ziehen, so können wir sagen: Die pädagogische Umsetzung der Integration ist in vollem Maße gelungen, alle Kinder profitieren davon, und es ist inzwischen normal, verschieden zu sein (→ Normalität). Inzwischen haben wir mit den verschiedensten Formen der Behinderungen Erfahrungen sammeln können: Hör-, Seh- und Sprachbehinderungen, Autismus, verschiedenste Syndrome (Prader-Willi-Syndrom, Undine-Syndrom, Fragiles-X-Syndrom), Kinder, die mit Sauerstoff versorgt werden müssen, schwerst mehrfach behinderte Kinder usw. Jedes Kind mit einer neuen Schwierigkeit bringt uns auf unserem Weg ein ganzes Stück weiter. Dabei spielen die bisherigen Erfahrungen der Eltern eine ganz große Rolle. Aber auch die MitarbeiterInnen prägen die Arbeit deutlich mit, nehmen sie doch alle regelmäßig an qualifizierten Fortbildungen teil, um die eigene Kompetenz sowie die des Hauses zu stärken und auszubauen. Und auch die Eltern sind offener geworden, bieten zweimal im Jahr einen Elternabend als *Experten ihrer Kinder* an, an dem jeweils 3 Eltern über die Behinderung ihres Kindes referieren und dabei auch den Alltag mit dem Kind zu Hause schildern. Diese Abende haben zu einer großen Offenheit beigetragen, auch für die Eltern, die ein Kind haben, deren Behinderung nicht auf den ersten Blick zu erkennen ist, ist dieser Abend besonders wichtig. War z. B. die Mutter eines Kindes mit Asper-Autismus bisher gar nicht zum Integrationsbereich dazugerechnet worden, begegneten die anderen Eltern ihr nach diesem Abend mit viel Verständnis. Auch das zweimal in der Woche stattfindende Elterncafé (in der Küche des Kinderhauses) trägt dazu bei, dass Eltern ins Gespräch kommen, ein Vertrauensverhältnis aufbauen und sich gegenseitig unterstützen können.

Sowohl im *Regelbereich* als auch im *Integrationsbereich* fielen uns immer wieder Kinder auf, die in verschiedenen Bereichen ganz besondere Fähigkeiten zeigten: So zeigte ein Junge mit Asper-Autismus hohe Fähigkeiten im sprachlichen Bereich, konnte mit 5 Jahren Schach spielen und liebte schwierige Aufgaben. Ein Junge mit Fragilem-X-Syndrom hatte ein Zahlenverständnis bis 1000 und konnte bereits mit 4 Jahren am PC einfache Wörter schreiben. Ein anderer Junge mit massiver Hörbehinderung und autistischen Zügen lernte mit 5 Jahren lesen und schreiben und beherrschte dies so perfekt, dass er von den anderen Kindern als Unterstützer gesucht wurde. Im Regelbereich beschäftigen wir uns seit ca. 7 Jahren mit der Förderung hochbegabter Kinder und machen auch hier die Erfahrung, dass diese häufig therapeutische Unterstützung (z. B. Ergotherapie) benötigen. Auch diese Kinder haben ein Recht auf Integration, also auf Förderung ihrer Stärken, auf Unterstützung der Bereiche, in denen sie unsicher sind, und auf die Vernetzung mit Gleichgesinnten (der sog. Peergroup). Den Bereich Hochbegabtenförderung bauen wir weiter aus, ich selbst habe eine entsprechende Ausbildung an der Universität Münster abgeschlossen, eine weitere Mitarbeiterin ist bei der Karg-Stiftung ebenfalls zur Begabtenpädagogin ausgebildet worden. Für das gesamte Team gab es bereits zwei Fortbildungstage und einen Fachtag zum Thema „Hochbegabtenförderung im Kindergarten".

Das, was uns im Bereich der Kinder mit Behinderungen gelungen ist, wird uns hoffentlich auch im Bereich der hochbegabten Kinder gelingen: Offenes Umgehen mit Stärken und Problemen auch innerhalb der Elternschaft, damit betroffene Eltern auch untereinander Unterstützung erfahren. Unsere Grundlage bleibt dabei für alle Kinder gleich wichtig: gezieltes Beobachten, Dokumentieren, Reflektieren, Unterstützen, anregende Umgebung zur Verfügung stellen, gut strukturierter Tagesablauf, an dem sich alle Kinder orientieren können, geplante Kompetenzerweiterungen mit dem gesamten Umfeld abstimmen, auf die Stärke der Kinder bauen.

Mechtild von Niebelschütz

Gemeinsamer Gegenstand

Mit *Gemeinsamer Gegenstand* geht es in der Theoriebildung, in der Praxis und im Diskurs um → Integration nicht um die Attribuierung von „Gegenstand" durch „gemeinsam", sondern um einen feststehenden Begriff. Als solcher bezeichnet er einen von zwei zentralen didaktischen Momenten einer → „Allgemeinen Pädagogik". Diese betreibt einerseits keine Selektions- und Ausgrenzungspraxis und vermag es andererseits zu leisten, Kindern und SchülerInnen, die in Sonderinstitutionen verwiesen wurden bzw.

aus Bildungsinstitutionen ausgeschlossen blieben, im regelpädagogischen Bereich in heterogenen Gruppen und Klassen angemessene Erziehungs-, Bildungs- und Unterrichtsangebote zu machen. Dies im Sinne der Schaffung sozialer Räume und solcher Handlungsfelder, in denen für alle Kinder und SchülerInnen ein Entwicklung induzierendes Lernen erfolgen kann. Deshalb wird der Begriff im weiteren Sinne auch als *Lernen am Gemeinsamen Gegenstand* gebraucht. Lernen wird hier verstanden als die allgemeinste Lebenstätigkeit eines derart komplexen lebenden Systems, wie es der Mensch ist. Es ist davon abhängig, ob die Lernangebote die Motive und Bedürfnisse der Lernenden befriedigen, sodass sie als subjektiv sinnhaft erfahren werden können. Dies steht vor allem in der Frühen Bildung in besonderer Weise mit dem Erleben eines emotional und sozial hoch stabilen Beziehungsfeldes, mit hohen Graden an Verlässlichkeit der Erziehungspersonen und mit deren Authentizität in Verbindung. Lernen kann beschrieben werden als Handeln, das über die Wahrnehmungstätigkeit und interne Konstruktion von Information Handlungen verändert, d. h. durch *Sinnbildung* und *Bedeutungskonstitution* Wissen generiert und Erfahrung gedächtnismäßig deponiert.

Im engeren Sinne der didaktischen Kategorie ist von „Kooperation am Gemeinsamen Gegenstand" zu sprechen. Kooperation umfasst reziproke Kommunikation, interaktive Prozesse und – auf basalster Ebene menschlicher Existenz – den Dialog. Sie ist stets bezogen auf ein Drittes, das beispielsweise ein arbeitsteilig zu realisierendes Produkt sein kann, aber auch eine Kommunikation über die Art und Weise der geführten Kommunikation, ein metakommunikatives Moment. Bedeutend ist der relationale Charakter im Sinne des mit ihm zum Ausdruck kommenden Mensch-Mensch- und Mensch-Welt-Verhältnisses in der gesamten Lebensspanne vom Aufbau der primären und sekundären Intersubjektivität (vgl. Aitken/Trevarthen 1997, Trevarthen/Aitken 2001) in der frühesten Kindheit bis hin zu arbeitsteiliger Produktion in Arbeitsprozessen. Dabei können Orientierungsleistungen und Handlungen für z. B. schwerst beeinträchtigte Personen in der Kooperation assistiert sein, ohne dass das Grundverhältnis *der Kooperation am Gemeinsamen Gegenstand* dadurch verändert würde. Das ermöglicht u. a. auch die Integration von Menschen mit schwersten Beeinträchtigungen, tiefgreifenden Entwicklungsstörungen und schweren Formen so genannter „herausfordernder Verhaltensweisen". Gleichwohl ist ein personales und/oder advokatorisches Assistenzverhältnis seinerseits ein kooperatives in der Kooperation. Dies wird vor allem in der Konzeption der „Substituierend Dialogisch-Kooperativen Handlungs-Therapie" (SDKHT) deutlich – dort bezogen auf das Verhältnis von Klient und Person 1 sowie Klient und Person 2, die ein gemeinsames kooperatives Handlungsfeld konstituieren, das einen sozialen Raum definiert, in dem mit Menschen, die u. a. als „austherapiert", „therapieresistent", „lern- und bildungsunfähig" oder als „gemeinschaftsunfähig" gelten, der Dialog wieder aufgenommen werden kann (Feuser 2001, 2002). Bezogen auf die frühe Kindheit und Kindheit im Bereich der Elementarerziehung und Frühen Bildung geht es vor allem auch um primäre Prävention, wenn die Entwicklung gefährdende individuelle und soziale Momente vorliegen; d. h. um den Aufbau des Dialogs und der Kooperation unter erschwerten Bedingungen.

Unter Aspekten einer *Allgemeinen Pädagogik* kommt dem Begriff der *Kooperation* mit Bezug auf den *Gemeinsamen Gegenstand* eine sehr spezifische integrative Bedeutung zu. Auf einer allgemeinen Ebene kennzeichnet er die Möglichkeit eines Lernens eines jeden mit einem jeden anderen Kind. Dies als Gegenmodell zu der Konzeption, dass der Verschiedenheit hinsichtlich der individuellen und sozialisatorischen Bedingungen, der Lernpotenzen und Entwicklungsniveaus nur mittels individueller Lernangebote im Kontext von Maßnahmen einer äußeren Differenzierung Rechnung getragen werden könnte, wie sich das in den heute etablierten Schulformen, Sonderschultypen und Kindertageseinrichtungen für Kinder mit bestimmten Behinderungsarten und – in die pädagogische Praxis hinein – auf curricularer Ebene in entsprechend parzellierten und reduzierten Bildungsangeboten ausdrückt. In der bestehenden Defizit-Orientierung verliert sich dann auch der Erziehungs- und Bildungsbegriff zugunsten eines in der Heil- und Sonderpädagogik heute üblichen unpräzisen Begriffes der *Förderung*.

Eine grundlegende Orientierung erfolgt daran, was aus einem Kind seiner Möglichkeit nach werden kann, ohne die individuell wie ökonomisch und sozial bestehenden Ausgangs- und Randbedingungen zu negieren. Ausgangspunkt im integrativen Lernfeld sind entsprechend die vorhandenen Kompetenzen, die sich auch in den als durch die vorliegende Behinderung bedingten, in der Regel als defizitär und abweichend bewerteten Handlungen, ausdrücken. Dies unter Aspekten, dass sie humanwissenschaftlich analysiert und reflektiert, besonders unter systemischen und tätigkeitstheoretischen Gesichtspunkten der Persönlichkeitsentwicklung als gelungene und viable Kompensation der erfahrenen isolierenden Bedingungen zu verstehen sind. Hierin eingebunden sind alle Komponenten des an dieser Leistung beteiligten psychischen Geschehens und die entsprechenden psychischen Um- und Neubildungen. Unter diesen Aspekten verbietet es sich, unter Rückgriff auf diese verhaltensmäßigen Erscheinungen in klassischen diagnostischen Settings die Ausgrenzung aus regulären pädagogischen Feldern zu begründen und den Einschluss in segregierende Felder zu fordern, in denen dem konstatierten sonderpädagogischen Förderbedarf vermeintlich am besten entsprochen werden kann. Gleichwohl ist auf den aktuellen Kompetenzen in Wahrnehmung, Denken und Handeln der Kinder und SchülerInnen aufzubauen und diesen umfänglich Rechnung zu tragen. Entsprechend bedarf die *Kooperation am Gemeinsamen Gegenstand* dem symmetrischen Prinzip, diese Individualisierung ohne Ausgrenzung aus dem sozialen Raum und gemeinsamen Lernfeld zu bewerkstelligen, was auf ein zweites, gleich bedeutendes und gleich zu gewichtendes didaktisches Moment verweist und als innere Differenzierung beschrieben werden kann.

Bezogen auf diese dominieren in der Pädagogik überwiegend quantitative Vorstellungen. So können Inhaltsangebote z. B. in unterschiedlichen Schwierigkeitsgraden, in unterschiedlicher Anzahl je definierter Zeiteinheit bzw. in unterschiedlichen Zeiträumen bearbeitet bzw. einzelne Unterrichtsphasen zeitlich unterschiedlich ausgedehnt werden. Differenziell dazu geht es hier aber um einen qualitativen Prozess der entwicklungsniveaubezogenen Individualisierung des *Gemeinsamen Gegenstandes*. Diese qualitative Dimension wird ansatzweise in der sechsten Studie zur Bildungstheorie und Didaktik von Klafki zur inneren Differenzierung deutlich. In dieser zusammen mit Stöcker verfassten Studie wird auf eine dritte Dimension innerer Differenzierung verwiesen, die sie als „Aneignungs- und Handlungsebene" bezeichnen. Dies mit Bezug auf die „Kulturhistorische Schule" und auf Autoren wie Leont'ev, Gal'perin, Lompscher und Drefenstedt. Auch auf Piaget wird verwiesen (vgl. Klafki 1996). Allerdings erfolgen keine weiteren Ausführungen dazu; auch keine Verweise auf die hoch entwickelte Rezeption der kulturhistorischen Schule im Konzept der „Behindertenpädagogik" (siehe

Feuser 1989, 1995; Jantzen 1987, 1990; Siebert 2006). Sie bildet eine zentrale Grundlage der Konzeption einer *Allgemeinen (integrativen) Pädagogik* (Feuser) und für das Verständnis der zentralen didaktischen Konzeption der *Kooperation am Gemeinsamen Gegenstand.*
Historische Vorläufer können u. a. im Kontext der Entwicklung der Elementarbildung in der Forderung Pestalozzi's (1746-1827), den Unterricht an die Gesetze der Geistesentwicklung anzupassen, aber auch schon bei Comenius (1592-1670), mit Ratke (1571-1635) der Begründer der modernen Didaktik, gesehen werden, wenn er auf der Basis der von ihm in die Philosophie eingeführten „Pansophie" schon 1633 auf die harmonische Verbindung aller Welten, der Erkenntnis und der Sprache verweist, aus denen sich einerseits die Wissenschaften ergeben, wie er andererseits postuliert, dass es nichts in der Welt gibt, das der Mensch, der mit Sinnen und Vernunft begabt ist, nicht zu erfassen vermöchte, ... denn alle haben doch die gleiche Natur (vgl. Comenius 1992, S. 38, 73). Zu beachten ist hier auch die auf den Arbeiten von Piaget basierende kognitionspsychologische Didaktik von Hans Aebli (Baer u. a. 2006).

Diese Verweise erscheinen erforderlich, um darauf aufmerksam zu machen, dass der *Gemeinsame Gegenstand* zwei Momente umfasst, die ihn konstituieren, nämlich: (A) Die erkenntnisrelevante Seite eines bestimmten Ausschnittes der Welt (ontologische Dimension), wie sie sich in den verschiedensten wahrnehmbaren, beobachtbaren, beschreibbaren und klassifizierbaren Erscheinungen niederschlägt, die mit den Wissenschaften erfasst, analysiert und interpretiert werden können – dies in der gesamten Spanne erlebnis- und verhaltensdeskriptiver Erkennensvorgänge. (B) Die Erkenntnis bildende Seite der tätigen Auseinandersetzung eines handelnden Subjekts mit einem bestimmten Ausschnitt der Welt (dialektische Dimension) mittels der in der Evolution herausgebildeten und in der Ontogenese sich diversifizierenden Werkzeuge, die in Bezug auf jedes menschliche Entwicklungsniveau als Wahrnehmen, Erfahren (Erleben und Empfinden), mithin kategorisieren und symbolisieren, d. h. als Denken beschrieben werden können und als deponierte Information Wissen bedeuten, das bisherige Erfahrung und zukünftiges Handeln modifiziert. Dies z. B. nicht nur im Sinne genauer Messung, wie etwas unter bestimmten Methoden ist, sondern auch im Sinne spekulativer Ideen, wie etwas sei, wie das in einem Gespräch von Piaget mit einem sechsjährigen Jungen (Hub, 6;6) wunderbar zum Ausdruck kommt:

Ist der Mond immer rund?
Nein.
Wie ist er denn?
Wie ein Hörnchen. Er ist stark abgenutzt.
Warum?
Weil er hell gegeben hat.
Wie wird er wieder rund?
Weil man ihn neu macht.
Wie?
Mit Himmel.
(Piaget 1994, S. 249)

Der *Gemeinsame Gegenstand* fasst das zu Erkennende – intentional-päda-
gogisch, was der Möglichkeit nach erkannt werden soll – und nicht den
einen Aspekt oder die vielen Sachverhalte bzw. Gegenstände, anhand derer
das zu Erkennende wahrgenommen, erlebt, erfahren, d. h. erkannt werden
kann. Als epistemologische Kategorie ist er eine über alle Niveaus menschlicher Entwicklung, die bezeichnet werden können, hinweg gültige Kategorie
und keine durch verschiedene Bildungsinstitutionen zu modifizierende. Anders gesagt: Er kennzeichnet Erkenntnisse, die durch das Zusammenwirken
von Menschen unterschiedlichster Entwicklungsniveaus in der Auseinandersetzung mit unterschiedlichsten Sachverhalten in vergleichbarer Weise
gewonnen werden können, so wie z. B. die Ausweitung bzw. Verbesserung
des menschlichen Sehvermögens in Relation zu der optisch erfassbaren
Wirklichkeit durch ein Mikroskop, eine Fernglas, ein Teleskop oder eine Brille erreicht werden kann.

Die entwicklungsniveaubezogene Individualisierung (des Gemeinsamen Gegenstandes) ermöglicht im Sinne innerer Differenzierung jedem Kind an
Sachverhalten, in denen sich ein ontologisches Prinzip phänomenologisch
repräsentiert und die mit Bezug auf die individuellen Kompetenzen der miteinander Lernenden ausgewählt und strukturiert sind, in Kooperation mit
potenziell jedem anderen auf seine Weise das zu Erkennende zu erkennen.

Beide Dimensionen verbinden sich im Baum-Modell des didaktischen Fel-
des (Feuser 1995, S. 179) in den Ästen, die die Vielfalt der Sachverhalte
repräsentieren (und keine Fächer), an denen das zu Erkennende erkannt
werden kann und konstituieren eine → „entwicklungslogische Didaktik"
(Feuser), die ihrer Struktur nach als entwicklungsniveauspezifisches ko-

operatives Handeln mit Sachverhalten der Welt eine dreidimensionale ist. Sie konstituiert ihrerseits didaktisch eine *Allgemeine Pädagogik*, die integrativ potent ist und mit der es primär um Erkenntnisgewinn und nicht um Wissensakkumulation geht.

Georg Feuser

Literatur

Aitken, Kenneth und Trevarthen, Colwyn: Self/other organization in human psychological development. In: Zeitschrift Development and Psychopathology 9(1997), S. 653-677

Baer, Matthias u. a. (Hrsg.): Didaktik auf psychologischer Grundlage. Bern: 2006

Comenius, Johann Amos: Große Didaktik. Stuttgart: 1992

Feuser, Georg: Allgemeine integrative Pädagogik und entwicklungslogische Didaktik. In: Zeitschrift Behindertenpädagogik 28(1989)1, S. 4-48

Feuser, Georg: Behinderte Kinder und Jugendliche – Zwischen Integration und Aussonderung. Darmstadt: 1995

Feuser, Georg: Ich bin, also denke ich! Allgemeine und fallbezogene Hinweise zur Arbeit im Konzept der SDKHT. In: Zeitschrift Behindertenpädagogik 40(2001)3, S. 268-350

Feuser, Georg: Die „Substituierend Dialogisch-Kooperative Handlungs-Therapie (SDKHT)" – eine Basistherapie. In: Feuser, Georg/Berger, Ernst (Hrsg.): Erkennen und Handeln. Berlin: 2002, S. 349-378

Feuser, Georg: Integrative Elementarerziehung – Ihre Bedeutung als unverzichtbare Basis der Entwicklung des Bedürfnisses des Menschen nach dem Menschen. In: Landesverb. Ev. Tageseinrichtungen für Kinder, Bremen (Hrsg.): Gemeinsamkeit macht stark, Unterschiedlichkeit macht schlau! Bremen 2003, S. 25-53

Jantzen, Wolfgang: Allgemeine Behindertenpädagogik. Band 1 und 2. Weinheim/Basel: 1987, 1990

Klafki, Wolfgang: Neue Studien zur Bildungstheorie und Didaktik. Weinheim/Basel: (5. Auflage) 1996

Piaget, Jean: Das Weltbild des Kindes. München: (4. Auflage) 1994

Siebert, Birger: Begriffliches Lernen und entwickelnder Unterricht. Grundzüge einer kulturhistorischen Didaktik für den integrativen Unterricht. Berlin: 2006

Trevarthen, Colwyn/Aitken, Kenneth: Infant Intersubjectivity: Research, Theory, and Clinical Application. In: Journal Child psychol. Psychiat. 42(2001)1, S. 3-48

Gender

„Sex and Gender" ist das englischsprachige Begriffspaar, das in den 1990er Jahren auch Einzug in die deutsche Frauen- und Geschlechterforschung hielt. Deutlich gemacht werden sollte damit der Unterschied ebenso wie die Verwobenheit zwischen der biologischen und der kulturellen Seite des Geschlechts, wie dies die Sozialwissenschaftlerin Regina Becker-Schmidt so formuliert: „Körperlichkeit im Sinne ihrer anatomischen Phänomenologie (...) samt den mit ihr verbundenen Vorstellungen von kreatürlicher Sexualität, organischen Ausstattungen und Potenzen spielt eine entscheidende Rolle in den Interpretationen, mit denen die beiden Geschlechter ihre Bedeutung für die generative Reproduktion der Menschheit begründen (...). Die Selbst- und Fremddefinitionen des sexuellen Geschlechts sind immer Resultate von Körpererfahrungen einerseits, solchen am eigenen Leib und denen der gleich- wie gegengeschlechtlichen Bezugspersonen, und phantasmagorischen Verarbeitungen dieser sinnlichen Erfahrungen andererseits" (Becker-Schmidt 1993, S. 40 f.). Noch einen Schritt weiter geht Carol Hagemann-White mit dem provokativen Begriff des „doing gender". Sie meint damit, dass das Geschlecht nicht etwas ist, das wir haben oder sind, sondern etwas, das wir im sozialen Miteinander „tun", gestalten, produzieren. Das einzelne Individuum kann nicht für sich und nur nach eigenem Wunsch sein Geschlecht leben, so Hagemann-White, „dies ist vielmehr ein interaktiver Vorgang, worin wir ganz unabdingbar auf die Mitwirkung unserer Gegenüber und so auf die mit ihnen geteilte unbewusste Alltagstheorie des Geschlechts in unserer Kultur angewiesen sind" (Hagemann-White 1993, S. 68). Für die Beschäftigung mit dem Thema „Gender/Geschlecht" in der Integrationspädagogik ist an dieser Stelle festzuhalten, dass das Geschlecht – ähnlich wie auch → Behinderung – immer in sozialen Zusammenhängen steht, ohne die es nicht denkbar ist. Der Zusammenhang von Integrationspädagogik und Geschlecht ist – ausgehend von der „Pädagogik der Vielfalt" (Prengel 1993a) – seit Mitte der 1990er Jahre Gegenstand der wissenschaftlichen Auseinandersetzung (vgl. Schildmann 1996), ohne allerdings bisher umfassend empirisch erforscht worden zu sein. Dies betrifft ganz besonders die Geschlechterverhältnisse im Elementarbereich des Bildungswesens, d.h. in → integrativen Kindertageseinrichtungen, um die es im Folgenden geht.

Die Geschlechterdimension in der Integrationspädagogik beinhaltet unterschiedliche Geschlechterverhältnisse. Bezogen auf das Feld der Kindertageseinrichtungen werden im Folgenden zwei zentrale Geschlechterkonstellationen erörtert:
zwischen Mädchen und Jungen als der primären Zielgruppe der Integration, zwischen Frauen und Männern als der zentralen Berufsgruppe der Erzieherinnen und Erzieher.
Dabei ist davon auszugehen, dass die Kategorie Geschlecht auf den unterschiedlichsten sozialen Ebenen des Integrationsgeschehens wirksam ist, so vor allem auf der innerpsychischen Ebene der einzelnen beteiligten Individuen, auf der interaktionellen Ebene der mitwirkenden Personen, auf der institutionellen Ebene mit ihren Erziehungskonzepten und organisatorischen Bedingungen und schließlich auf der gesellschaftlichen Ebene, auf der die normativen Grundlagen des sozialen Umgangs mit Verschiedenheit/ Heterogenität angesiedelt sind (vgl. Klein u. a. 1987, S. 39 f.; Schildmann 1996, S. 26 ff.).
Die Geschlechterverhältnisse zwischen behinderten und nicht behinderten Kindern in Integrationsgruppen von Kindertageseinrichtungen wurden bisher noch kaum untersucht. Es können aber an dieser Stelle zwei forschungsrelevante Ebenen beschrieben werden. Eine von ihnen betrifft das quantitative Verhältnis zwischen den behinderten Kindern, die andere das qualitative Verhältnis zwischen den nicht behinderten Kindern. Auf diese Weise wird eine Annäherung an das weitgehend unbearbeitete Forschungsfeld versucht.
Die Kinder- und Jugendhilfestatistik in Deutschland wies bis vor wenigen Jahren im Allgemeinen nur „zur Verfügung stehende Kindergartenplätze" aus (→ Quantitative Entwicklung). Das wurde im Jahr 2006 dahingehend geändert, dass „nicht mehr die verfügbaren Plätze, sondern die Kinder in den Einrichtungen erhoben" werden (Schilling 2008, S. 173): „Pro Kind wird auch abgefragt, ob es eine besondere Förderung im Sinne der Eingliederungshilfe für Kinder mit Behinderungen erhält. Somit kann ab 2006 eine differenzierte Analyse erstellt werden" (a. a. O., S. 173 f). Danach beträgt der Anteil der Jungen in der Gruppe der „Nicht-Schulkinder im Alter von 3 bis 7 Jahren, die Eingliederungshilfe in Kindertageseinrichtungen erhalten (15.03.2007)", bundesweit 64,6 Prozent, d.h. im Kindergartenalter befinden sich bereits etwa doppelt so viele Jungen wie Mädchen in der Gruppe

der Bezieher von Eingliederungshilfe (vgl. Daten des Statistischen Bundes-amtes 2007, berechnet durch die Dortmunder Arbeitsstelle Kinder- und Ju-gendhilfestatistik). Im Vergleich der einzelnen Bundesländer variiert dieser Jungenanteil zwischen 60,5 Prozent (Hamburg) und 66,9 Prozent (Berlin). Wie sich diese Kinder (bundesweit) auf integrative bzw. separative Kinder-tageseinrichtungen verteilen, ist der neuen Statistik (noch) nicht zu ent-nehmen. Deutlich wird durch diese Daten aber Folgendes: Das Ge-schlechterverhältnis verdient nachweislich von früher Kindheit an beson-dere Aufmerksamkeit: Es kommen bereits mehr Jungen als Mädchen mit gesundheitlichen Problemen zur Welt, wie den Statistiken über Neugebo-rene, Frühgeborene, Totgeborene sowie über Säuglingssterblichkeit zu ent-nehmen ist. Unter den anerkannten schwerbehinderten Kindern im Alter von 4-6 Jahren (Gesamtzahl ca. 15.000) betrug der Jungenanteil Ende 2003 etwa 58% (vgl. ebd.), und wie mit den oben genannten Daten zur Einglie-derungshilfe in Kindertageseinrichtungen *erstmals* gezeigt werden kann, ist der Anteil der Jungen „mit Eingliederungshilfe" bzw. mit „sonderpäda-gogischem Förderbedarf" nicht erst im Schulalter (was schon seit vielen Jahren bekannt ist; vgl. Statistisches Bundesamt 2003/04) knapp doppelt so hoch wie der Anteil der Mädchen, sondern bereits im Kindergartenalter. Die Gründe für diese quantitativen Verhältnisse sind noch nicht erforscht. Während also die quantitative Seite der Geschlechterverhältnisse unter den Kindern in integrativen Tageseinrichtungen noch der grundlegenden – inter-disziplinären – wissenschaftlichen Bearbeitung bedarf, hat die qualitative Seite bisher bereits – im Rahmen der Integrationspädagogik – eine gewisse Aufmerksamkeit unter dem Aspekt der geschlechterspezifischen kindlichen Interaktionen erfahren, wobei speziell die unterschiedlichen Rollen der nicht behinderten Mädchen und Jungen in den Interaktionen mit behinder-ten Kindern beschrieben und analysiert wurden. Annedore Prengel stellte Anfang der 1990er Jahre die These auf: „Mädchen ermöglichen Integration" (Prengel 1993b) und meinte damit unzweifelhaft die nicht behinderten Mädchen (in Abgrenzung zu den nicht behinderten Jungen). Gestützt auf systematische Beobachtungen aus dem Bereich integrativer Kindergärten und auf die Beobachtungen von LehrerInnen in Integrationsklassen an Grundschulen enthält ihre These die Annahme, dass nicht behinderte Mäd-chen – basierend auf (traditionellen) weiblichen Sozialisationsmustern – auf die behinderten Kinder zugehen, sich mit ihnen beschäftigen, für sie sorgen und so die Erzieherinnen/LehrerInnen unterstützen, während nicht behinderte Jungen – basierend auf (traditionellen) männlichen Sozialisationsmustern – behinderten Kindern gegenüber zunächst distanzierter erscheinen und sich entweder an anderen, z. B. größeren, stärkeren Jungen orientieren, statt sich mit vermeintlich schwächeren Kindern abzugeben, oder sich auf ihre eigenen Problemlagen konzentrieren. Zwar wurde dieser Thesenzusammenhang nur bezogen auf die schulische Integration weiter ausgeführt und – zum Teil sehr kontrovers – diskutiert, aber er scheint für den Bereich der Kindertageseinrichtungen ebenfalls, nicht zuletzt auch vor dem Hintergrund unterschiedlichster (sub-)kultureller Sozialisationsmuster, eine nicht zu unterschätzende Relevanz zu haben. Die geschlechterspezifischen Interaktionen zwischen nicht behinderten und behinderten Kindern zu beobachten ist aber nicht zuletzt auch deshalb angezeigt, weil in der Integrationspädagogik davon ausgegangen wird, dass Kinder vor allem auch voneinander – und nicht überwiegend von den (erwachsenen) PädagogInnen – lernen.

Den behinderten und nicht behinderten Mädchen und Jungen in integrativen Kindertageseinrichtungen stehen als Erwachsene vor allem Erzieherinnen gegenüber, die eine der zentralen pädagogischen Berufsgruppen darstellen. Dieser traditionelle Frauenberuf ist – soweit auf den Bereich der Kindertageseinrichtungen konzentriert – auch heute noch zu über 95% weiblich besetzt. Für die geschlechterspezifische Sozialisation der zu fördernden Mädchen und Jungen (mit und ohne Behinderung) bedeutet dies, dass nicht nur in der familialen Erziehung, die weitestgehend von Müttern geleistet wird, die weibliche Erziehungskomponente überwiegt, sondern auch im Elementarbereich des Bildungswesens. Umgekehrt ausgedrückt: Männliche Vorbilder fehlen nicht nur in der Familie, sondern auch im Kindergarten ganz erheblich. Sie fehlen sowohl den Jungen als auch den Mädchen, aber für die Jungensozialisation – konkret: für die Auseinandersetzung mit Männlichkeit und die Erprobung adäquater männlicher Rollen – scheinen sie gerade für die männlichen Kinder im Sinne der gleichgeschlechtlichen Identitätsarbeit besonders wichtig zu sein. Die auffällig höhere Rate von Verhaltensauffälligkeiten bei Jungen wird in den Erziehungswissenschaften nicht zuletzt mit diesem gesellschaftlichen Strukturelement in Verbindung gebracht.

Dass die frühkindliche Erziehung für die Entwicklung von Kindern von aller-größter Wichtigkeit ist, bezweifelt heute im Allgemeinen niemand mehr. Umso erstaunlicher ist es, dass der Erzieherinnenberuf in der Hierarchie der pädagogischen Berufe (heute noch) das geringste Ansehen erfährt. Die Arbeit der Erzieherinnen wird – trotz traditioneller Fachschulausbildung – häufig noch eher mit der Arbeit von Müttern verglichen und im Zuge der ge-sellschaftlichen Geringschätzung familialer Reproduktionsarbeit mit ab-gewertet. So wird aber vor allem der Blick für den Vergleich mit anderen pädagogischen Berufsgruppen – SozialpädagogInnen mit Fachhochschulaus-bildung und LehrerInnen mit Hochschulstudium – verstellt, der jedoch drin-gend notwendig wäre (→ Akademisierung der Erzieherinnenausbildung). Es war vor allem das Praxisfeld der Integrationspädagogik, auf dem Erzieherin-nen durch ihr innovatives Verhalten auf sich aufmerksam gemacht haben, ihre fachlichen Kompetenzen bewiesen haben (vgl. Schildmann/Völzke 1994) und angemessene Qualifikationen für die pädagogische Arbeit im Elementarbereich des Bildungswesens (vgl. Ortmann 1992) eingefordert haben.

Ulrike Schildmann

Literatur

Becker-Schmidt, Regina: Geschlechterdifferenz – Geschlechterverhältnis: soziale Dimensionen des Begriffs „Geschlecht". In: Zeitschrift für Frauenforschung 11(1993) 1+2, S. 37-46

Bundesministerium für Bildung und Forschung (BMBF)(Hrsg.)/Rauschenbach, Thomas u. a.: Konzeptionelle Grundlagen für einen Nationalen Bildungsbericht – Non-formale und informelle Bildung im Kindes- und Jugendalter. Berlin: 2004

Deutscher Bundestag. 15. Wahlperiode: Bericht der Bundesregierung über die Lage behinderter Menschen und die Entwicklung ihrer Teilhabe. Drucksache 15/4575 vom 16. 12. 2004

Hagemann-White, Carol: Die Konstrukteure des Geschlechts auf frischer Tat er-tappen? Methodische Konsequenzen einer theoretischen Einsicht. In: Feministi-sche Studien 11(1993) 2, S. 68-78

Klein, Gabriele u. a.: Integrative Prozesse in Kindergartengruppen. Über die gemeinsame Erziehung von behinderten und nichtbehinderten Kindern. Weinheim und München: 1987

Kron, Maria: Kindliche Entwicklung und die Erfahrung von Behinderung. Frankfurt und Griedel: 1988

Ortmann, Monika: Integration und Qualifikation. Eine Untersuchung zu einer zweckdienlichen integrationspädagogischen Qualifikation von Erzieherinnen im Elementarbereich. Frankfurt a. M.: 1992

Prengel, Annedore: Pädagogik der Vielfalt. Verschiedenheit und Gleichberechtigung in Interkultureller, Feministischer und Integrativer Pädagogik. Opladen: 1993a

Prengel, Annedore: Sind Mädchen die Integrationshelferinnen par excellence? In: Gehrmann, Petra/Hüwe, Birgit (Hrsg.): Forschungsprofile der Integration von Behinderten. Bochumer Symposium 1992. Essen: 1993b, S. 54-62

Schildmann, Ulrike: Integrationspädagogik und Geschlecht. Theoretische Grundlegung und Ergebnisse der Forschung. Opladen: 1996

Schildmann, Ulrike/Völzke, Reinhard: Integrationspädagogik: Biographische Zugänge. Berufliche Werdegänge von Erzieherinnen in Kindergartengruppen für behinderte und nichtbehinderte Kinder. Opladen: 1994

Schilling, Matthias: Quantitative Entwicklung. In: Lingenauber, Sabine (Hrsg.): Handlexikon der Integrationspädagogik. Band 1. Kindertageseinrichtungen. Bochum/Freiburg: 2008, S. 173-181

Statistisches Bundesamt: Schüler/innen 2003/04. 3.10 Klassen Schüler/innen und Ausländer/innen in Sonderschulen nach Klassentypen, sonderpädagogischen Förderschwerpunkten und Ländern 2003/04, Fachserie 11, Reihe 1, 2003/04

Geschichte

Bis zum Beginn der ersten integrativen Initiativen wurden Kinder mit Beeinträchtigungen im deutschen Erziehungs- und Bildungswesen getrennt von Kindern ohne Beeinträchtigung in speziellen Sonderkindergärten und -schulen betreut. Diese Sondereinrichtungen waren durch eine starke Differenzierung nach Behinderungsarten gekennzeichnet, das heißt, es gab Institutionen, die beispielsweise nur Kinder mit einer körperlichen oder geistigen Beeinträchtigung betreuten (vgl. Hössl/Pelzer 1990, S. 260).

Einen erheblichen Ausbau erlebten diese Sonderschulen und -kindergärten in der Zeit von etwa 1960 bis Mitte der 1970er Jahre. Die Vorstellung, dass

Kinder mit Beeinträchtigungen ihre erforderliche Unterstützung auch in Regeleinrichtungen zusammen mit gleichaltrigen Kindern ohne Beeinträchtigung erhalten könnten, war in den öffentlichen Diskussionen um Schulreformen in den 1960er Jahren noch nicht Gegenstand (vgl. Schöler 1999, S. 18). Im Laufe der Zeit kristallisierte sich heraus, dass die Ziele der Sondererziehung nicht erreicht wurden. Nur einige wenige Kinder konnten nach einer Zeit der Sonderförderung in den Regelkindergarten oder in die allgemeine Schule wechseln. Grundsätzlich war der Weg eines Kindes mit Beeinträchtigung jedoch vorgezeichnet: Er verlief von der Frühförderung in den Sonderkindergarten, über die Sonderschule bis hin zur Arbeit in der Werkstatt für Menschen mit → Behinderung und zum Leben in einem Wohnheim für Menschen mit Beeinträchtigungen (vgl. Dichans 1993, S. 5 f.).

Durch das Konzept der intensiven Förderung außerhalb des allgemeinen Erziehungs- und Bildungswesens wurde eine Trennung der Lebensräume von Menschen mit und ohne Beeinträchtigungen zementiert. Diese Isolierung bzw. Aussonderung hatte zur Folge, dass wichtige Sozialisationsprozesse zwischen Kindern mit und ohne Beeinträchtigungen nicht stattfinden konnten. Der stigmatisierende Umgang mit Menschen mit Beeinträchtigungen wurde hierdurch gefördert und konserviert (vgl. Kron 2002, S. 178 f.).

Vor diesem historischen Hintergrund begann die Geschichte der Integrationspädagogik in Westdeutschland, die Wolfgang Dichans grob in drei Phasen unterteilt. Die erste Phase, die sogenannte *Phase der Einzelinitiativen* (1968-1978), ist dadurch gekennzeichnet, dass die ersten Impulse zur Integration fast immer von Einzelpersonen bzw. von einzelnen Institutionen ausgingen. Die Hauptprotagonisten dieser Phase waren insbesondere Eltern (→ Elternperspektive) von Kindern mit Beeinträchtigungen, die für ihre Kinder bessere gesellschaftliche Perspektiven und Entwicklungsmöglichkeiten forderten (vgl. Dichans 1993, S. 6 f.). Nach und nach wurden einzelne Elterninitiativen gegründet, durch deren Entschlossenheit an mehreren Orten in Deutschland integrative Projekte im Elementarbereich entstanden. Die Durchsetzung der Initiativen verlangte den betroffenen Eltern oftmals sehr viel Überzeugungsarbeit ab, was das folgende Zitat belegt: „So gingen wir auf die Straße, an die Presse und schließlich und endlich erfolgreich an die zuständige Senatorin (...)" (Lau/Lau 2000, S. 293).

Der Einsatz der Eltern lohnte sich, sodass sie beispielsweise in Berlin-Friedenau im Jahr 1973 ein Haus für fünf Gruppen mit insgesamt 35 Kindern an-
mieten konnten. Ein Drittel der Kinder hatte eine Beeinträchtigung (vgl.
ebd.). Ermutigt durch die positiven Erfahrungen mit der gemeinsamen Erziehung, die sowohl der Isolation der betroffenen Eltern als auch jener der Kinder entgegenwirkte, ging die Öffentlichkeitsarbeit für den Integrationsge-
danken weiter. Ein zur damaligen Zeit aktives Elternpaar führt dazu aus:
„Viele ‚Kinderhaus-Eltern' vertraten die gemeinsame Arbeit auf Straßen-
und Kirchenfesten, auf Partei- und Gewerkschaftsveranstaltungen und stellten sich den Fragen der Politiker oder der gerade vorbeikommenden Pas-
santen" (a. a. O., S. 294).
Im Laufe der Zeit wurde der Kreis der Aktiven immer größer, sodass sich die
einzelnen Elterninitiativen schließlich 1985 offiziell zur Bundesarbeitsgemeinschaft „Gemeinsam leben – gemeinsam lernen" zusammenschlossen
(vgl. Rosenberger 1998, S. 14). Auf ihrem ersten bundesweiten Treffen in
Bremen im Oktober 1984, das unter dem Motto „Eltern gegen Aussonderung" stand, verabschiedeten die circa 200 Teilnehmer die so genannte
„Bremer Resolution". Der folgende Auszug macht deutlich, dass die
TagungsteilnehmerInnen eine gesamtgesellschaftliche Integration von
Menschen mit Beeinträchtigungen forderten, die auch den Erziehungs- und
Bildungsbereich einschloss: „Die Anwesenden gehen davon aus, dass be-
hinderte Menschen ein Recht auf ein gemeinsames Leben mit Nicht-
behinderten haben, und zwar nicht nur in Freizeit und Familie, sondern
auch in Kindergärten und Schulen ihres Wohngebietes ebenso wie in der
Berufsausbildung und in der Arbeitswelt" (Roebke 2000, S. 48). Die Eltern-
bewegung sah sich somit nicht nur als Teil einer pädagogischen Bewegung,
sondern auch als „Bürgerbewegung, die hartnäckig für die Rechte von
Menschen mit Behinderungen eintrat und konsequent für eine nicht teilbare
Integration kämpfte" (Rempt/Rempt zitiert nach Schnell 2003, S. 37).
Die Anfänge der Integrationsbewegung im Elementarbereich in Deutschland
fallen in eine Zeit, die geprägt ist durch die Bildung sozialer Bewegungen.
Als Antwort auf die große Koalition von CDU/CSU und SPD im Jahr 1966
bildete sich ein Jahr später die „Außerparlamentarische Opposition" (APO)
und kurze Zeit danach auch die Studentenbewegung. Es entwickelte sich
eine bis dahin nicht geführte und deshalb umso intensivere Diskussion, die

sich nicht nur auf den Hochschulbereich beschränkte. Sie schloss innen-
und außenpolitische Probleme ein, hinterfragte verschiedenste überlieferte
Werte und Normen auf ihre Gültigkeit und deckte die Kluft zwischen Anspruch und Wirklichkeit der Wirtschafts- und Gesellschaftsordnung in der
Bundesrepublik Deutschland auf (vgl. Nave-Herz 1997, S. 53 f.). Anzumerken ist jedoch, dass die genannten sozialen Bewegungen die Situation von
Menschen mit Beeinträchtigungen nicht konkret thematisierten, sodass
sich die Elterninitiativen von Beginn an um BündnispartnerInnen bemühen
mussten.[1] Während der Phase der Einzelinitiativen wurden Modellprojekte
nicht nur seitens der Eltern von Kindern mit und ohne Beeinträchtigungen
ins Leben gerufen, sondern auch zum Teil von InstitutsmitarbeiterInnen wie
beispielsweise im Fall der Aktion Sonnenschein in München. Im Jahr 1968
initiierte hier Theodor Hellbrügge den richtungweisenden Modellversuch,
bei dem er die → Montessori-Pädagogik als Basis für die gemeinsame Erziehung in einem Kinderhaus anwandte (vgl. Vernooij 2005, S. 100).
Zu Beginn der 1970er Jahre verstärkten sich die wissenschaftlichen und öffentlichen Diskussionen bezüglich der integrativen Erziehung. Die Mitglieder der Integrationsbewegung forderten entsprechende institutionelle und
rechtliche Regelungen, um die angestrebten Organisationsformen in den
einzelnen Bundesländern realisieren zu können (vgl. ebd.).
Wissenschaftliche Unterstützung erhielten die Integrationsbestrebungen
insbesondere durch die Empfehlungen der Bildungskommission des Deutschen Bildungsrates von 1973 mit dem Titel *Zur pädagogischen Förderung
behinderter und von Behinderung bedrohter Kinder und Jugendlicher*. Für
den Bereich der Frühförderung und des Kindergartens wird in dem Dokument Nachstehendes befürwortet: „Schon im Kindergarten und in den Einrichtungen, die mit Zentren für pädagogische Frühförderung verbunden
sind, sollten behinderte Kinder, soweit es möglich ist, teilweise oder auch

---

[1] Nach den positiven Erfahrungen der Kindergartenzeit forderten zahlreiche Eltern
die Fortführung der gemeinsamen Erziehung auch in der Grundschule. Durch ihr
Engagement zählten im Laufe der Zeit zur Integrationsbewegung „auch Ärztinnen
und Ärzte, Frühförderinnen und Frühförderer, Erzieher/innen und Lehrkräfte, Gewerk-
schafter/innen, Schulleiter/innen und Schulaufsichtsbeamte, Wissenschaftlerinnen
und Wissenschaftler, Juristinnen und Juristen und nicht zuletzt Bildungspolitiker/in-
nen" (vgl. Schnell 2003, S. 40).

vollständig mit nichtbehinderten Kindern gemeinsam gefördert werden"
(Deutscher Bildungsrat 1973, S. 68). Diese Empfehlungen waren das erste
offizielle Dokument, das ein gemeinsames Lernen von Kindern und Jugendlichen mit und ohne Beeinträchtigungen vorsah (vgl. Schnell 2003, S. 78).
Auf politischer Ebene wurden die programmatischen Vorgaben jedoch nicht
umgesetzt. Jakob Muth führte 1988 rückblickend hierzu aus: „Die Empfehlung des Deutschen Bildungsrates war 1973 von den Kultusministern der
Länder positiv aufgenommen worden. Aber kein Minister oder Senator
dachte daran, ihre Vorschläge in seinem Wirkungsbereich auf den Weg der
Verwirklichung zu bringen" (Muth zitiert nach Hüwe 2000, S. 27).

Umfassende Modellversuche zur Prüfung und Erprobung integrativer Ar-
beitsformen im Elementarbereich fanden dann in der Zeit ab 1978 bis 1987
statt. Wolfgang Dichans charakterisiert diese Zeit als die *Phase der → Modellversuche* (vgl. Dichans 1993, S. 7). Im Unterschied zu den bisherigen
Projekten, die jeweils durch einzelne Personen initiiert wurden, entstanden
einige dieser Modellversuche im Rahmen der Forschungsförderung des
Bundesministeriums für Bildung und Wissenschaft (BMBW) (vgl. Vernooij
2005, S. 100). In der Mehrzahl der (alten) Bundesländer (Hessen, Rheinland-Pfalz, Bayern, Bremen, Berlin, Saarland und Nordrhein-Westfalen) entstanden somit umfassende Erprobungsprojekte, von denen einige intensiv
von wissenschaftlicher Seite begleitet wurden.

Daneben richtete im Jahr 1979 das Deutsche Jugendinstitut (DJI) in Mün-
chen eine eigene Projektgruppe zu diesem Thema ein (vgl. Dichans 1993,
S. 7). Diese dokumentierte und koordinierte die integrationspädagogische
Praxis im Elementarbereich auch außerhalb der vom Bundesministerium für
Bildung und Forschung geförderten Modellversuche (vgl. Schildmann/
Völzke 1994, S. 7 f.). Die Ergebnisse zeigten deutlich, dass Kinder sowohl
mit als auch ohne Beeinträchtigungen von der gemeinsamen Erziehung pro-
fitierten. Jens Lipski resümiert: „Es wurde immer wieder der Nachweis erbracht, dass das gemeinsame Spielen und Lernen in integrativen Gruppen
nicht nur für die Entwicklung der behinderten Kinder sehr förderlich ist, sondern für alle Kinder – insbesondere auch im sozialen Bereich – mehr Anregungen und Lernmöglichkeiten bietet" (Lipski 1990, S. 22).

Zu dieser Zeit wurde die → integrative Gruppe als Form der gemeinsamen
Erziehung präferiert (vgl. Dichans 1993, S. 7), die Alfred Hössl folgender-

maßen beschreibt: „Mit der *integrativen Kindergruppe* hat sich neben den traditionellen Regelgruppen und Sondergruppen eine neue Gruppenform mit spezifischer Qualität herausgebildet, die sich die gemeinsame Erziehung von behinderten und nichtbehinderten Kindern zur dauerhaften Aufgabe gemacht hat. Sie hat eine durchschnittliche Gruppengröße von 12-15 Kindern, davon sind ca. 3-5 Kinder behindert. Sie ist in der Regel altersgemischt und wird mindestens von zwei ständigen Kräften betreut" (Hössl 1999, S. 151). Integrative Gruppen finden sich zum einen in → integrativen Kindertageseinrichtungen, die sich ausschließlich aus integrativen Gruppen zusammensetzen. Zum anderen existieren integrative Gruppen auch in Kindertageseinrichtungen, die darüber hinaus weitere Regelgruppen führen. Eine weitere Form der integrativen Erziehung besteht in der → Einzelintegration. Diese liegt vor, wenn eine Regelkindertageseinrichtung bei gleich bleibender Gruppengröße einzelne Kinder mit Beeinträchtigung aufnimmt (vgl. ebd.). Ein Vorteil dieser Form gegenüber der integrativen Gruppe liegt darin, dass die jeweiligen Kinder wohnortnah eine Kindertageseinrichtung besuchen können, da integrative Gruppen nicht flächendeckend bestehen. Nachteilig können sich dagegen die unveränderte Gruppengröße, die unzureichende personelle Ausstattung und die fehlenden heilpädagogischen und therapeutischen Möglichkeiten für die Betreuung der Kinder mit Beeinträchtigungen auswirken (vgl. a. a. O., S. 152 f.).
Wie viele Einrichtungen gab es damals, die die integrative Erziehung unterstützten? Während der Phase der Modellversuche wurden in Deutschland im Jahr 1981 circa 60 integrativ arbeitende Einrichtungen erfasst (vgl. Rothmayr 1989, S. 40). Umso bemerkenswerter ist die Tatsache, dass bereits fünf Jahre später 157 dieser Einrichtungen erfasst wurden. Über die Hälfte der genannten Institutionen waren ihrer Organisationsform nach Sondereinrichtungen oder kombinierte Sonder- und Regeleinrichtungen. Im Kindergartenjahr 1986/87 standen 1.300 Plätze für Kinder mit Beeinträchtigungen in integrativen Gruppen zur Verfügung, während noch 21.000 Kinder in homogenen Sondergruppen betreut wurden. Man vermutet, dass die Zahl der in Regeleinrichtungen betreuten Kinder mit Beeinträchtigungen nicht viel niedriger lag als die Zahl der in Sondereinrichtungen betreuten Kinder. Alfred Hössl weist darauf hin, dass ein exakter quantitativer Überblick für diese Zeit nicht erbracht werden könne. Dies sei darauf zurückzu-

führen, dass es zum einen keine regelmäßigen Erhebungen gegeben habe und zum anderen im Bereich der Einzelintegration in Regelkindergärten nur regionale Daten vorlägen. Aus diesen könne man lediglich grobe Schätzungen über die Gesamtsituation in der Bundesrepublik ableiten (vgl. Hössl 1999, S. 153 f.).

Nach erfolgreichem Abschluss der Modellversuche beginnt 1985 die *Phase des Ausbaus*, die bis heute andauert. In ihr wurden die positiven Erfahrungen der Modellversuche in die Praxis umgesetzt (vgl. Dichans 1993, S. 7). Gab es im alten Bundesgebiet Anfang 1987 erst circa 160 integrative Einrichtungen, so erfasste man 1992 in elf (alten und neuen) Bundesländern bereits 530 Einrichtungen mit circa 850 integrativen Gruppen. Aufgrund der föderalen Struktur des Erziehungs- und Bildungssystems erfolgte der Ausbau in den einzelnen Bundesländern jedoch mit einer sehr unterschiedlichen Intensität (vgl. BMAS 1994, S. 81 f.). Kennzeichnend für die Phase des Ausbaus ist, dass sich die verantwortlichen Gremien zunehmend für eine Ausdehnung gemeinsamer Erziehung im Elementarbereich einsetzten. Positive Erklärungen lagen mittlerweile beispielsweise von der Konferenz der Jugendminister und -senatoren der Länder, der Arbeitsgemeinschaft für Jugendhilfe, der Bundesarbeitsgemeinschaft der Landesjugendämter und überörtlichen Erziehungsbehörden vor (vgl. Dichans 1993, S. 7). Ein Auszug aus dem dritten *Bericht der Bundesregierung über die Lage der Behinderten und die Entwicklung der Rehabilitation* verdeutlicht dies: „In ihrem Beschluß vom 19. Mai 1989 haben die Jugendminister und -senatoren der Länder den Ausbau der verschiedenen Formen gemeinsamer Förderung und Erziehung begrüßt und empfohlen, diesen je nach den örtlichen Gegebenheiten weiterhin gezielt fortzusetzen. In einer Abschlusstagung des vom Bundesministerium für Bildung und Wissenschaft geförderten Projektes ‚Integration von Kindern mit besonderen Problemen' im November 1990 wurde ebenfalls eine positive Bilanz bisheriger Integrationsbemühungen deutlich" (BMAS 1994, S. 82). Die Frage, ob die → Integration von Kindern mit Beeinträchtigungen sinnvoll sei oder nicht, stellte sich zu diesem Zeitpunkt nicht mehr. Vielmehr dachte man nun über ihre praktische und theoretische Ausgestaltung nach. Immer mehr Träger und Politiker wurden aktiv und suchten nach Möglichkeiten, die Integration in ihrem Einflussbereich voranzubringen. Zum einen wurden integrative Einrichtungen neu gegründet, zum anderen wandelte man bereits bestehende Regel- und Sondereinrichtungen zu Orten gemeinsamer Erziehung um (vgl. Dichans 1993, S. 7 f.). Einen erheblichen Beitrag zum Ausbau des integrativen Platzangebotes leistete das am 1.1.1991 in Kraft getretene Kinder- und Jugendhilfegesetz. Nach §1 Abs. 1 SGB VIII gilt nunmehr ausdrücklich: „Jeder junge Mensch hat ein Recht auf Förderung seiner Entwicklung und auf Erziehung zu einer eigenverantwortlichen und gemeinschaftsfähigen Persönlichkeit" (Münder u. a. 2006, S. 106). Es wird deutlich, dass sich die Formulierung auf alle jungen Menschen bezieht. Welche Auswirkungen dieses Gesetz auf den Bereich der Kindertageseinrichtungen innerhalb der Bundesländer hatte, beschreibt Sabine Lingenauber folgendermaßen: „Damit waren die einzelnen Bundesländer aufgefordert, ihre landeseigenen Kindergartengesetze so zu verändern, dass nunmehr auch die Erziehung behinderter Kinder einen Bestandteil des gesetzlichen Auftrages jedes Kindergartens bildet" (Lingenauber 2002, S. 166). Die Gesetzesänderung begünstigte den Ausbau integrativer Plätze in Deutschland weiter. Im Jahr 1994 wurde in der amtlichen Kinder- und Jugendhilfestatistik erstmals die Kategorie „Plätze für behinderte Kinder in integrativen Tageseinrichtungen" aufgeführt. Der Vergleich der Erhebungsergebnisse aus den Jahren 1994 und 1998 belegt, dass im gesamten Bundesgebiet ein Ausbau des Platzangebotes für Kinder mit Beeinträchtigungen im Kindergartenbereich stattgefunden hat. Für den genannten Zeitraum lässt sich ein Zuwachs von 59,5% auf 30.078 integrative Plätze feststellen (vgl. Rietzke/Schilling 2001, S. 1). In Sondereinrichtungen standen zur selben Zeit noch 15.682 Plätze zur Verfügung (vgl. BMBF 2004, S. 159). Erwähnenswert ist in diesem Zusammenhang, dass auf Länderebene große Unterschiede in der Entwicklung des Platzangebotes bestehen. Diese Differenzen sind auf die unterschiedlichen Regelungen innerhalb der einzelnen Bundesländer in Deutschland zurückzuführen (vgl. Rietzke/Schilling 2001, S. 1).

Die Integrationsbewegung schritt weiter voran. Der Vergleich der Erhebungsergebnisse aus den Jahren 1998 und 2002 ergibt, dass im gesamten Bundesgebiet ein Ausbau von Plätzen für Kinder mit Beeinträchtigungen in integrativen Tageseinrichtungen im Kindergartenbereich um 32,3% auf 39.799 Plätze stattgefunden hatte (vgl. Statistisches Bundesamt 2004, 14.1). Eine ausführliche Darstellung der quantitativen Entwicklung in diesem Bereich gibt Matthias Schilling in diesem Buch (→ Quantitative Entwicklung).

Zusammenfassend ist festzuhalten, dass die Integration im Elementarbereich in Deutschland Ende der 1960er Jahre durch Einzelinitiativen initiiert wurde. Bei den Protagonisten handelte es sich insbesondere um Eltern von Kindern mit Beeinträchtigungen, die sich gegen die isolierende Betreuung ihrer Kinder in Sonderkindergärten wandten und sich für gleiche Bildungsmöglichkeiten und für ein Leben ihrer Kinder in der Gesellschaft einsetzten. Im Laufe der Zeit fanden die betroffenen Eltern Unterstützung durch Eltern von Kindern ohne Beeinträchtigungen, durch ÄrztInnen, FrühförderInnen, Erzieherinnen und WissenschaftlerInnen, sodass es ab dem Jahr 1978 zu einer Phase von Modellversuchen kommen konnte. Initiiert durch die positiven Erfahrungen mit der gemeinsamen Erziehung während der Modellversuche, fand seit 1985 ein Ausbau integrativer Betreuungsplätze in Deutschland statt, der bis heute anhält. In den einzelnen Bundesländern differiert die Ausgestaltung der Integration hinsichtlich sowohl ihrer Quantität als auch ihrer Qualität zum Teil erheblich. Das bedeutet, dass von einem einheitlichen Gesamtkonzept hinsichtlich der gemeinsamen Erziehung in Deutschland nicht gesprochen werden kann.

Sabine Jobst

Literatur

Bundesministerium für Arbeit und Sozialordnung (BMAS) (Hrsg.): Die Lage der Behinderten und die Entwicklung der Rehabilitation. Bonn: 1994

Bundesministerium für Bildung und Forschung (BMBF) (Hrsg.): Konzeptionelle Grundlagen für einen Nationalen Bildungsbericht – Non-formale und Informelle Bildung im Kindes- und Jugendalter. Berlin: (2. Auflage) 2004

Deutscher Bildungsrat (Hrsg.): Empfehlungen der Bildungskommission. Zur pädagogischen Förderung behinderter und von Behinderung bedrohter Kinder und Jugendlicher. Stuttgart: 1973

Dichans, Wolfgang: Der Kindergarten als Lebensraum für behinderte und nichtbehinderte Kinder. Köln: (2. Auflage) 1993

Hössl, Alfred/Pelzer, Susanne: Sondereinrichtungen im Elementarbereich und ihre Beteiligung an integrativer Erziehung. In: Staatsinstitut für Frühpädagogik und Familienforschung in München (Hrsg.): Handbuch der integrativen Erziehung behinderter und nichtbehinderter Kinder. München/Basel: 1990, S. 253-270

Hössl, Alfred: Entwicklungen integrativer Erziehung im Elementarbereich. In: Eberwein, Hans (Hrsg.): Integrationspädagogik. Kinder mit und ohne Behinderung lernen gemeinsam. Ein Handbuch. Weinheim/Basel: (5. Auflage) 1999, S. 147-155

Hüwe, Birgit: „Gemeinsam leben – Gemeinsam lernen für alle Kinder". – Eine Vision von Eltern verändert das Schulsystem. In: Roebke, Christa/Hüwe, Birgit/Rosenberger, Manfred (Hrsg.): Leben ohne Aussonderung. Eltern kämpfen für Kinder mit Beeinträchtigungen. Neuwied/Berlin: 2000, S. 14-42

Kron, Maria: Gemeinsame Erziehung von Kindern mit und ohne Behinderung im Elementarbereich. Theorieansätze und Praxiserfahrungen. In: Eberwein, Hans/Knauer, Sabine (Hrsg.): Integrationspädagogik. Kinder mit und ohne Beeinträchtigung lernen gemeinsam. Weinheim/Basel: (6. Auflage) 2002, S. 178-190

Lau, Gisela/Lau, Wolf-Dieter: Unser Wunschkind Jenny – wir kämpfen für ein normales Leben unseres Kindes. In: Roebke, Christa/Hüwe, Birgit/Rosenberger, Manfred (Hrsg.): Leben ohne Aussonderung. Eltern kämpfen für Kinder mit Beeinträchtigungen. Neuwied/Berlin: 2000, S. 291-303

Lingenauber, Sabine: Integrative Elementarpädagogik und das Menschenbild in der Reggio-Pädagogik. In: Gemeinsam leben. Zeitschrift für integrative Erziehung 10 (2002) 4, S. 165-168

Lipski, Jens: Integrative Entwicklungen im Elementarbereich – 1980 bis heute. Ein Resümee der Projekterfahrungen. In: Gemeinsam leben. Integration im Elementarbereich – Entwicklungsstand und Aufgaben für die Zukunft. Bericht von der Abschlußtagung des Projektes „Integration von Kindern mit besonderen Problemen" am 12.-13. November 1990 im Deutschen Jugendinstitut, München. Sonderheft 3/90, S. 21-37

Münder, Johannes u. a. (Hrsg.): Frankfurter Kommentar zum SGB VIII: Kinder- und Jugendhilfe. Weinheim/München: (5. Auflage) 2006

Nave-Herz, Rosemarie: Die Geschichte der Frauenbewegung in Deutschland. Hannover: (5. Auflage) 1997

Rietzke, Tim/Schilling, Matthias: Integration – weiterhin auf dem Vormarsch. Zur Entwicklung integrativer Plätze für behinderte Kinder in Kindertageseinrichtungen. In: KomDat Jugendhilfe 4 (2001) 2, S. 1-2

Roebke, Christa: Der schwere, aber erfolgreiche Weg der Nichtaussonderung. In: Roebke, Christa/Hüwe, Birgit/Rosenberger, Manfred (Hrsg.): Leben ohne Aussonderung. Eltern kämpfen für Kinder mit Beeinträchtigungen. Neuwied/Berlin: 2000, S. 44-261

Rosenberger, Manfred: Eine Elternbewegung ist entstanden: „Gemeinsam leben – gemeinsam lernen/Eltern gegen Aussonderung". In: Rosenberger, Manfred (Hrsg.): Ratgeber gegen Aussonderung. Heidelberg: (2. Auflage) 1998, S. 13-25

Rothmayr, Angelika: Schwerstmehrfachbehinderte Kinder im integrativen Kindergarten. Bonn: 1989

Schildmann, Ulrike/Völzke, Reinhard: Integrationspädagogik: Biographische Zugänge. Opladen: 1994

Schnell, Irmtraud: Geschichte schulischer Integration. Gemeinsames Lernen von SchülerInnen mit und ohne Behinderung in der BRD seit 1970. Weinheim/München: 2003

Schöler, Jutta: Integrative Schule – Integrativer Unterricht. Ratgeber für Eltern und Lehrer. Neuwied/Berlin: (2. Auflage) 1999

Statistisches Bundesamt (Hrsg.): Sozialleistungen. Tageseinrichtungen für Kinder. Fachserie 13/Reihe 6.3.1. Stuttgart: 2004

Vernooij, Monika A.: Erziehung und Bildung beeinträchtigter Kinder und Jugendlicher. Paderborn: 2005

Ideengeschichte der Integration

Die mit dem Begriff der → „Integration" verbundene gesellschaftliche Bewegung, die in Deutschland seit 1985 durch die aus verschiedenen Elterninitiativen sich vereinigende Bundesarbeitsgemeinschaft „Gemeinsam leben – gemeinsam lernen e.V." und eine entsprechende Fachzeitschrift für integrative Erziehung (Gemeinsam leben) repräsentiert ist, wie die unter dem gleichen Begriff firmierenden Versuche gemeinsamer Erziehung, Bildung und Unterrichtung behinderter und nicht behinderter Kinder und Jugendlicher in Kindertageseinrichtungen und Schulen, auch als „Integrationspädagogik" gekennzeichnet, befindet sich heute im vierten Jahrzehnt ihrer Entwicklung. In Österreich hat eine sehr starke Elternbewegung unter der Bezeichnung „Integration: Österreich" die Integration bundesweit in der Pflichtschule gesetzlich verankern können. In der Schweiz fand eine den Entwicklungen in Deutschland und Österreich vergleichbare Elternbewegung nicht statt. Die Integrationsdebatte und verschiedene wissenschaftlich begleitete Versuche schulischer Integration blieben dort weitgehend auf sonderpädagogische Fachkreise begrenzt. In Deutschland und Österreich stellen die Integration vertretenden Fachkreise neben der Elternbewegung ein zweites Diskursfeld dar. Ideengeschichtlich muss ein weiteres Diskursfeld betont werden, das, ausgehend von der bundesdeutschen Krüppelbewegung durch Franz Christoph (1953-1996), sich schnell zu der sich aus der US-Amerikanischen Bürgerrechtsbewegung speisenden Interessenvertretung „Selbstbestimmt Leben" (Empowerment, People-first, Self-Advocacy-Bewegung) der behinderten Menschen entwickelte, die heute im gesamten deutschsprachigen Raum in nationalen Varianten entscheidend wirksam und mit eigenen Forschungsperspektiven (Disability-Studies) vertreten ist. Seit dem UNO-Jahr der Behinderten 1981, das durch die „Krüppel-Gruppen" in der Bundesrepublik Deutschland (BRD) zum „Jahr der Behinderer" deklariert wurde, profiliert sich das Integrationsanliegen zunehmend mit Referenz auf die Einlösung der Menschenrechte, gestützt z. B. auf die UN-Konvention über die Rechte des Kindes von 1989, auf das UN-Weltaktionsprogramm für behinderte Menschen von 1983, auf das UNESCO Salamanca-Statement von 1994. Dies bezogen auf alle sozialen Räume – in der Spanne einer gleichberechtigten und gleichwertigen Partizipation an allen gesellschaftlichen und kulturellen Domänen (z. B. Frühkindliche und schulische Bildung/Ausbildung, Arbeit, Wohnen, Freizeit) und der Barrierefreiheit des öffentlichen Raumes und der Informationswelten.

Dennoch ist „Integration" bis heute – wenn auch auf den interkulturellen Bereich ausgeweitet – im deutschen Sprachraum weitgehend ein pädagogisches Phänomen, das die Kindertageseinrichtungen, vor allem aber schwerpunktmäßig den Unterricht umfasst. Trotz der entwicklungspsychologisch bedeutsamen Phase des sogenannten Kindergartenalters blieb dieser Bereich außer im → Bremer Modell sehr wenig beachtet. Dies verdeutlicht sich vor allem durch das „Handbuch der Integrationspädagogik", das von Eberwein und Knauer herausgegeben inzwischen in der 6. Auflage vorliegt und für diese Domäne bis heute durchaus als repräsentativ angesehen werden kann (vgl. Eberwein/Knauer 2002). Insgesamt ist die Einflussnahme des Integrationsanliegens auf die → „allgemeine Pädagogik" (Regelpädagogik) eher marginal geblieben und nicht zu deren Anliegen geworden. Dies obwohl schon zu Beginn der Grundlegung einer „neuzeitlichen Didaktik" durch Wolfgang Ratke (1571-1635) und Johann Amos Comenius (1592-1670) Ansätze („allen alles zu lehren") deutlich wurden, wie sie heute in der „Allgemeinbildungskonzeption" von Wolfgang Klafki als Forderung einer „Bildung für alle im Medium des Allgemeinen" unter Aspekten „epochaltypischer Schlüsselprobleme" in elaborierter Form erziehungswissenschaftliches Gedankengut geworden sind, das aber von der Regelpädagogik und in der Lehrerbildung nicht hinreichend rezipiert wurde (Klafki 1996). Dies ist einer in der Integrationsentwicklung im Feld der Pädagogik erstaunlichen didaktischen Abstinenz geschuldet. Integration wurde überwiegend als „soziale Integration" gedacht und entwickelt. Bildung als zentrales Anliegen der Pädagogik trat in den Hintergrund. Viele Probleme einer weit hinter ihren Ansprüchen zurückbleibenden Integration liegen darin begründet, allerdings auch darin, dass eine Transformation des Integrationsanliegens in die Didaktik das hierarchisch gegliederte, selektierende und segregierende Erziehungs-, Bildungs- und Unterrichtssystem (EBU) über vordergründig organisatorische Momente hinaus strukturell radikal verändern würde. Integration ist bis heute aber nur als modernistische Passung eines in Beweisnot geratenden selektierenden und segregierenden EBU gesellschaftlich und bildungspolitisch akzeptiert. Wenn auf der Hinterbühne Selektion praktiziert wird, darf auf der Vorderbühne Integration demonstriert werden. Der Spielraum der Integration im Feld staatlich regulierter Bildungsinstitutionen, die nur die andere Seite der entsprechenden Ideologie eines sich ständisch repräsentierenden Bildungssystems (siehe die PISA-Ergebnisse) sind, reduziert sich bis heute auf das Prinzip „teile und herrsche" („diviser pour régner" des franz. Königs Ludwig XI). Dies wiederum verdeutlicht die relative Ahistorizität des Diskurses um Integration mit Blick auf die Epoche der Aufklärung, der französischen Revolution und deren mittelbaren und unmittelbaren Einflüsse auf die Entwicklung der Heil- und Sonder- und Regelpädagogik. Wobei der Reformpädagogik der Jahrhundertwende (19./20. Jhd.) und der 1920er Jahre, die durchaus am Prozess der ‚Humanisierung' der Pädagogik, wohl aber kaum an dem ihrer ‚Demokratisierung' engagiert war und die unter letzterem Aspekt z. T. deutlich in den Gedanken des Völkischen abglitt, eine zu große Bedeutung für die Integrationsentwicklung beigemessen wird. Heute (weitgehend als Privatschulen) noch bestehende reformpädagogische Ansätze (eingeschlossen die Gesamtschulentwicklung in der BRD in den 1970er Jahren) sind hinsichtlich ihrer konzeptionellen Seite nicht per se eine hinreichende Grundlage für im didaktischen Sinne gelingenden Unterricht in heterogenen Klassen, der in der Form, wie er unter einem humanwissenschaftlichen und soziologischen Integrationsbegriff heute gedacht werden kann, noch zu keiner Zeit in der Pädagogik derart deutlich artikuliert oder konkrete Praxis gewesen ist.

Das Dilemma, in dem sich die Umsetzung des fachlichen wie gesellschaftlichen Anliegens der Integration heute befindet, ist, zusammenfassend gesehen, zwei Faktoren geschuldet: Zum einen einer hochgradigen fachlichen Inkonsistenz in Bezug auf Theoriebildung und Praxis der Integration im Feld der Pädagogik, die noch nicht zu einem erziehungswissenschaftlichen, mithin Regel- und Heil- und Sonderpädagogik übergreifenden Diskurs geworden ist. Zum anderen einer nur marginalen Behandlung der Ideengeschichte der Integration, die als Grundlage eines erziehungswissenschaftlichen Diskurses und eines gesellschaftlichen Handelns noch nicht hinreichend ins individuelle wie kollektive Bewusstsein gelangen konnte. Integration hat zwar Schulgeschichte geschrieben (Schnell 2003, Erzmann 2003), aber ihre Kulturgeschichte wäre – über die bedeutenden Ansätze der Eltern- und „Krüppel"-Bewegung hinaus – noch zu schreiben.

Für Deutschland wird weitgehend übereinstimmend der vom Ausschuss Sonderpädagogik der Bildungskommission des Deutschen Bildungsrates unter dem Vorsitz von Jakob Muth erarbeitete „Strukturplan für die pädagogische Förderung behinderter und von Behinderung bedrohter Kinder und Jugendlicher" (kurz: Bildungsratsempfehlung) als wegweisende Innovation für die Integrationsentwicklung angesehen und gewürdigt. Vorgelegt wurde eine „neue Konzeption zur pädagogischen Förderung behinderter und von Behinderung bedrohter Kinder und Jugendlicher die für behinderte Kinder, für die eine gemeinsame Unterrichtung mit Nichtbehinderten nicht sinnvoll erscheint, soziale Kontakte mit Nichtbehinderten vorsieht" (Deutscher Bildungsrat 1974, S. 10 f.). Dieses erste bundesdeutsche bildungspolitische Dokument zur Frage der Integration beinhaltet den Gedanken einer sich in der praktischen Umsetzung bis heute durchgängig zeigenden „segregierenden" Integration (ein Widerspruch in sich), die in integrationsfähige und nicht integrierbare Kinder und Jugendliche unterteilt und implizit ein reduktionistisches Verständnis von Bildung hat. Ohne den Wert dieser Empfehlung zu mindern, konnte sie in Folge auch als Instrument zur Legalisierung separatistischer sonderpädagogischer Interessen, die für zwei Jahrzehnte besonders durch den Verband Deutscher Sonderschulen (vds) [heute Fachverband für Sonderpädagogik] unter Vorsitz von Bruno Prändl vertreten waren, herangezogen werden und in Abwehr von in einzelnen Bundesländern an Sonderschulen bestehenden Einsparungsinteressen, die mit der kommenden Integration legitimiert wurden, vor allem das separierende Sonderschulsystem stärken.

Aufmerksamkeit erregten parallel dazu die breite Rezeption ausländischer Entwicklungen der Integration und dort z. T. schon vorliegende langjährige schulpraktische Erfahrungen. Ideengeschichtlich könnten zwei in besonderer Weise auf den deutschen Sprachraum Einfluss nehmende Entwicklungen benannt werden: Das skandinavische Normalisierungsprinzip des Dänen Bank-Mikkelsen und dessen Ausarbeitung durch den Schweden Bengt Nirje und Wolf Wolfensberger in den USA und Kanada und die Entwicklung der Konzeption der „Demokratischen Psychiatrie" Italiens durch Franco Basaglia mit ihren auch für die Pädagogik resultierenden Konsequenzen, die insbesondere mit den Namen Andrea Canevaro, der leider wenig übersetzt und rezipiert blieb, aber aus pädagogischer Perspektive die erziehungswissenschaftlich fundierteste Position vertritt, Adriano Milani-Comparetti, Ludwig-Otto Roser und Nicola Cuomo zu verbinden sind. Entgegen der erwähnten Independent-Living-Bewegung blieb das „Mainstreaming" der USA und der Diskurs über „inclusive schools" in Großbritannien im deutschen Sprachraum nur wenig beachtet. Gründe dafür können u. a. in der bis heute zu gering eingeschätzten international vergleichenden erziehungswissenschaftlichen Forschung, aber auch in den großen strukturellen Unterschieden zwischen den Schulsystemen im anglo-amerikanischen Sprachraum und dem Schulsystem im deutschen Sprachraum gesehen werden.

Das inhaltlich schwerpunktmäßig auf geistigbehinderte Menschen ausgerichtete Normalisierungsprinzip kann aus heutiger Sicht als ein auf umfassende kulturelle Partizipation der Menschen mit geistiger Behinderung in der Spanne von der Ermöglichung eines normalen Tagesablaufes, über die Verwirklichung des Rechts auf Selbstbestimmung bis hin zur Erreichung normaler Umweltmuster und -standards in der Gemeinschaft gesehen werden, wobei der Normalitätsbegriff (→ Normalität) als solcher in dieser Konzeption einer kritischen Diskussion entbehrt. Die Theoriebildung und Praxis dieses Prinzips selbst hat keine hinreichenden Analysekriterien entwickelt, die unter erziehungswissenschaftlicher wie notwendigerweise soziologischer Perspektive erlauben würden, die gesellschaftlichen Prozesse der Exklusion, die der (regel-)pädagogischen Selektion und der sonderpädagogischen Segregierung vorausgängig sind, wenngleich durch deren Normwertorientierung und Diagnostik vermeintlich wissenschaftlich legitimiert werden, zu enttarnen und Perspektiven abzugeben, wie Integration konzeptionell auszurichten und institutionsbezogen strukturell zu realisieren wäre, um sie nicht zur modernistischen Passung eines grundsätzlich segregierend bleibenden EBU verkommen zu lassen.

Dieses leisten in bis heute unvergleichlicher Weise die Arbeiten von Franco Basaglia, die ihrerseits zwar keine linearen Folgerungen auf das Feld der Pädagogik/Sonderpädagogik zulassen, aber durch die aufgeworfenen und hoch entfalteten Analysekriterien sehr wohl Standards in Bezug auf Fragen der Enthospitalisierung, der Dezentralisierung und Entinstitutionalisierung setzen, die im pädagogischen Diskurs um Integration nicht zu vernachlässigen sind. Die hinsichtlich des sowohl pädagogischen als auch therapeutischen Umgangs mit behinderten Kindern sehr grundlegenden Arbeiten von Milani-Comparetti und Roser können als eine Art Transformation dieses grundlegenden Gedankengutes in das Feld der Pädagogik und in die pädagogisch gestalteten sozialen Räume angesehen werden. Für die deutsche Rezeption der italienischen Entwicklungen blieb die Benennung derselben als „italienische Seuche" durch Bruno Prändl zwar eine singuläre Reaktion, der durch dessen Funktion u. a. als Vorsitzender des Verbandes Deutscher Sonderschulen e. V. aber durchaus eine besondere Bedeutung zuzumessen ist (Sonderpädagogikstudenten 1981).

Die italienischen Entwicklungen und vor allem die Arbeiten von Franco Basaglia und Franca Basaglia-Ongaro sind ihrerseits in Kontexten der Schriften von Antonio Gramsci (vgl. Gramsci 1991), der historischen und gegenwartsbezogenen Arbeiten von Michel Foucault (vgl. Foucault 1978, 1994), der Institutionsanalysen und -kritik von Erving Goffman (vgl. Goffman 1973) und der Forschungen der Schule Palo Alto (Watzlawick u. a.) zu sehen und in jüngerer Perspektive in denen des zur Soziologie eines Pierre Bourdieu (vgl. Bourdieu 1997) und eines Zygmunt Bauman (vgl. Baumann 2005), um nur einige zu nennen. Allein die zentralen Begrifflichkeiten aus der Arbeit „Befriedungsverbrechen" von Franco und Franca Basaglia (1980), die da lauten: „Befriedungsverbrechen", „Zustimmungsfunktionäre", „Angestellte der Herrschaft" und „Techniker des praktischen Wissens" verweisen zwingend auf die Notwendigkeit der Analyse der gesellschaftlichen Funktion des selektierenden und segregierenden EBU. Mit der Aussage: „Techniker, die ihre Rolle als ‚Zustimmungsfunktionär' ablehnen, werden ihrerseits zu gesellschaftlichen Störfaktoren. Also müssen sie ihrerseits ‚ruhiggestellt' werden" (Basaglia 1980, S. 16), dürfte auch schnell deutlich werden, dass alle die eine wirkliche Integration und damit die notwendigen strukturellen Veränderungen des EBU intendieren, ihrerseits mit Repressionen, Ablehnung und Stigmatisierungen zu rechnen haben und dass der Widerstand gegen die Entwicklung der Integration von Anfang an zu erwarten war. „Wir sind uns durchaus darüber im klaren, dass wir damit das Risiko eingehen, von einer Gesellschaftsstruktur überwältigt zu werden, die auf den von ihr selbst festgesetzten *Normen* basiert und für deren Überschreitung das System bestimmte Sanktionen vorgesehen hat (Basaglia 1978, S. 159). Das mag viele Verbiegungen der Integration erklären, rechtfertigt sie aber nicht.

Gesellschaftskritische Analysen und Reflexionen im Feld der Integration waren und sind selten. Es muss angenommen werden, dass die wenig produktive Debatte um den Inklusionsbegriff versus des Integrationsbegriffes, die die Stagnation und Fehler der Integrationsentwicklung mit „Integration" auf den Begriff bringt, und die durchaus erstrebenswerten Entwicklungen mit dem Begriff der „Inklusion" (Hinz 2002), ihrerseits in gesellschaftsanalytischer Abstinenz, in historischer wie soziologischer Naivität und in einem Euphemismus versandet. Die Debatte um den Inklusionsbegriff hat die mit der Integrationsentwicklung weitgehend versäumte Aufarbeitung der Ideengeschichte nicht nachgeholt, den in der Soziologie geführten Diskurs um Integration und Exklusion versäumt – und es ist nicht zu sehen, dass diese Momente Gegenstand der Reflexion werden könnten.

Bei aller Würdigung der vorliegenden Arbeiten zur Geschichte der Integration bleibt festzustellen, dass die Ideengeschichte der Integration noch zu erforschen und zu schreiben sein wird. Solange dies nicht erfolgt und sie nicht ins individuelle wie kollektive Bewusstsein eindringt, dürfte auch für die weitere Entwicklung von Integration und/oder Inklusion zutreffen, was Basaglia anmerkt: „Der neue Sozialpsychiater, der Psychotherapeut, der Sozialarbeiter, Betriebspsychologe und Industriesoziologe (um nur einige zu nennen) sind nichts anderes als die neuen Verwalter der Gewalt ihrer Auftraggeber, der Machtinhaber; denn durch die Abschwächung der Gegensätze, die Aufhebung der Widerstände und die Lösung der von den Institutionen produzierten Konflikte ermöglichen sie mit ihrer vermeintlich wiedergutmachenden, gewaltlosen technischen Arbeit in Wahrheit nur den Fortbestand der globalen Gewalt" (Basaglia 1978, S. 125).

Georg Feuser

Literatur

Basaglia, Franco: Institutionen der Gewalt. In: Basaglia, Franco (Hrsg.): Die negierte Institution oder Die Gemeinschaft der Ausgeschlossenen. Frankfurt/Main: 1978, S. 122-161

Basaglia Franco/Basaglia-Ongaro, Franca: Befriedungsverbrechen. In: Basaglia, Franco u. a. (Hrsg.): Befriedungsverbrechen. Über die Dienstbarkeit der Intellektuellen. Frankfurt/Main: 1980, S. 11-61

Basaglia-Ongaro, Franca: Gesundheit, Krankheit. Das Elend der Medizin. Frankfurt/Main: 1985

Bauman, Zygmunt: Verworfenes Leben. Die Ausgegrenzten der Moderne. Hamburg: 2005

Bourdieu, Pierre: Die Verborgenen Mechanismen der Macht. Hamburg: 1997

Canevaro, Andrea: Educazione e handicappati. Firenze 1979

Canevaro, Andrea: Quel bambino la ... Scuola dell' infanzia, handicap e integrazione. Firenze: 1996

Comenius, Johann Amos: Große Didaktik. Stuttgart: (7. Auflage) 1992

Deutscher Bildungsrat (Hrsg.): Empfehlung der Bildungskommission: Zur pädagogischen Förderung behinderter und von Behinderung bedrohter Kinder und Jugendlicher. Stuttgart: 1974

Eberwein, Hans/Knauer, Sabine (Hrsg.): Integrationspädagogik. Weinheim/Basel: (6. Aufl.) 2002

Erzmann, Tobias: Konstitutive Elemente einer Allgemeinen (integrativen) Pädagogik und eines veränderten Verständnisses von Behinderung. Frankfurt/Main: 2003

Feuser, Georg: Allgemeine integrative Pädagogik und entwicklungslogische Didaktik. In: Zeitschrift Behindertenpädagogik 28(1989)1, S. 4-48

Feuser, Georg: Behinderte Kinder und Jugendliche – Zwischen Integration und Aussonderung. Darmstadt: 1995

Foucault, Michel: Wahnsinn und Gesellschaft. Frankfurt/Main: 1978 (3. Aufl.)

Foucault, Michel: Überwachen und Strafen. Frankfurt/Main 1994

Goffman, Erving: Asyle. Frankfurt/Main: 1973

Gramsci, Antonio: Gefängnishefte [10 Bände]. Hamburg: 1991

Hinz, Andreas: Von der Integration zur Inklusion – terminologisches Spiel oder konzeptionelle Weiterentwicklung? In: Zeitschrift für Heilpädagogik 53 (2002)9, 354-361

Jülich, Martina: Schulische Integration in den USA. Bisherige Erfahrungen in der Umsetzung des Bundesgesetzes »Public Law 94-142« – dargestellt anhand einer Analyse der »Annual Reports to Congress«. Bad Heilbrunn: 1996

Klafki, Wolfgang: Neue Studien zur Bildungstheorie und Didaktik. Weinheim/Basel: (5. Auflage) 1996

Merkens, Andreas (Hrsg.): Antonio Gramsci – Erziehung und Bildung. Gramsci-Reader 1. Hamburg: 2004

Milani-Comparetti, Adriano: Von der „Medizin der Krankheit" zu einer „Medizin der Gesundheit". In: bidok-Volltextbibliothek [http://bidok. uibk.ac.at/library/comparetti-milni_medizin.html] 1996

Nirje, Bengt: Das Normalisierungsprinzip – 25 Jahre danach. In: Vierteljahresschrift für Heilpädagogik und ihre Nachbargebiete 1(1994), S. 12-32

Opp, Georg: Mainstreaming in den USA. Heilpädagogische Integration im Vergleich. München/Basel: 1993

Rousseau, Jean-Jaques: Emile oder Von der Erziehung – Emile und Sophie oder Die Einsamen. München: 1979

Schnell, Irmtraud: Geschichte der schulischen Integration. Weinheim/München 2003

Schöler, Jutta (Hrsg.): Normalität für Kinder mit Behinderungen: Integration. Texte und Wirkungen von Ludwig-Otto Roser. Neuwied/Kriftel/Berlin: 1998

Sonderpädagogikstudenten: Die „italienische Seuche". In: Zeitschrift Behindertenpädagogik 20(1981)3, 284-285

Wolfensberger, Wolf: Die Entwicklung des Normalisierungsgedankens in den USA und in Kanada. In: Bundesvereinigung Lebenshilfe für geistig Behinderte (Hrsg.): Normalisierung – eine Chance für Menschen mit geistiger Behinderung. Marburg: 1966, S. 45-62

Index für Inklusion

Die UN-Konvention über die Rechte von Menschen mit Behinderungen, die seit 2009 auch in Deutschland geltendes Recht ist, verleiht jedem Kind mit Behinderung das Recht auf Erziehung und Bildung in sozialer Zugehörigkeit einschließlich der angemessenen Vorkehrungen für seine hochwertige Bildung. Das bedeutet, dass alle Kindertagesstätten sich in Richtung Inklusion auszurichten haben. Das Verständnis von Inklusion, wie es in weiteren Verlautbarungen der UN wie der UNESCO deutlich wird, schließt neben den Kindern mit Behinderung alle Kinder mit besonderen Merkmalen oder (auch sozialen) Ausgangslagen als gleichberechtigt und gleichwertig ein. Alle Kinder sind gleich – jedes Kind ist besonders. Seit der Veröffentlichung des Index für Inklusion haben weitere Konzepte zum Umgang mit Unterschiedlichkeit in der vorschulischen Erziehung an Bedeutung gewonnen (z. B. Vorurteilsbewusste Erziehung). Immer ist die wichtigste Ressource aufseiten der Kindertagesstätte die Entwicklung entsprechender Überzeugungen und dementsprechender professioneller Haltungen und Handlungsweisen. Dabei können sich alle Beteiligten des Index für Inklusion bedienen. Tony Booth (Canterbury), Mel Ainscow (Manchester) und Denise Kingston (East Sussex) haben speziell im Hinblick auf alle institutionellen Formen von Tageseinrichtungen für Kinder eine Hilfestellung und Handreichung zur Unterstützung der inklusiven Entwicklung geschaffen: den „Index für Inklusion (Tageseinrichtungen für Kinder) – Lernen, Partizipation und Spiel in der inklusiven Kindertageseinrichtung entwickeln" (Booth/Ainscow/Kingston 2006). Er fußt auf humanen und demokratischen Werten und zielt auf ein entsprechendes Miteinander in den Kindertageseinrichtungen. Es handelt sich also beim Index nicht um irgendein Qualitätsprogramm; der Index für → Inklusion will Kindertageseinrichtungen dabei unterstützen, sich im inklusiven Sinne weiterzuentwickeln. Das heißt: Lernen, Partizipation und Spiel sollen stetig alle Mädchen und Jungen, die Erzieherinnen, die Eltern, weitere MitarbeiterInnen und andere Beteiligte in zunehmendem Maße einbeziehen. Dazu bietet die Handreichung *Tageseinrichtungen für Kinder* ein Hilfsmittel, um in Kindertageseinrichtungen eine Pädagogik zu entwickeln, die inklusiven Werten folgt (vgl. a.a.O., S. 10).

Der Inklusionsansatz, der dem Index zugrunde liegt, wird von den AutorInnen folgendermaßen zusammengefasst:

„Inklusion:

- Die Partizipation der Kinder und Jugendlichen an kulturellen und sozialen Aktivitäten ihrer örtlichen Einrichtungen erhöhen sowie die Ausgrenzung reduzieren.

- Die Kultur, Leitlinien und Praxis in Einrichtungen neu strukturieren, damit sie auf die Vielfalt der Kinder/Jugendlichen in der unmittelbaren Umgebung eingehen.

- Inklusive Werte in die Praxis umsetzen.

- Alle Kinder, Jugendlichen, Eltern und Mitarbeiter/innen in gleicher Weise wertschätzen.

- Die Unterschiede zwischen den Kindern als Chancen für gemeinsames Spielen und Lernen sehen, anstatt sie als Probleme zu betrachten, die es zu überwinden gilt.

- Das Recht der Kinder auf eine wohnortnahe, qualitativ gute Erziehung, Bildung und Betreuung in ihrer Umgebung anerkennen.
- Verbesserungen für Mitarbeiter/innen ebenso wie für Kinder herbeiführen.
- Die Barrieren für Spiel, Lernen und Partizipation für alle Kinder abbauen, nicht nur für jene mit Beeinträchtigungen oder diejenigen, die als Kinder ‚mit sonderpädagogischem Förderbedarf‘ eingestuft wurden.
- Von den bisherigen Versuchen zum Abbau von Barrieren für Spiel, Lernen und/oder Partizipation für besondere Zielgruppen lernen, damit Veränderungen herbeigeführt werden, die Kindern in größerem Ausmaß zugutekommen.
- Sowohl die Entwicklung der Gemeinschaft und Werte als auch der Leistungen betonen.
- Die nachhaltigen Beziehungen zwischen den Einrichtungen und ihrem sozialen Umfeld fördern.
- Begreifen, dass Inklusion in Bildungs- und Erziehungseinrichtungen der frühen Kindheit ein Aspekt von Inklusion in der gesamten Gesellschaft ist" (a. a. O., S. 14).

Der *Index für Inklusion* (Tageseinrichtungen für Kinder) wurde am Centre for Studies on Inclusive Education (CSIE) in Bristol erstellt und 2006 in deutscher Übersetzung unter wissenschaftlicher Beratung von Ulrich Heimlich und Andreas Hinz von der Gewerkschaft Erziehung und Wissenschaft herausgegeben (vgl. a. a. O., S. 3). Zuvor hatten Booth, Ainscow und Kingston den Index für Schulen entwickelt, der ein Konzept zum Aufbau einer lernförderlichen gleichberechtigten Gemeinschaft anbietet. Er wurde von Ines Bohan und Andreas Hinz (2003) ins Deutsche übertragen.

Der *Index für Inklusion* (Tageseinrichtungen für Kinder) ist für Kindertageseinrichtungen gedacht, die sich für alle Kinder des Wohnortes öffnen. Nach Meinung der Autoren und der Autorin haben alle Kinder ein Recht auf allgemeine wohnortnahe Partizipation und alle Einrichtungen sollen ermutigt werden, dieses Recht pädagogisch zu ermöglichen. Gleichwohl könne der Index auch Einrichtungen Orientierung geben, die sich nur für eine bestimmte Klientel zuständig fühlen.

Der Index entfaltet eine eigene Sprache zur Reflexion inklusiver Werte und Haltungen. Jede Zusammenfassung stellt daher eine Vereinfachung dar und wird dem Original kaum gerecht. Besonders deutlich wird das im Kapitel zu Schlüsselkonzepten (eine Sprache für Inklusion entwickeln), das helfen soll, die inklusive Entwicklung in einer Einrichtung zu diskutieren (vgl. Booth/Ainscow/Kingston 2006, S. 12). Inklusion schließe immer die Reflexion der Überzeugungen und Werte ein, die mit Gleichheit und Fairness, der Bedeutung von Partizipation, dem Aufbau von gleichberechtigten sozialen Beziehungen und dem Recht auf gute sozialräumliche Unterstützung, mit Mitgefühl und Respekt vor Unterschieden zu tun haben. Das Handeln mit diesen Werten zu verbinden, könne zu Verbesserungen in den Einrichtungen führen (vgl. a.a.O., S. 13) – und weil Inklusion Wandel einschließe und eine inklusive Einrichtung immer in Bewegung sei, sei damit ein unendlicher Entwicklungsprozess verbunden.

Inklusion verlange den Blick auf die Gesamtpersönlichkeit des Kindes und auf seine Einmaligkeit sowie auf die Wertschätzung der Leistungen aller. Armut betrachten die Autoren als die größte Barriere für die kindliche Entwicklung. An die Stelle des Konzeptes „Sonderpädagogischer Förderbedarf" solle der Begriff „Barrieren für Spiel, Lernen und Partizipation" treten, weil er den Blick auf die verschiedenen Einschränkungen innerhalb der Einrichtung und darüber hinaus lenken könne. Der Index entwirft hingegen ein soziales Modell im Umgang mit Schwierigkeiten und Beeinträchtigungen, weil es, so Booth, Ainscow und Kingston, im Gegensatz zu einem medizinischen Modell die Beeinträchtigungen aufgrund diskriminierender Haltungen und Handlungsweisen sowie institutioneller Barrieren in den Mittelpunkt stelle und verringern helfe. Wenn Aktivitäten so ausgerichtet seien, dass sie die Partizipation aller Kinder fördern, verringere sich der Bedarf an individueller Unterstützung. Die Erfahrung mit der Förderung eines einzelnen Kindes könne wiederum dazu beitragen, das Lernen einer heterogenen Kindergruppe zu verbessern (vgl. a.a.O., S. 16 ff.). Schlüsselkonzepte des Index sind „Inklusion", „Barrieren" sowie „Ressourcen für Spiel, Lernen und Partizipation" und „Unterstützung von Vielfalt".

Die Handreichung gliedert sich in fünf Teile: Der erste Teil (Ein inklusiver Ansatz für die Entwicklung Ihrer Einrichtung) ist der Vorstellung einer inklusiven Einrichtung sowie dem Vorgehen insgesamt gewidmet (vgl. a.a.O., S. 9 ff.). Teil 2 zeigt die 5 Phasen des Index-Prozesses (vgl. a.a.O., S. 29 ff.). Teil 3 enthält die Evaluationsmaterialien, bestehend aus Indikatoren und Fragen (vgl. a.a.O., S. 71 ff.), Teil 4 beinhaltet Indikatoren- und Fragebogen (vgl. a.a.O., S. 127 ff.). Literaturhinweise und ein Glossar zu Fachbegriffen schließen sich an.

Der Index-Prozess, wie ihn Kindertageseinrichtungen mithilfe der Handreichung einleiten und umsetzen können, besteht aus fünf Phasen. Nach der Evaluation (Phase 5) beginnt der Index-Prozess mit der Betrachtung der Einrichtung von Neuem.

Die einzelnen Phasen des Index-Prozesses werden in Teil 2 ausführlich beschrieben. Für Phase 1 wird anhand von 10 einzelnen Aktivitäten, die der Bildung eines Index-Teams folgen, erläutert, wie sich eine Einrichtung auf die Arbeit mit dem Index einstellen kann. Hier geht es vor allem darum, für die Schlüsselkonzepte des Index sensibel zu werden und sich über Motive und Ziele auszutauschen (vgl. a.a.O., S. 33 ff.). In der zweiten Phase wird der Status quo der Einrichtung betrachtet. Es wird alles im Team und im Umfeld der Einrichtung vorhandene Wissen zusammengetragen und Ideen der Kinder gesammelt, an welchen Stellen man Barrieren abbauen und Ressourcen nutzen kann (vgl. a.a.O., S. 45 ff.). Dann wird ein konkreter Plan entworfen, der die einzelnen Schritte festhält. Augenmerk ist auf realistische zeitliche Vorgaben zu legen (vgl. a.a.O., S. 55 ff.). Sodann werden in der vierten Phase die geplanten Veränderungen und Aktivitäten in die Praxis umgesetzt (vgl. a.a.O., S. 60 ff.). Phase 5 dient der Reflexion und Dokumentation des durchlaufenen Index-Prozesses. Das Team stellt Fortschritte bei den Veränderungen in Alltagskultur, Leitlinien und Praxis fest und diskutiert notwendige Modifikationen am Index-Prozess (vgl. a.a.O., S. 66 ff.).

Für die Praxis ist der Index deshalb besonders hilfreich, weil er eine Fülle von Vorschlägen für die Verständigung und das Vorgehen in einer Einrichtung anbietet: Der Planungsrahmen des Index umfasst drei Dimensionen mit je zwei Abschnitten. Die drei Dimensionen werden in insgesamt 46 Indikatoren aufgefächert, die wiederum je etwa zehn Fragen umfassen.

Dimensionen und ihre Abschnitte:

Dimension A	Inklusive Kulturen entfalten
Bereich A.1	Gemeinschaft bilden
Bereich A.2	Inklusive Werte verankern
Dimension B	Inklusive Leitlinien etablieren
Bereich B.1	Eine Einrichtung für alle entwickeln
Bereich B.2	Unterstützung von Vielfalt organisieren
Dimension C	Inklusive Praxis entwickeln

Bereich C.1   Spiel und Lernen gestalten

Bereich C.2   Ressourcen mobilisieren.

Herzstück der Einrichtungsentwicklung, so Booth, Ainscow und Kingston, sei die Entfaltung inklusiver Kulturen (Dimension A). Es gehe um die Bildung einer sicheren, akzeptierenden, kooperativen und anregenden Gemeinschaft, in der jeder und jede geschätzt werde. Die Identifikation mit dem Ziel sei die Voraussetzung, wenn über Strukturen und die Alltagspraxis entschieden werde. So werde ein kontinuierlicher Entwicklungsprozess eingeleitet. Inklusion als Leitbild durchdringe alle Pläne der Einrichtung (Dimension B). Daraus ergäben sich klare Strategien für inklusive Veränderungen, die die Fähigkeit der Einrichtung, auf die Vielfalt der Kinder einzugehen, erhöhen. Mit Aktivitäten, die inklusiven Kulturen und Leitlinien entsprechen, beschäftigt sich die Dimension C. In Einrichtungen gehe es auf allen Ebenen und aufseiten aller Beteiligten darum, mitzuwirken und materielle und individuelle Ressourcen ins Spiel zu bringen (vgl. a.a.O., S. 20 ff.).

Zur Veranschaulichung ein Beispiel:

Der Bereich A.2 „Inklusive Werte verankern" der Dimension A „Inklusive Kulturen entfalten" wird mit 5 Indikatoren erfasst:

„A.2.1 Jeder, der mit der Einrichtung beschäftigt ist, beteiligt sich am Einsatz für Inklusion.

A.2.2 Von allen Kindern wird viel erwartet.

A.2.3 Alle Kinder werden als gleich wichtig behandelt.

A.2.4 Die Einrichtung hilft den Kindern, mit sich zufrieden zu sein.

A.2.5 Die Einrichtung hilft den Eltern, mit sich zufrieden zu sein" (a.a.O., S. 72).

Jeder der Indikatoren enthält nun wiederum einzelne Fragen, an Hand derer das Team die eigene Einrichtung analysieren kann, z. B. Indikator „A.2.2 Von allen Kindern wird viel erwartet.

a) Werden alle Kinder und Jugendlichen so behandelt, als ob es keine Obergrenze für ihr Lernen und ihre Entwicklung gäbe?

b) Werden alle Kinder ermutigt, hohe Erwartungen an ihre eigenen Fortschritte bei Spiel, Lernen und Partizipation zu haben?

c) Ist allen Erzieherinnen bewusst, dass erhebliche Anstrengungen nötig sind, um niedrigen Erwartungen an bestimmte Gruppen von Kindern entgegenzutreten, z. B. „Schlüsselkinder", „Sinti/Roma-Kinder", Kinder, die eine andere Muttersprache haben, und Kinder aus sozialen Brennpunkten? (...)

n) Werden die Versagensängste mancher Kinder ernst genommen?

o) Vermeiden es die Erzieherinnen, die potentiellen Leistungen eines Kindes mit denen eines Bruders oder einer Schwester oder irgendeines anderen Kindes in Verbindung zu setzen?" (a. a. O., S. 84).

Das Interesse von Kindertageseinrichtungen und anderen Fachleuten, mit dem Index bekannt gemacht zu werden, ist zu Recht gestiegen. So hat die baden-württembergische Landesregierung allen Kindertagesstätten des Landes den Index für Inklusion (insgesamt 10.000 Exemplare zur Verfügung gestellt. Im Vorstandsbereich Jugendhilfe und Sozialarbeit der Gewerkschaft Erziehung und Wissenschaft gibt es eine Arbeitsgruppe „Inklusion", deren Mitglieder auf Anfrage bereit sind, vor Ort über den Index für Inklusion zu informieren. Derzeit werden dort Empfehlungen zum Umgang mit dem Index erarbeitet.

Der Autor des Index, Tony Booth, ist unterdessen mit einer Erweiterung des Index befasst, die die Perspektive der Didaktik einbezieht.

Der kommunale Index für Inklusion, der von der Montag Stiftung und vielen Akteur/innen aus Projekten, Initiativen und Organisationen entwickelt und von der Montag Stiftung herausgegeben wurde, ermöglicht, sich auf kommunaler Ebene mit gleichberechtigter Partizipation aller auseinanderzusetzen – im Interesse und mit dem Ziel eines inklusiven Gemeinwesens.

Die Arbeit mit dem Index für Inklusion allein wird die ausgrenzenden gesellschaftlichen Strukturen nicht grundsätzlich verändern können. Gleichwohl sind auf vielen Ebenen menschenrechtsorientierte Bewegungen erkennbar und vor Ort kann der Index Kindertageseinrichtungen dabei unterstützen, im jeweiligen Sozialraum mehr Partizipation zu ermöglichen und vielleicht so das entsprechende politische Engagement auszulösen. Die UN-Konvention über die Rechte von Menschen mit Behinderungen verpflichtet alle gesellschaftlichen Bereiche und Gruppen. Sie gibt den entsprechenden Rückenwind.

Irmtraud Schnell

Literatur

Boban, Ines/Hinz, Andreas (Hrsg.): Index für Inklusion. Lernen und Teilhabe in Schulen der Vielfalt entwickeln. Martin Luther-Universität Halle: 2003

Booth, Tony/Ainscow, Mel/Kingston, Denise: Index für Inklusion (Tageseinrichtungen für Kinder). Lernen, Partizipation und Spiel in der inklusiven Kindertageseinrichtung entwickeln. Frankfurt am Main: 2006

Montag Stiftung Jugend und Gesellschaft (Hrsg.): Inklusion vor Ort. Der Kommunale Index für Inklusion – ein Praxishandbuch. Berlin: 2011

Inklusion

Der Begriff der „Inklusion" ist im Kontext der Debatte um die gemeinsame Erziehung, Bildung und Unterrichtung von Kindern und Jugendlichen mit und ohne „Behinderung" bzw. „sonderpädagogischen Förderbedarf" – im Verständnis einer → „Allgemeinen Pädagogik" (Feuser) eingeschlossen sind Kinder und Jugendliche mit Migrationshintergrund, Kinder anderer Nationalität, Kultur, Sprache und Religion –, die bisher mit dem Begriff der → „Integration" geführt wurde, seit einem knappen Jahrzehnt in Erscheinung und schnell in den Vordergrund getreten. Dies allerdings sehr uneinheitlich hinsichtlich der Etymologie des Begriffes und seiner Verwendung im deutschen und anglo-amerikanischen Sprachraum (inclusion/inclusive education) und seines begrifflich je unterschiedlichen Bedeutungsgehaltes in verschiedenen philosophischen Betrachtungen und soziologischen Gesellschafts- und Systemtheorien, in denen er nicht wie im integrationspädagogischen Feld primär mit „Integration", sondern mit „Exklusion" in wechselwirkender Verbindung gesehen wird (vgl. Baumann 2005; Bourdieu 1997; Luhmann 1997). Im Fach selbst wird er synonym mit „Integration" gebraucht, quasi als modernistischer Anglizismus. Er tritt auch mit dem Anspruch eines oppositionellen Gegenmodells zu einem „sonderpädagogischen" Verständnis von Integration (Hinz 2002) auf und schreibt diesem, ohne differenzierte Analyse der unterschiedlichen, unter dem Integrationsbegriff firmierenden Modell gemeinsamer „Früher Bildung" und schulischen Unterrichts, wie sie z. B. Erzmann (2003) geleistet hat, eine an der traditionalistischen Heil- und Sonderpädagogik verhaftete Sichtweise zu. Die in der Soziologie durchgängig aufgezeigte und bearbeitete Dialektik von Inklusion und Exklusion bleibt negiert. Damit auch die Tatsache, dass das deutsche Erziehungs-, Bildungs- und Unterrichtssystem (EBU) ausschließlich als selektierendes, ausgrenzendes und segregierendes konstituiert ist und pädagogische Bemühungen, Exklusion via Integration zu minimieren (und dem Ziel nach zu überwinden), nur auf dem Boden dieser bestehenden Realität grundgelegt werden kann. Dass sich die bestehenden gesellschaftlichen Widersprüche noch über lange Zeiträume in die Integrationsbemühungen hinein fortschreiben werden und auf der Integrationsebene neue Widersprüche generieren, muss in Anbetracht der soziologischen Unbedarftheiten und der Naivität gegenüber gesellschaftlicher Ökonomie im Feld der „Integrationspädagogik" nicht verwundern. In aller Deutlichkeit kommt dies derzeit im Rahmen der Neugestaltung des Finanzausgleichs und der Aufgabenteilung zwischen Bund und Kantonen (NFA) der Schweiz mit dem Übergang der bildungspolitischen Verantwortung auch für „behinderte" Kinder und Jugendliche im Altersbereich 0-20 Jahre an die Kantone und dort an die Regelschulen (den Kindergarten eingeschlossen) in dem Begriff der „integrativen Sonderschulung" zum Ausdruck. Bezogen darauf bewirkt der Inklusionsbegriff weder eine Auflösung des Widerspruchs noch eine Aufklärung in der Sache. Die Ersetzung des Integrationsbegriffes durch den der Inklusion dürfte über eine euphemistische Verharmlosung und Verschleierung der mit dem Begehren der Integration tatsächlich verbundenen Gesellschaftsfragen und zu lösenden pädagogischen und didaktischen Probleme nicht hinausführen. Zwischen diesen aufgezeigten Positionen rangiert der Versuch, Inklusion als Form „optimierter und erweiterter Integration" (Sander 2003) zu verstehen, der das bestehende Dilemma gleichwohl nicht überwindet.

Die Fremdwörter „integrieren" und „Integration" sind im 19./20. Jh. als Ableitungen aus dem lateinischen *integer*, was als *integrare* „heil, unversehrt machen, wiederherstellen; ergänzen" bedeutet, dem mlat. *integralis* „ein Ganzes ausmachend", und *integratio* „Wiederherstellung eines Ganzen" (Duden 2001, S. 365) hervorgegangen. Relevant ist die soziologische Bedeutung, die der Tendenz nach als die Verbindung einer Vielfalt von einzelnen Personen oder Gruppen zu einer gesellschaftlichen und kulturellen Einheit verstanden und als gesellschaftlicher Prozess gekennzeichnet werden kann, „der durch einen hohen Grad harmon., konfliktfreier Zueinanderordnung der versch. Elemente (Rollen, Gruppen, Organisationen) sowohl in horizontaler (arbeitsteiliger, funktionsspezialisierter) als auch vertikaler (herrschafts-, schichtenmäßiger) Hinsicht gekennzeichnet ist" (Der Brockhaus 2001, S. 586).

Der Begriff der Inklusion leitet sich in gleicher Weise aus dem lateinischen bzw. mlat. ab und bezeichnet „Einschließung, Einschluss, einschließlich, inbegriffen" und steht als „inklusive" im Gegensatz zu „exklusive" (Duden 1982, S. 344). Dieser Begriff beschreibt also einen Zustand einer Ganzheit, der der Logik nach, so sie zuvor nicht bestand, erst durch einen Prozess der Integration erreicht werden kann.

Damit wäre die Situation im Feld der Pädagogik in einem ersten Schritt klar zu kennzeichnen. Inklusion kann das mit dem Prozess der Integration intendierte Ziel einer nicht nach individuellen Merkmalen oder Clustern selektierenden und exkludierenden Allgemeinen Pädagogik auf den Begriff bringen, wie das im viel benutzten Bild „eines Kindergartens und einer Schule für Alle" skizziert ist. Integration würde den Prozess dieser Transformation, der mit Blick auf die Epoche der Aufklärung und französischen Revolution wie deren Einflüsse auf die Pädagogik und die sich als wissenschaftliche Disziplin herausbildende Heil- und Sonderpädagogik als reformpädagogisches Anliegen der Humanisierung und Demokratisierung des EBU verstanden werden kann, auf den Begriff bringen und sich im erreichten Ziel aufheben. Damit tritt die gesellschaftliche Dimension wie die Dialektik von Inklusion und Exklusion in den Vordergrund, die Stichweh als „Leitunterscheidung der Gesellschaftstheorie" (Stichweh 2005, S. 35) bezeichnet. Mit Blick zurück auf die eigene Tätigkeit als Lehrer an der ersten „Schule für Praktisch Bildbare (Sonderschule)" der BRD in Hessen (meint: Schule für geistig Behinderte) und auf den Aufbau des Sonderschulwesens für als geistigbehindert klassifizierte Kinder und Jugendliche war in hart erkämpfter und sich allmählich herausbildender gesellschaftlicher Anerkennung zuerst der Lernfähigkeit, dann der Bildungsfähigkeit und schließlich der so genannten Schulbildungsfähigkeit der Betroffenen, die bis Ende des Hitler-Faschismus als „Ballastexistenzen" und „lebensunwertes Leben" ermordet worden waren, ein gewaltiger Prozess der Inklusion dieses Personenkreises in das Sonderschulwesen und mithin in das Feld von Bildung möglich geworden. Die Betroffenen waren dadurch einer Art „Psychischer Euthanasie" der dominierenden totalen Heim- und Anstaltsverwahrung enthoben, hatten diese Integration ins Bildungssystem aber wiederum um den Preis einer sozial segregierten Beschulung unter ihresgleichen, eines extrem reduktionistischen Bildungsangebotes und gegenüber der Anstaltsverwahrung zwar minimierter, aber gleichwohl hochgradig bestehender sozialer Isolation zu bezahlen; also um den Preis der Vorenthaltung der Partizipation am sogenannten allgemeinen Bildungssystem, wie jene aus diesem exkludiert wurden, die den Leistungsstandards nicht entsprechen konnten und, wie Jantzen (1976) herausarbeitet, nur eine „Arbeitskraft minderer Güte" erwarten ließen. Beide hier angesprochenen Dimensionen sind in den ersten Jahren der Debatte um den Integrations- und Inklusionsbegriff unberücksichtigt geblieben. Castel macht mit Nachdruck darauf aufmerksam, dass Ausschluss (mithin sowohl Inklusion wie Exklusion) keine analytischen Begriffe sind und mit der Feststellung, dass in unserem Bereich „Behinderte" Ausgeschlossene sind, kein erklärender Erkenntnisgewinn verknüpft ist. Er fordert auf, positiv zu analysieren, worin der „Mangel" besteht und verweist, wie oben im Beispiel deutlich geworden sein dürfte, auf verschiedene „Zonen des sozialen Lebens" bezüglich gesicherter Arbeitsverhältnisse und der Festigkeit der Einbindung in Netze der Soziabilität (vgl. Castel 2000, S. 13). Die Ausgeschlossenen sind also nicht exterritorialisiert, sondern „bevölkern die Zone an der äußersten Peripherie", „die durch den Verlust jeglichen Arbeitsverhältnisses und durch soziale Isolierung gekennzeichnet wäre" (a.a.O., S. 13). Die damit verknüpfbare Forderung lautet: „Es geht darum, das *Kontinuum von Positionen* zu rekonstruieren, durch das die ‚drinnen' und die ‚draußen' verbunden sind, um die Logik zu erfassen, nach der die ‚drinnen' und die ‚draußen' produzieren" (a.a.O., S. 14). In Ermangelung solcher Analysen ist es in der Regel- und Heil- und Sonderpädagogik praktisch unterblieben, die Exklusion (aus dem regulären Bildungswesen) und die Inklusion (ins Sonderschulwesen) zu thematisieren. Die Arbeiten haben sich darauf kapriziert, die jeweiligen Gruppen als solche zu identifizieren, was zu einer extremen Parallelität von Regel- und Sonderpädagogik geführt hat. Die Bemühungen richteten sich in der Spanne von der Statusdiagnostik über die Förderdiagnostik bis hin zur Feststellung eines „sonderpädagogischen Förderbedarfs" auf Maßnahmen technischer Bewältigung der Realität von Inklusion und Exklusion, weshalb bezeichnenderweise in Bezug auf die ins Sonderschulwesen inkludierte Schülerschaft nicht mehr von „Bildung" die Rede ist, sondern „gefördert" wird (was die nach wie vor hochgradig bestehende Defizit-Orientierung in aller Deutlichkeit offen legt). Basaglia betont: „Verwahrung und Ausschluss sind keine Antwort auf Geisteskrankheit (Behinderung; G.F.); sie sind eine Antwort auf Forderungen der Gesellschaft, die das Problem dadurch ‚löst', dass sie einen Ort schafft, an dem es unter Kontrolle gehalten wird" (Basaglia/Basaglia-Ongaro 1980, S. 14). Übereinstimmend damit schreibt Castel: „Bei den sichtbarsten Folgen einer sozialen Dysfunktion zu intervenieren scheint leichter und realistischer zu sein, als den Prozeß unter Kontrolle zu bringen, der sie auslöst; um die Folgen kann man sich nämlich in *technischer* Weise kümmern, während die Beherrschung des Prozesses eine *politische* Behandlung des Problems erfordert" (Castel 2000, S. 18). Ferner betont er: „Das Prinzip der Wirtschaftlichkeit, das dazu führt, die sektoriellen Interventionen zu bevorzugen, könnte sich daher letztlich als besonders kostspielig erweisen – kostspieliger als umfassendere und schwieriger durchzuführende politische Präventivmaßnahmen" (a. a. O., S. 19). Wie die hoch ausdifferenzierten Positionen der „Demokratischen Psychiatrie" Italiens und der „kritischen und materialistischen Behindertenpädagogik" als Analyseinstrumente in der internen Integrationsdebatte ausgeblendet bis gemieden geblieben sind, hat die Einführung des Inklusionsbegriffes in dieses Feld seitens derer, die ihn für den angemesseneren Begriff für die Kennzeichnung einer zukünftigen Perspektive der Integrationspädagogik halten, keinen Beitrag zur Klärung der aufgeworfenen Sachverhalte geleistet. Auch unter dem Einfluss des Inklusionsbegriffes wird durch Modelle, die für sich in Anspruch nehmen, integrativ zu sein, das Geschäft der Separation in extenso betrieben; es wird also alter Wein in neue Schläuche gegossen.

Folgt man der in den letzten Jahren unter philosophischen und soziologischen Aspekten geführten Debatte, erscheint auch für die integrationspädagogische Frage nur das Begriffsverhältnis „Integration" zu „Exklusion" wissenschaftlich vernünftig, auch wenn Castel vor den „Fallstricken des Exklusionsbegriffes" warnt (a. a. O., S. 11). Alle drei von ihm benannten strukturellen Merkmale der Exklusion sind bezogen auf Fragen des gesellschaftlichen und des fachlichen Umgangs mit behinderten Menschen von hoher Relevanz: Die „vollständige Ausgrenzung aus der Gemeinschaft" wie sie im Hitler-Faschismus zur Ermordung Behinderter geführt hat, die „geschlossenen Räume, die von der Gemeinschaft abgetrennt sind", z. B. geschlossene Einrichtungen für psychisch Kranke und der Behindertenhilfe und ein Ausschluss aufgrund eines speziellen Status, der zwar die Koexistenz mit der Gemeinschaft ermöglicht, die Betroffenen aber „bestimmter Rechte und der Beteiligung an bestimmten sozialen Aktivitäten beraubt" (a. a. O., S. 20 f.), was das Feld des Verhältnisses von Regel- und Sonderpädagogik und die Vermittlungsfunktion der Integration beschreibt.

Im Kontext systemischer Gesellschaftstheorie teilen viele gesellschaftliche Gruppen das Merkmal „funktionaler Irrelevanz" für gesellschaftlich als relevant betrachtete und favorisierte Bereiche, was nicht nur als gesellschaftlicher Fluktuationsprozess beobachtet werden kann, sondern als ein Prozess, dessen Vollzug immanent ein gewalttätiger ist, betrachtet werden muss, weil er aus Menschen „Müll" macht, wie Baumann (2005) aufzeigt. In diesem Kontext kann „Inklusion" für Behinderte und andere selektierte gesellschaftliche Gruppierungen nur für Driften in Bereiche gesellschaftlicher Marginalität und Nutzlosigkeit konstatiert werden. Wenngleich dem Begehren nach Integration oft mit den gleichen abwehrenden und abwertenden Begründungen wie Reklamationen auf das Kindeswohl begegnet wird, wie es damals in Bezug auf den Einbezug geistigbehinderter und schwer entwicklungsgestörter Menschen in das Sonderschulsystem der Fall gewesen war, handelt es sich mit dem Verlangen nach Integration dieser Personenkreise in das reguläre EBU heute um eine neue Qualität.

„Integration" für behinderte Menschen ist nicht (nur) die Umkehrung von Exklusionsdriften im Sinne der Partizipation am regulären EBU. Sie verlangt die Neukonzeption und -strukturierung des EBU in dem Sinne, dass es seine (u. a. vor allem schulleistungsbezogene und am Sozialstatus orientierte) selektierende und ausgrenzende Funktion total aufgibt und anerkennt, welche „funktionelle Relevanz" für ein menschliche Persönlichkeitsentwicklung induzierendes Lernen ein jedes Mitglied einer Lerngruppe für ein jedes andere Mitglied dieser Gruppe im allgemeinen zukommt und welche Bedeutung diesbezüglich im Besonderen gerade jene hoch ausgegrenzten und isolierten Kinder und Jugendlichen (auch in Anbetracht einer „Arbeitskraft [extrem; G. F.] minderer Güte") haben, die im Kontext der Bewegung „Demokratischer Psychiatrie" neben den psychisch Kranken den so genannten „harten Kern" in den Sonderinstitutionen bildeten. Mit ihnen nimmt die Effizienz der Lerngemeinschaft in besonderer Weise zu, ohne die hohe Differenz in dieser negieren zu müssen. Die resultierende Konzeption einer „Allgemeinen Pädagogik" (Feuser) bedarf bezüglich ihrer Praxis weder des Begriffes der „Integration" noch den der „Inklusion".

Georg Feuser

Inklusion

Literatur

Basaglia, Franco u. Basaglia-Ongaro, Franca: Befriedungsverbrechen. In: Basalglia, Franco u. a. (Hrsg.): Befriedungsverbrechen. Über die Dienstbarkeit der Intellektuellen. Frankfurt/M.: 1980, S. 11-61

Baumann, Zygmunt: Verworfenes Leben. Die Ausgegrenzten der Moderne. Hamburg: 2005

Bourdieu, Pierre: Die Verborgenen Mechanismen der Macht. Hamburg: 1997

Castel, Robert: Die Fallstricke des Exklusionsbegriffs. In: Mittelweg 36(2000)3, S. 11-25

Dederich, Markus u. a. (Hrsg.): Inklusion statt Integration? Gießen: 2006

Der Brockhaus – Studienausgabe. Leipzig/Mannheim 2001

Duden – Fremdwörterbuch, Bd. 5. Mannheim/Wien/Zürich 1982

Duden – Etymologie, Bd. 7. Mannheim/Wien/Zürich 2001

Erzmann, Tobias: Konstitutive Elemente einer Allgemeinen (integrativen) Pädagogik und eines veränderten Verständnisses von Behinderung. Frankfurt/M.: 2003

Feuser, Georg: Was bringt uns der Inklusionsbegriff? Perspektiven einer inklusiven Pädagogik. In: Albrecht, Friederich/Jödecke, Manfred u. Störmer, Norbert (Hrsg.): Bildung, Lernen und Entwicklung. Bad Heilbrunn: 2006, S. 25-43

Hinz, Andreas: Von der Integration zur Inklusion – terminologisches Spiel oder konzeptionelle Weiterentwicklung? In: Zeitschrift für Heilpädagogik 53(2002)9, 354-361

Jantzen, Wolfgang: Zur begrifflichen Fassung von Behinderung aus der Sicht des historischen und dialektischen Materialismus. In: Zeitschrift für Heilpädagogik 27(1976)7, S. 428-435

Liesen, Christian u. Felder, Franziska: Bemerkungen zur Inklusionsdebatte. In: Heilpädagogik online 03/2004, S. 3-28

Luhmann, Niklas: Die Gesellschaft der Gesellschaft. Frankfurt/M.: 1997

Sander, Alfred: Von Integrationspädagogik zu Inklusionspädagogik. In: Sonderpädagogische Förderung 48(2003)4, S. 313-329

Schroer, Markus: Die im Dunkeln sieht man doch. In: Mittelweg 36(2001)5, S. 33-46

Stichweh, Rudolf: Einleitung 2: Inklusion und Exklusion. In: Gusy, C. u. Haupt, H-G. (Hrsg.): Inklusion und Partizipation. Frankfurt/M.: 2005, S. 35-48

Tervooren, Anja: Pädagogik der Differenz oder differenzierte Pädagogik? In: Behinderte in Familie, Schule und Gesellschaft 26(2003)1, S. 26-36

Integration

Der integrationspädagogische Diskurs wird seit seiner Entstehung in den 1970er Jahren von den Kategorien Integration, → Normalität und → Behinderung getragen. Eine Untersuchung der Diskursgeschichte stellt die Veränderungen dieser interdependent miteinander verknüpften Begriffe über drei Jahrzehnte (1970-2000) hinweg exemplarisch anhand der Werke der beiden renommierten Wissenschaftler Georg Feuser und Hans Eberwein dar (vgl. Lingenauber 2003). Es zeigt sich, dass die diskursive Entwicklung der Kategorie Integration im Kontext der Integrationspraxis der Bundesrepublik Deutschland steht.

In der Entstehungszeit des Integrationsdiskurses in den 1970er Jahren geht es Eberwein darum, Integration für „sog. lernbehinderte und verhaltensgestörte Kinder" vorrangig in Gesamtschulen zu fordern und damit das Aufgabenverständnis der SonderschullehrerInnen zu verändern (vgl. a.a.O., S. 54 f.). Feusers Diskursstrategie zielt dagegen auf einen Beweis der „Erziehungs- und Bildungsfähigkeit geistig behinderter" und „autistischer" Kinder (vgl. a.a.O., S. 131). Die schulische Integration „aller Kinder" wurde zu dieser Zeit zwar von WissenschaftlerInnen diskutiert, für die Schulpraxis aber als unvorstellbar beschrieben (vgl. Schildmann 2004, S. 132).

In den 1980er Jahren wird die Integrationskategorie subjekt- und institutionsbezogen ausgeweitet. Integration bezieht sich nicht länger ausschließlich auf die Gruppe der „lernbehinderten und verhaltensgestörten Kinder" und auch nicht mehr auf einzelne Schulformen. Diese Entwicklung vollzieht sich im Kontext der sich ausweitenden Integrationspraxis (→ Geschichte) und der wissenschaftlich begleiteten „Integrationsversuche" in der Bundesrepublik Deutschland (vgl. Eberwein 1984, S. 684). Mit der erstmaligen Einbeziehung einer gesamten Schule – der Uckermark-Grundschule in Berlin – in ein integratives Praxiskonzept und mit der uneingeschränkten Integration sämtlicher Kinder im Einzugsgebiet dieser Grundschule taucht die Wendung „eine Schule für alle Kinder" im Jahr 1984 erstmals im wissenschaftstheoretischen Diskurs auf (vgl. Lingenauber 2003, S. 65). Eberwein, der an der wissenschaftlichen Begleitung dieses Schulversuches an der Uckermark-Grundschule beteiligt war, weitet im Zusammenhang mit dieser Praxisentwicklung seine Integrationsforderung auf den gesamten Primarbereich aus (vgl. Eberwein 1987a, S. 336). Diese diskursive Erweiterung der Integrationskategorie in Bezug auf „alle Kinder" und „alle" Grundschulen war also eng mit der Entwicklung der Integrationspraxis vernetzt. Sie zeigt sich noch deutlicher in dem Werk Feusers, der im Jahr 1985 die Forderung nach Integration als „Regelfall" für „alle Kinder und Schüler" in den Diskurs einbringt. Damit weitet er seine Integrationsforderung nicht nur, wie andere WissenschaftlerInnen, auf die Grundschule, sondern auf das *gesamte Erziehungs- und Bildungssystem* aus. Feuser begründet diese Forderung mit den im Rahmen seiner wissenschaftlichen Begleitforschung dokumentierten positiven Praxiserfahrungen (vgl. Lingenauber 2003, S. 144). Er übernimmt zum einen im Jahr 1981 die wissenschaftliche Begleitung des → Modellversuchs in den Kindertageseinrichtungen der Bremischen Evangelischen Kirche (→ Trägerperspektive) und zum anderen im Jahr 1984 die wissenschaftliche Begleitung des „Schulversuches zur gemeinsamen Unterrichtung behinderter und nichtbehinderter Schüler in einem Klassenverband (Integrationsklasse) der Grundschule am Standort Robinsbalje" (vgl. a.a.O., S. 133).

In den 1980er Jahren erfolgt darüber hinaus die Konstruktion von *Integration als Pädagogik*. Auch diese Entwicklung steht in einem Zusammenhang mit den Ergebnissen der wissenschaftlichen Begleitforschung (vgl. a.a.O., S. 141). Feuser konstituiert Integration als *eine* einheitliche Pädagogik, nämlich als „kindgemäße basale allgemeine Pädagogik", in der die Trennung sonderpädagogischer und allgemeinpädagogischer „Erziehungsmittel" diskursiv überwunden wird (vgl. Feuser 1984, S. 17). Er betont: „Die zu realisierende integrative Pädagogik bedarf zu ihrer Entwicklung beider ‚sonderpädagogischen Systeme' und ihrer gleichberechtigten Kooperation auf der Basis eines hier zu entfaltenden neuen Bewusstseins, aus dem dann auch eine neue, auf einem höheren Niveau anzusiedelnde und zu einer neuen Qualität führende Pädagogik entstehen kann, mit der Integration realisierbar ist und die die beiden alten pädagogischen Hauptstränge negieren wird" (Feuser 1985, S. 34). Auch Eberwein stellt zwei Jahre später eine vergleichbare Forderung: die Bildung einer *Synthese* aus Sonderpädagogik und Allgemeiner Pädagogik mit dem Ziel der Entwicklung einer qualitativ höherwertigen Pädagogik (vgl. Eberwein 1987b, 64). Im Jahr 1988 führt er den neuen Begriff *Integrationspädagogik* mit der Herausgabe des „Handbuches der Integrationspädagogik" in den Diskurs ein (vgl. Eberwein

1988a). Er resümiert: „Integrationspädagogik, d. h. die theoretische Grundlegung und organisationsstrukturelle Verwirklichung gemeinsamen Lernens von Behinderten und Nichtbehinderten, bietet die Möglichkeit, die in der Allgemeinen Pädagogik sowie in der Sonderpädagogik gewonnenen Erfahrungen und entwickelten Konzepte im dialektischen Sinne auf eine höhere Qualitätsstufe von Erziehung und Unterricht zu führen" (Eberwein 1988b, S. 52). Zu dieser Zeit werden auch von anderen WissenschaftlerInnen Konzepte von Integration als *Pädagogik* entwickelt (vgl. Deppe-Wolfinger/ Prengel/Reiser 1990). Diese Entwicklung steht im Kontext der wissenschaftlichen Begleitforschungen (→ Modellversuche) und der sich ausweitenden Integrationspraxis in der Bundesrepublik Deutschland.

Integration wird in den 1980er Jahren von verschiedenen WissenschaftlerInnen als Forderung unterschiedlich weit gefasst und bezieht sich zu dieser Zeit z. B. bei Eberwein, Deppe-Wolfinger, Prengel und Reiser auf die Grundschule, bei Feuser hingegen auf das gesamte Erziehungs- und Bildungssystem. Im Diskurs wird somit die Kategorie *Integration als Forderung* nach einer „Schule für alle Kinder" hervorgebracht und es entstehen unterschiedliche pädagogische Konzepte von *Integration als Pädagogik*:

- die kindgemäße basale allgemeine Pädagogik (Feuser) sowie
- die Integrationspädagogik (Eberwein).

Zu dieser Zeit wird der integrationspädagogische Diskurs darüber hinaus von der Vorstellung bestimmt, sowohl Integration als auch → Behinderung als neue → Normalität zu definieren (vgl. Lingenauber 2003, S. 176 f.). Kennzeichnend für den Diskurs der 1990er Jahre ist eine maximale Ausweitung der Integrationskategorie. So definiert Feuser im Jahr 1990 das „Prinzip der totalen Integration" (vgl. Feuser 1990, S. 363 f.). Er fordert jetzt nicht nur, wie in den 1980er Jahren, Integration für sämtliche Kinder und Jugendliche im Erziehungs-, Bildungs- und Unterrichtssystem zu realisieren, sondern darüber hinaus, „entschieden in allen Lebensbereichen (Frühförderung, Kindergarten, Schule, Berufsbildung, Arbeit, Wohnen und Freizeit) für eine umfassende Integration aller Menschen einzutreten" (Feuser 1991, S. 439). Damit konstruiert er diskursiv die *grenzenlose Integration* (vgl. Lingenauber 2003, S. 155 ff.).

Diese erfordere:

- sowohl die Abschaffung der „Sonderschulaufnahme- und Überweisungsverfahren" als auch die Abschaffung der Noten- und Versetzungsregelungen zugunsten individueller Entwicklungsberichte,
- jahrgangsübergreifende Klassen,
- die Überführung des Schulsystems in eine sechsjährige Grundschule und eine darauf aufbauende einheitliche Oberstufe und
- eine Vereinheitlichung der Ausbildungen von LehrerInnen, ErzieherInnen und SozialpädagogInnen (vgl. Feuser 1992, S. 52 f.).

Integration ist also seit den 1990er Jahren mehr als „eine Schule für alle Kinder". Auch Eberwein erweitert in den späten 1990er Jahren seine Integrationskategorie um „gesellschaftspolitische Implikationen". Seine Diskursstrategie enthält nun die folgenden „schulpolitischen Forderungen":

- Einrichtung flexibler und von integrativ arbeitenden Schulen selbst verwalteter LehrerInnenstellenpools,
- Überwindung eigenständiger Rahmenpläne für Kinder mit so genanntem sonderpädagogischem Förderbedarf,
- Umwandlung von Sonderschulen in allgemeine integrative Schulen, angefangen bei Schulen für Lernbehinderte und
- Integrationspädagogik als obligatorischer Studieninhalt in der universitären Ausbildung sowohl von LehrerInnen als auch von Diplom-PädagogInnen (vgl. Eberwein 1999, S. 3).

Zusammenfassend ist festzuhalten, dass die Kategorie Integration in den 1970er Jahren im Kontext der kritischen Auseinandersetzung mit der bestehenden Sonderpädagogik in den Diskurs eingebracht wird. Integration bezieht sich in dieser Zeit als Forderung ausschließlich auf „lernbehinderte" und „verhaltensgestörte" Kinder sowie auf die Gesamtschule.
Erst in den 1980er Jahren wird Integration als Forderung auf „alle Kinder" und auch auf die Grundschule sowie von Feuser auf das gesamte Erziehungs-, Bildungs- und Unterrichtssystem bezogen. Darüber hinaus wird Integration als Pädagogik konstruiert. Diese Erweiterung der Kategorie Integration ist eng mit der bundesrepublikanischen Integrationspraxis verknüpft. Die maximale Ausweitung der Kategorie erfolgt zu Beginn der 1990er Jahre.

Integration umfasst nun als Forderung uneingeschränkt sämtliche Lebensbereiche. Die Einführung dieser grenzenlosen Integrationskategorie ist dynamisch und interdependent mit der Konstruktion der Kategorien → Normalität und → Behinderung vernetzt.

Sabine Lingenauber

Literatur

Deppe-Wolfinger, Helga/Prengel, Annedore/Reiser, Helmut: Integrative Pädagogik in
der Grundschule. Bilanz und Perspektiven der Integration behinderter Kinder in
der Bundesrepublik Deutschland 1976-1988. München: 1990
Eberwein, Hans: Zum Stand der Integrationsentwicklung und -forschung in der Bundesrepublik Deutschland. Dargestellt am Beispiel der Uckermark-Schule in Berlin,
der ersten integrativen Grundschule ohne Aussonderung. In: Zeitschrift für Heilpädagogik 35(1984)10, S. 677-691
Eberwein, Hans: Zum Problem der „hinreichenden Förderung" von Kindern mit Behinderungen in Grundschulen und Sonderschulen oder: Der Einsatz „behinde-
rungsspezifischer Hilfsmittel" muß auch in der Grundschule möglich sein. Anmerkungen zur Entscheidung des Oberverwaltungsgerichts Münster in einem Prozeß
zur Integration eines körperbehinderten Mädchens. In: Zeitschrift für Heilpädagogik 38(1987a)5, S. 328-337
Eberwein, Hans: Institut für Sonder- und Heilpädagogik der Freien Universität Berlin.
In: Gerber, Gisela/Kappus, Helga/Reinelt, Toni (Hrsg.): Universitäre Sonder- und
Heilpädagogik. Vergangenheit – Gegenwart – Zukunft. Eine Darstellung der Institutionen. München und Basel: 1987b, S. 61-65
Eberwein, Hans (Hrsg.): Behinderte und Nichtbehinderte lernen gemeinsam Handbuch der Integrationspädagogik. Weinheim und Basel: 1988a
Eberwein, Hans: Integrationspädagogik als Weiterentwicklung (sonder-)pädagogi-
schen Denkens und Handelns. In: Eberwein, Hans (Hrsg.): Behinderte und Nichtbehinderte lernen gemeinsam. Handbuch der Integrationspädagogik. Weinheim
und Basel: 1988b, S. 45-53
Eberwein, Hans: Vorwort zur fünften Auflage. In: Eberwein, Hans (Hrsg.): Integrations
pädagogik. Kinder mit und ohne Behinderung lernen gemeinsam. Ein Handbuch.
Weinheim und Basel: (5. Auflage) 1999, S. 1-6

Feuser, Georg: Gemeinsame Erziehung behinderter und nichtbehinderter Kinder im Kindertagesheim. Ein Zwischenbericht von Georg Feuser. Bremen: 1984

Feuser, Georg: Gemeinsame Erziehung behinderter und nichtbehinderter Kinder (Integration) als Regelfall? In: Feuser, Georg/Wehrmann, Ilse (Hrsg.): Informationen zur Gemeinsamen Erziehung und Bildung behinderter und nichtbehinderter Kinder (Integration) in Kindergarten, Kindertagesheim und Schule. Bremen: 1985, S. 21-70

Feuser, Georg: Perspektiven einer Behindertenpädagogik im Wandel – Aspekte der Tätigkeit von ErzieherInnen und SozialpädagogInnen. In: Behindertenpädagogik 29(1990)4, S. 354-377

Feuser, Georg: Entwicklungspsychologische Grundlagen und Abweichungen in der Entwicklung. Zur Revision des Verständnisses von Behinderung, Pädagogik und Therapie. In: Zeitschrift für Heilpädagogik 42(1991)7, S. 425-441

Feuser, Georg: Integration ist mehr als die Addition von Regelpädagogik und Sonderpädagogik! In: Gewerkschaft Erziehung und Wissenschaft/Landesverband Nordrhein-Westfalen (Hrsg.): Gemeinsam spielen, lernen, leben. Essen: 1992, S. 43-58

Lingenauber, Sabine: Integration, Normalität und Behinderung. Eine normalismustheoretische Analyse der Werke (1970-2000) von Hans Eberwein und Georg Feuser. Opladen: 2003

Schildmann, Ulrike: Normalismusforschung über Behinderung und Geschlecht. Eine empirische Untersuchung der Werke von Barbara Rohr und Annedore Prengel. Opladen: 2004

Integrative Kindertageseinrichtungen/Gruppen

Integrative Kindertageseinrichtungen bzw. integrative Gruppen in Kindertageseinrichtungen sind neben der wohnortnahen Einzelintegration im Regelkindergarten eine der Formen gemeinsamer Erziehung von Kindern mit und ohne → Behinderung. Es gibt Kindertageseinrichtungen, die ausschließlich integrativ arbeiten und solche, die eine oder mehrere integrative Gruppen neben Regelgruppen anbieten. In einigen Bundesländern existiert zusätzlich zu den genannten Formen die Variante, dass eine Sonder- und eine Regeleinrichtung unter einem Dach angesiedelt sind und in der Praxis Angebote für Kinder mit und ohne Behinderung gemeinsam gestalten – bis hin zu einer permanenten gemeinsamen Erziehung der Kinder in den Gruppen.

Bei allen strukturellen und konzeptionellen Unterschieden ist die gemeinsame Erziehung von Kindern mit Behinderung und Kindern ohne Behinderung längst fester Bestandteil der vorschulischen Betreuungslandschaft in der Bundesrepublik. Von allen Kindern mit Behinderung, die 2006 eine Kindertagesstätte in Anspruch nahmen, wurden 76,8% integrativ betreut. Der jahrelange Trend zur Ausweitung integrativer Vorschulerziehung lässt sich durch neuere Daten mittlerweile differenzierter darstellen: Bei einer weitgehenden Stagnation der Anzahl integrativ betreuter Kinder, steigt die Zahl der integrativ arbeitenden Einrichtungen weiter an. Dies kann ein Hinweis auf eine Verschiebung in den Angebotsstrukturen hin zur Ausbreitung der wohnortnahen → Einzelintegration sein, wo in der Regel nur einzelne Kinder mit Behinderung pro Einrichtung aufgenommen werden (vgl. Riedel 2007; 2005).

Die mittlerweile weitgehende Normalität der gemeinsamen Erziehung im Elementarbereich ist Ausdruck einer tief greifenden Veränderung des Betreuungssystems, die wesentlich durch die positiven Erfahrungen in integrativen Gruppen bestimmt wurde. Noch in den 1960er Jahren wurde der weitere Ausbau von Sonderkindergärten mit der Argumentation eingefordert, Kinder mit Behinderung erführen „in der Gemeinschaft mit gesunden Altersgenossen nicht die notwendige Förderung, weil sie an dem geistigen Leben der Gemeinschaft keinen Anteil nehmen können" (Verband Deutscher Sonderschulen 1998, S. 342). Dem lag neben einem defektorientierten Blick auf Kinder mit Behinderung auch die Vorstellung zugrunde, dass pädagogische Förderung am effektivsten in möglichst homogenen Kindergruppen zu leisten sei. Die Kindertageseinrichtungen richteten sich an das „normal" entwickelte Kind, während Behinderung hauptsächlich über die Abweichung vom „Normalen" definiert wurde (→ Normalität). In den 70er Jahren des letzten Jahrhunderts gründeten sich parallel zum Ausbau der Sondereinrichtungen erste integrative Kindertageseinrichtungen und Gruppen. Verschiedene Aspekte trafen hier zusammen: Die Kindertageseinrichtung wurde in den späten 1960er Jahren unter den Gesichtspunkten der frühen Förderung und der zu verbessernden Chancengleichheit im Bildungssystem in das „Reformklima" des Bildungsbereichs einbezogen und war aus verschiedenen Gründen leichter zu verändern als die Schule (vgl. Reyer 2006, S. 194 ff.). Wenn auch die Integration von Kindern mit Behinderung damals nicht im Entferntesten ein Leitmotiv der Regelpädagogik war, so entstand bei Eltern (→ Elternperspektive) und PädagogInnen doch zunehmend ein Bewusstsein für die Möglichkeit und Notwendigkeit einer bedarfs- und kindorientierten Veränderung pädagogischer Institutionen. Hinzu kam, dass, angeregt durch das in den skandinavischen Ländern formulierte Normalisierungsprinzip, einzelne Vertreter der Sonderpädagogik ernste Kritik an der bisherigen Praxis der Sondereinrichtungen für Menschen mit Behinderung formulierten. Das getrennte Aufwachsen von Kindern mit und ohne Behinderung in wichtigen Sozialisationsphasen förderte gerade nicht die spätere Integration in die Gesellschaft, sondern konservierte die Ausgrenzung von Menschen mit Behinderung. Aus diesen Erkenntnissen heraus entwickelten sich Integrationsbestrebungen von Eltern und PädagogInnen, die zur Gründung erster integrativer Gruppen und Kindertageseinrichtungen führten. Die 1970er Jahre bezeichnet Wolfgang Dichans mit Blick auf die Entwicklung der integrativen Erziehung noch als „Phase der Einzelinitiativen". In einer darauf folgenden „Phase der Modellprojekte" (vgl. Dichans 1993, S. 6) in den 1980er Jahren (→ Modellversuche) konnte in etlichen Untersuchungen nachgewiesen werden, dass in integrativen Gruppen sowohl Kinder mit Behinderung als auch Kinder ohne Behinderung eine gute Förderung ihrer individuellen Fähigkeiten sowie ihrer sozialen Kompetenz erfahren (vgl. DJI 1985; Klein u. a. 1987). In der Folge entstanden integrative Gruppen aus verschiedenen Richtungen. Zum einen öffneten sich Sondereinrichtungen für Kinder ohne Behinderung und wandten sich integrativen Konzepten zu, zum anderen wurden neue integrative Kindertageseinrichtungen gegründet oder bestehende Regeleinrichtungen wandelten eine oder mehrere Gruppen in integrative Gruppen um (vgl. Kron 2002, S. 180). Leitmotiv integrativer Gruppen war dabei die gemeinsame Sozialisation von Kindern mit und ohne Behinderung bei gleichzeitiger Sicherstellung einer individuellen pädagogischen und therapeutischen Förderung. Daraus sind in vielen Einrichtungen Konzepte entstanden, die ihre Schwerpunkte auf gemeinsame (Klein-)Gruppenarbeit in heterogenen Kindergruppen und auf ein individuelles Eingehen auf alle Kinder legen. Dies wird von Eltern der Kinder mit Behinderung sowie von Eltern mit Kindern ohne Behinderung gleichermaßen geschätzt (vgl. Kron/Papke 2006).

Ungeachtet einzelner unterschiedlicher Strukturmerkmale in den Bundesländern zeichnen sich integrative Kindertageseinrichtungen/Gruppen in der Regel durch günstigere Rahmenbedingungen aus. Die Gruppen sind kleiner als Regelgruppen und setzen sich meist zu zwei Dritteln aus Kindern ohne Behinderung und zu einem Drittel aus Kindern mit Behinderung zusammen

(Bspw. mit einer Verteilung von 10:5). Im Allgemeinen besteht eine ständige pädagogische Doppelbesetzung, meist ist der Anteil pädagogischer Fachkräfte mit einer heilpädagogischen Zusatzausbildung höher als in Regeleinrichtungen mit → Einzelintegration (vgl. ebd.). Durch die kontinuierliche integrative Arbeit verfügen viele MitarbeiterInnen über langjährige Erfahrung in der gemeinsamen Erziehung von Kindern mit und ohne Behinderung sowie über Netzwerke und relevante Kontakte zu spezifischen Arbeitskreisen, Fachdiensten und TherapeutInnen in ihrer Region. Therapeutische Angebote finden in der Regel durch eigene und/oder externe TherapeutInnen in der Einrichtung statt, sodass auch Kinder ohne Behinderung in diese Aktivitäten einbezogen werden können. Diese Bedingungen begünstigen, dass integrative Einrichtungen und Gruppen prinzipiell Kindern mit allen Behinderungsformen offen stehen und sich neben den in vielen Bundesländern noch existierenden Sondereinrichtungen als „fachlich gleichwertiges und vergleichsweise dezentralisiertes Angebot" entwickeln konnten (vgl. Kron 2002, S. 180).

Allerdings wird am Kriterium der Wohnortnähe deutlich, dass integrative Gruppen innerhalb der Integrationspädagogik eine andere Schwerpunktsetzung verfolgen als Regeleinrichtungen mit wohnortnaher Einzelintegration. Die Kinder mit Behinderung kommen aus einem größeren Einzugsgebiet als die Kinder ohne Behinderung, was gerade im ländlichen Bereich eine erhebliche Entfernung vom Wohnort bedeuten kann. Das Fortführen von Kindergartenfreundschaften auch außerhalb der Kindertageseinrichtung und die soziale Einbindung von Kindern mit Behinderung in ihr Wohnumfeld sind in integrativen Einrichtungen daher nur eingeschränkt möglich. Kinder im Kindergartenalter sind generell bei ihren privaten Treffen außerhalb der Nachbarschaft meist auf die Unterstützung ihrer Eltern angewiesen (Einladungen anderer Kinder oder Fahrten zu anderen Familien). Soziale Kontakte nach der Kindergartenzeit können daher noch zusätzlich erschwert werden, wenn Eltern sich nicht persönlich kennen – etwa weil sie sich aufgrund eines Fahrdienstes für die Kinder mit Behinderung nicht begegnen, wenn sie ihre Kinder in die Kindertagesstätte bringen oder sie dort abholen. Diese Effekte abzumildern stellt sicherlich eine besondere Herausforderung für MitarbeiterInnen und Eltern in integrativen Einrichtungen und Gruppen dar.

Die kontinuierliche integrative Arbeit bringt aber auch besondere positive Effekte mit sich: Sie erleichtert den Zuwachs an professionellem Wissen, an Erfahrung und Handlungskompetenz der MitarbeiterInnen auf den Gebieten

der Integrationspädagogik sowie der spezifischen individuellen Förder-
möglichkeiten für Kinder mit Behinderung. Zusätzlich wird die wichtige Zusammenarbeit in Arbeitskreisen und (interdisziplinären) Netzwerken durch
diese Kontinuität erleichtert. Die Mitarbeit in einrichtungsübergreifenden
Arbeitskreisen bietet neben dem Informationsgewinn für die eigene Arbeit
auch die Möglichkeit, eigene Erfahrungen mit integrativen Konzepten über die
Einrichtungsebene hinaus bekannt zu machen.

Anders als zu Beginn der Modellprojekte integrativer Gruppen ist heute die
Diskussion um eine individuelle Förderung von Kindern innerhalb sehr
heterogener Kindergruppen längst nicht mehr nur auf die Integration von
Kindern mit Behinderung beschränkt. Die langjährigen Erfahrungen aus den
integrativen Gruppen von Kindern mit und ohne Behinderung sollten im Sinne
einer förderlichen Vorschulpädagogik für alle Kinder verstärkt auch in die
aktuellen Debatten um Bildungsauftrag und Bildungspläne eingebracht
werden, zumal die ‚Regelpädagogik' diesen Erfahrungsbestand von sich aus
nur unzureichend zur Kenntnis nimmt.

Birgit Papke

Literatur

Dichans, Wolfgang: Der Kindergarten als Lebensraum für behinderte und nichtbehinderte Kinder. Berlin und Dresden: (2. Auflage) 1993

Deutsches Jugendinstitut (DJI) (Hrsg.): Projekt Integration von Kindern mit besonderen Problemen. Abschlussbericht und Materialien I-III. München: 1985

Klein, Gabriele/Kreie, Gisela/Kron, Maria/Reiser, Helmut: Integrative Prozesse in Kindergartengruppen. Über die gemeinsame Erziehung von behinderten und nicht-
behinderten Kindern. Weinheim: 1987

Kron, Maria: Gemeinsame Erziehung von Kindern mit und ohne Behinderung im
Elementarbereich. In: Eberwein, Hans/Knauer, Sabine (Hrsg.): Integrationspädagogik. Weinheim und Basel: (6. Auflage) 2002, S. 178-190

Kron, Maria; Papke/Birgit: Frühe Erziehung, Bildung und Betreuung von Kindern mit
Behinderung. Eine Untersuchung integrativer und heilpädagogischer Betreuungs-
formen in Kindergärten und Kindertagesstätten. Bad Heilbrunn: 2006

Reyer, Jürgen: Einführung in die Geschichte des Kindergartens und der Grundschule.
Bad Heilbrunn: 2006

Riedel, Birgit: Integration von Kindern mit Behinderung in Tageseinrichtungen. In: Deutsches Jugendinstitut/Universität Dortmund (Hrsg.): Zahlenspiegel 2005. Kindertagesbetreuung im Spiegel der Statistik. München: 2005, S. 169-182

Riedel, Birgit: Kinder mit Behinderungen. In: Forschungsverbund Deutsches Jugendinstitut/Universität Dortmund (Hrsg.): Zahlenspiegel 2007. Kindertagesbetreuung im Spiegel der Statistik. München: 2007, S. 141-157

Verband Deutscher Sonderschulen: Denkschrift über Sonderschulkindergärten und Sonderkindergärten vom Dezember 1960. In: Möckel, Andreas: Erfolg, Niedergang, Neuanfang, 100 Jahre Verband Deutscher Sonderschulen. München und Basel: 1998, Anhang 17, S. 340-342

Integrative Prozesse

Die Frankfurter Forschergruppe um Helmut Reiser entwickelte das Modell integrativer Prozesse, das auf dem Interaktionsmodell der themenzentrierten Interaktion nach Ruth Cohn (1984) und der psychoanalytischen Interaktionstheorie von Alfred Lorenzer (1977) basiert. Vor dem Hintergrund ständig stattfindender und ineinander greifender sozialer und persönlicher Entwicklungen wird → Integration nicht als statischer Zustand definiert, der irgendwann erreicht werden kann, sondern als ein Prozess, in dem Einigungen zustande kommen. Es handelt sich um dialektische Prozesse – Prozesse zwischen den Polen gesellschaftlicher Gleichheit und Ungleichheit, zwischen personaler Autonomie und Interdependenz, zwischen subjektiven psychischen Ambivalenzen. „Als integrativ im allgemeinsten Sinn bezeichnen wir solche Prozesse, bei denen ‚Einigungen' zwischen widersprüchlichen innerpsychischen Anteilen, gegensätzlichen Sichtweisen, interagierenden Personen und Personengruppen zustande kommen. Einigungen erfordern nicht einheitliche Interpretationen, Ziele und Vorgehensweisen, sondern vielmehr die Bereitschaft, die Position der jeweils anderen gelten zu lassen, ohne diese oder die eigene Position als Abweichung zu verstehen" (Klein u. a. 1987, S. 37f.). Dieser Prozess, von Martin Buber (1960) als dialogisches Verhältnis beschrieben, hat dialektischen Charakter: Gemeinsames Handeln, das die Interessen der Interaktionspartner berücksichtigt, setzt Einigungen voraus; umgekehrt können Handlungsversuche

Einigungen hervorbringen. Der Einigungsprozess vollzieht sich als dynamisches Geschehen zwischen den Polen Annäherung und Abgrenzung. Beides ist nötig, damit die Interaktionspartner sich gleichermaßen in eine befriedigende Beziehung einbringen können. Gelingt dies nicht, droht Entfremdung mit massiver Abwehr oder die Symbiose als eine Form tiefgreifenden Autonomieverlustes. Integrative Prozesse dagegen, in denen Einigungen erreicht werden, bedeuten Verzicht auf die Diskriminierung und Verfolgung des Fremden, des Anderen. Sie beruhen auf Anerkennung und Wertschätzung der Unterschiede, d.h. auf Selbstachtung wie auf Respektierung des Gegenübers.

Integrative Prozesse realisieren sich auf verschiedenen Ebenen des Subjekts und seines Umfeldes, zunächst beschrieben als die innerpsychische, die interaktionelle, die institutionelle und die gesellschaftliche Ebene (vgl. Klein u. a. 1987, S. 41). Das von Helmut Reiser erweiterte Modell beschreibt in seiner jetzigen Fassung folgende Ebenen integrativer Prozesse:

- Die innerpsychische Ebene. Sie stellt die personenbezogene Grundlage integrativer Prozesse dar, bei der es um die Auseinandersetzung mit eigenen Bestrebungen, Einstellungen, Idealvorstellungen geht. In integrativen Prozessen kann es hier gelingen, eigene widersprüchliche Anteile zu erkennen, aufzulösen oder zu akzeptieren, statt sie zu verleugnen. Eine gelingende Auseinandersetzung bildet sich in einem konsistenten Selbstbild ab, das eine sichere Basis zur Annäherung an Anderes und Fremdes bietet.

- Die interaktionelle/interpersonelle Ebene. Sie konstituiert das ‚Wir' im Sinne der Themenzentrierten Interaktion, d. h. sie stellt die Beziehungsebene zwischen zwei Personen oder der Gruppe dar. Integrative Prozesse realisieren sich in einem sozialen Bezug, in dem Unterschiede untereinander zu Annäherung einladen, Aushandlungsprozesse provozieren oder vielleicht auch zu Abgrenzungen führen – Prozesse, in denen in unterschiedlicher Form Differenzen respektiert werden.

- Die Handlungsebene. Sie ist die sachbezogene Grundlage integrativer Prozesse auf allen anderen Ebenen. Die Handlungsebene umfasst den Sachaspekt, d. h. das gemeinsame Thema bzw. die gemeinsamen Aktivitäten zwischen Personen bzw. in der Gruppe. Sie beinhaltet den gemeinsamen aktualen Bezugspunkt derjenigen, die zueinander in Beziehung treten.

- Die situativ-ökologische Ebene. Integrative Prozesse erweisen sich hier als lebensweltorientiert. Einigungen im Sinne integrativer Prozesse bedeuten auf dieser Ebene, die prägende Lebenswirklichkeit des (anderen) Kindes oder Erwachsenen als dessen Erfahrungsbasis ernst zu nehmen, sie nicht auf- oder abzuwerten, wenn sie von den eigenen Erfahrungen differiert.

- Die institutionelle Ebene. Sie umfasst die Entwicklungen in den Erziehungs- und Bildungseinrichtungen und damit den jeweiligen administrativen, materiellen und konzeptionellen Rahmen, die integrative Prozesse in vieler Hinsicht beeinflussen. Kern ist die in Erziehungs- und Bildungskonzepte oder in Unterstützungskonzepte gefasste Aufgabe von Institutionen, die sich an dem Ziel gemeinsamer Sozialisation und erlebbarer gemeinsamer Lebenswelten orientieren. Im Zuge von integrativen Prozessen wird sich eine Institution nicht mehr über die Spezialisierung auf ein bestimmtes Klientel definieren (oder über den Ausschluss eines bestimmten Klientels), sondern über ihre Aufgaben und Angebote, die niemanden prinzipiell ausschließen, aber von unterschiedlichen Gruppen durchaus unterschiedlich genutzt werden können.

- Die gesellschaftliche Ebene. Sie bildet die normative Basis integrativer Prozesse. Demokratische Weiterentwicklungen sind nötig, um auf gesellschaftlicher Ebene integrative Prozesse anzustoßen oder abzusichern, die sich auf den anderen Ebenen ereignen. Ungleiche Voraussetzungen und ungleiche Zugangsmöglichkeiten verunmöglichen in vielen Fällen gemeinsame Lern- und Lebensräume. Gesellschaftlich geschaffene Ungleichheiten beeinflussen zudem Selbstdefinitionen von Kindern und Erwachsenen und erschweren so auch integrative Prozesse auf den voran beschriebenen Ebenen. Pädagogisches Handeln erfährt auf dieser Ebene seine Grenzen. Hier setzt politisches Handeln die Bedingungen und Chancen für Integration.

- Die transzendierende Ebene. Auf ihr werden existenzielle Erfahrungen repräsentiert, die die Einstellungen gegenüber → Behinderung, → Normalität und Integration beeinflussen können (vgl. Deppe-Wolfinger u. a. 1990).

Integrative Prozesse (oder Hemmnisse integrativer Prozesse) auf den verschiedenen Ebenen beeinflussen sich wechselseitig und sind in ihren nachhaltigen Wirkungen voneinander abhängig. „(…) integrative Prozesse auf *einer* Ebene allein müssen langfristig unwirksam bleiben, weil durch den dynamischen Zusammenhang aller Ebenen der dialektische Prozess von Annäherung und Abgrenzung von jeder Ebene her störanfällig ist. Andererseits können integrative Prozesse von jeder Ebene her angestoßen werden" (Klein u. a. 1987, S. 42).

Einige Beispiele:

- Integrative Prozesse auf innerpsychischer Ebene sind z. B. die Voraussetzung für integrative Prozesse auf interaktioneller Ebene. Annäherungen und Einigungen können hier nicht stattfinden, wenn es Kindern oder Erwachsenen nicht gelingt, eigene (widersprüchliche) Anteile in ihr Selbstbild zu integrieren. Gelingt dies nicht, hat es eine subjektive Inkonsistenz zur Folge, die die Zuverlässigkeit des eigenen Handelns sowie das Einfühlungsvermögen für die Persönlichkeit des anderen beeinträchtigt, ohne die eine Beziehung nicht gelingen kann.

- Die interpersonelle wie die handlungsbezogene Ebene beeinflussen umgekehrt innerpsychische Prozesse. Im gemeinsamen Handeln entstehen neue Situationen und neue Themen, die weitere Anstöße zur psychischen Auseinandersetzung mit den aktuell gemachten Erfahrungen geben, wodurch sich subjektive Konzepte über den je anderen oder subjektive Konzepte der Behinderung verändern können.

- Prozesse auf institutioneller Ebene stehen mit interaktionellen/interpersonellen Prozessen in unmittelbarem Zusammenhang. Beispiel: Die von dem Träger einer Einrichtung durchgesetzte Umwandlung hin zu einer integrativen Institution z. B. könnte als Erfolg gewertet werden. Integrative Wirkung wird diese Organisationsänderung jedoch nur dann zeigen, wenn sie von den Akteuren der Institution mitgetragen wird, d.h. wenn in der zwischenmenschlichen Begegnung Einigungen angestrebt und realisiert werden. Umgekehrt werden integrative Prozesse auf interaktioneller und interpersoneller Ebene nur bedingte Auswirkungen haben, wenn die institutionellen Gegebenheiten Hierarchisierung und Separation begünstigen wie z. B. in einer Schule, in der bestimmte Leistungen ungeachtet individueller Voraussetzungen gefordert und bewertet werden.

Das Modell integrativer Prozesse bezieht sich auf alle Beteiligten. Für den Elementarbereich bedeutet dies, dass nicht allein bei *Kindern* einer → integrativen Gruppe der Tagesstätte Entwicklungen in Gang kommen. Auch die dort tätigen PädagogInnen stehen in Zusammenhängen und Auseinandersetzungen, die in gleicher Weise durch das Modell integrativer Prozesse beschrieben werden können. Sie bringen z. B. ihre eigenen, z. T. widersprüchlichen Normvorstellungen in die Arbeit mit ein oder haben pädagogische Ansprüche verinnerlicht, denen Sie nicht immer gerecht werden können. Beides erfordert eine innere Aufarbeitung, um ein konsistentes pädagogisches Verhalten entwickeln zu können. Auch auf der Beziehungs- und Handlungsebene von Erzieherin – Kind gilt, dass hier integrative Prozesse in Richtung Einigungen stattfinden müssen, wenn sich eine tragende pädagogische Beziehung entwickeln soll. Ähnliches ließe sich auf die Kolleginnen und Kollegen in der Kindertageseinrichtung, auf die Leitung, auf die Eltern der Kinder mit und auf die Eltern der Kinder ohne Behinderung übertragen.

Das Modell integrativer Prozesse, ursprünglich in der wissenschaftlichen Begleitforschung im Rahmen des Elementarbereichs entwickelt, hat sich auch für andere Felder als fruchtbares definitorisches und deskriptives Konzept erwiesen. Die Integrationsforschergruppe um Reiser legte es auch z. B. Prozessen des gemeinsamen Unterrichts von SchülerInnen mit und ohne Behinderung zugrunde (vgl. Deppe-Wolfinger u. a. 1990). Gisela Kreie (2002) entwickelte daraus den Begriff der „integrativen Kooperation", Weiss (1998) bildete damit eine integrierende Orientierung für die Arbeit in der Frühförderung ab.

Von anderen Autorinnen und Autoren wurden spezifische Aspekte ausdifferenziert. So bezieht sich Andreas Hinz (1993, S. 53) in seiner „Pädagogik der Heterogenität" auf das Spannungsfeld Gleichheit – Verschiedenheit, um darin den Orientierung gebenden (wenn auch vielleicht kaum zu erreichenden) balancierten Idealzustand zwischen beiden Polen zu beschreiben. Auf der innerpsychischen Ebene wird er nach Hinz realisiert durch Akzeptanz, auf der interaktionellen Ebene bedeutet er Begegnung, auf der handlungsbezogenen Ebene Kooperation, auf der institutionellen Ebene Gemeinsamkeit, auf der gesellschaftlichen Ebene Normalisierung (vgl. ebd., S. 53). Annedore Prengel (2006) differenziert die Pole Gleichheit und Verschiedenheit zu einem demokratischen Differenzbegriff weiter aus. Vor dem Hintergrund einer immer stärker pluralisierten Gesellschaft entwickelt sie das Konzept einer „Pädagogik der Vielfalt", deren Orientierung in der Entwicklung „egalitärer Differenz" (vgl. Prengel 2006, S. 181) liegt, d.h. die Verschiedenheit von Menschen soll keine Hierarchien legitimieren. Sie bezieht sich hier (wie im übrigen auch Hinz) auf Unterschiede, die sich nicht nur in der Kategorie der (Nicht-)Behinderung gründen, sondern ebenso auf Geschlecht, Sprache, Kultur etc. Helga Deppe-Wolfinger (2002; 2004) bezieht sich vornehmlich auf die institutionelle und gesellschaftliche Ebene und analysiert die Entwicklung der Integration aus verschiedenen gesellschaftstheoretischen Perspektiven. So sieht sie den Stellenwert der Integration in Bezug auf die Veränderungsdynamik, die Wilhelm Heitmeyer (1997) als „Radikalisierung der Moderne" beschreibt; die Entwicklung der gemeinsamen Erziehung *aller* Kinder betrachtet sie als Gegenströmung in der Reproduktion von Sozialstrukturen, in denen das Erziehungssystem im Sinne Pierre Bourdieus (1997) die Vererbung von kulturellem Kapital sanktioniert und gesellschaftliche Ungleichheiten reproduziert.

Nach der etwa 25-30-jährigen Praxis gemeinsamer Erziehung von Kindern mit und ohne Behinderung ist in den meisten Bundesländern (bei weiter existierenden Ausnahmen) die gemeinsame Erziehung im Elementarbereich Normalität. Die Form der gemeinsamen Erziehung, die praktizierten Konzepte sowie die materielle Ausstattung sind jedoch von unterschiedlicher Qualität. Im schulischen Bereich ist die gemeinsame Erziehung weit weniger durchgesetzt. Hier wird den Unterschieden der Kinder noch immer wesentlich mehr Gewicht gegeben als ihren Gemeinsamkeiten und zur Legitimation von institutioneller Aussonderung angeführt.

Das ursprüngliche Konzept der Integration, so auch das der Integrativen Prozesse, findet sich heute vor allem in dem Begriff der → Inklusion. Unter Inklusion wird eine optimierte und erweiterte Integration verstanden (vgl. Sander 2004, S. 14), abgesetzt von jenen Praxiskonzepten integrativer Erziehung, die nur Teilaspekte integrativer Modelle realisieren. Auf das Konzept Integrativer Prozesse bezogen wird mit dem Begriff ‚Inklusive Erziehung' besonders auf die Notwendigkeit integrativer Prozesse auf allen

Ebenen verwiesen. In diesem Sinn muss die Institution/die Gesellschaft aufnahme- und unterstützungsbereit für alle Kinder sein – für Kinder mit wie für Kinder ohne Behinderung ebenso wie z. B. für Kinder verschiedener Hautfarbe, verschiedener Sprache oder unterschiedlicher sozio-ökonomischer Familiensituationen.

Maria Kron

Literatur

Bourdieu, Pierre: Die verborgenen Mechanismen der Macht. Hamburg: 1997

Buber, Martin: Reden über Erziehung. Heidelberg: 1960

Cohn, Ruth C./Farau, Alfred: Gelebte Geschichte der Psychotherapie. Stuttgart: 1984

Cowlan, Gabriele/Deppe-Wolfinger, Helga/Kreie, Gisela/Kron, Maria/Reiser, Helmut: Integrative Grundschulklassen in Hessen. Bonn: 1994

Deppe-Wolfinger, Helga: Schulische Integration im Prozess gesellschaftlicher Desintegration. In: Eberwein, Hans/Knauer, Sabine (Hrsg.): Integrationspädagogik. Weinheim und Basel: (6. Auflage) 2002, S. 46-52

Deppe-Wolfinger, Helga: Integrationskultur – am Anfang oder am Ende? In: Schnell, Irmtraud/Sander, Alfred (Hrsg.): Inklusive Pädagogik. Bad Heilbrunn: 2004, S. 23-40

Deppe-Wolfinger, Helga/Prengel, Annedore/Reiser, Helmut: Integrative Pädagogik in der Grundschule. München: 1990

Heitmeyer, Wilhelm (Hrsg.): Was treibt die Gesellschaft auseinander? Bundesrepublik Deutschland: Auf dem Weg von der Konsens- zur Konfliktgesellschaft. Frankfurt: 1997

Hinz, Andreas: Heterogenität in der Schule. Integration – Interkulturelle Erziehung – Koedukation. Hamburg: 1993

Hinz, Andreas: Vom sonderpädagogischen Verständnis der Integration zum integrationspädagogischen Verständnis der Inklusion? In: Schnell, Irmtraud/Sander, Alfred (Hrsg.): Inklusive Pädagogik. Bad Heilbrunn: 2004, S. 41-74

Klein, Gabriele/Kreie, Gisela/Kron, Maria/Reiser, Helmut: Integrative Prozesse in Kindergartengruppen. Über die gemeinsame Erziehung von behinderten und nichtbehinderten Kindern. Weinheim: 1987

Kreie, Gisela: Integrative Kooperation. In: Eberwein, Hans/Knauer, Sabine (Hrsg.): Integrationspädagogik. Weinheim und Basel: (6. Auflage) 2002, S. 404-411

Kron, Maria: Integration als Einigung – Integrative Prozesse und ihre Gefährdung auf Gruppenebene. In: Kreuzer, Max/Ytterhus, Borgunn (Hrsg.): Dabeisein ist nicht alles. Inklusion und Zusammenleben im Kindergarten. München: 2008, S. 189-199

Lorenzer, Alfred: Sprachspiel und Interaktionsformen. Frankfurt: 1977

Prengel, Annedore: Pädagogik der Vielfalt. Opladen: (3. Auflage) 2006

Prengel, Annedore: Zur Dialektik von Gleichheit und Differenz in der Bildung. In: Eberwein, Hans/Knauer, Sabine (Hrsg.): Integrationspädagogik. Weinheim und Basel: (6. Auflage) 2002, S. 140-147

Sander, Alfred: Inklusive Pädagogik verwirklichen. In: Schnell, Irmtraud/Sander, Alfred (Hrsg.): Inklusive Pädagogik. Bad Heilbrunn: 2004, S. 11-22

Weiss, Hans: Behinderte Kinder und ihre Familien im Spannungsfeld von Desintegration und Integration. In: Vereinigung für Interdisziplinäre Frühförderung e.V. (Hrsg.): Frühförderung und Integration. Beitrag vom 9. Symposion Frühförderung, Köln 1997. München: 1998, S. 28-46

Internationale Perspektive: Australien

Beschreibt man die im australischen Kinderbetreuungssystem vorherrschende Auffassung von Inklusion, so müssen zunächst die dort verwendeten Terminologien einführend erläutert werden. Im australischen Inklusionsdiskurs hat der Begriff der „special needs" (besondere Bedürfnisse) oder auch „additional needs" (zusätzliche Bedürfnisse) den Begriff „disability" (Behinderung) ersetzt. Dieser Wandel in der Terminologie geht einher mit einem Paradigmenwechsel in der Sichtweise kindlicher Entwicklung. „Diese neue Terminologie der ‚special needs', also des Hilfebedarfs von Kindern, betont gerade nicht den Aspekt der Behinderung auf Seiten des Kindes, sondern drückt vielmehr aus, dass alle Akteure, die am Bildungs- und Entwicklungsprozess des Kindes beteiligt sind, ihrer besonderen Verantwortung bezüglich dieses Hilfebedarfs und der subjektiven kindlichen Bedürfnisse Rechnung tragen sollen" (Sens 2006, S. 23). Der hiermit verbundene Begriff der „Special Education" kann somit nicht treffend mit dem deutschen Begriff der Sonderpädagogik übersetzt werden. Im Folgenden wird deshalb von einer „Special-Needs-Pädagogik" gesprochen, die den Hilfebedarf von Kindern mit besonderen Bedürfnissen im Blick hat. Durch diesen Wandel hin zu einer bildungsorientierten Perspektive wird im Rahmen der Sozialberichterstattung zu den Lebenslagen von Kindern mit Behinderung der Begriff der „educational needs" (Lernbedürfnisse) verwendet und die Gewährleistung von Entwicklungs- *und* Bildungserfolgen für diese Kinder wird thematisiert (vgl. a.a.O., S. 25).

Mit diesem Wandel ist auch zwingend ein weiterer Blick auf die Zielgruppen inklusiver Bildung verbunden, der nicht nur Kinder mit körperlicher, geistiger und seelischer Behinderung in den Fokus der Unterstützung stellt. Als Kinder mit zusätzlichen bzw. besonderen Bedürfnissen zählen in Australien – neben den Kindern mit Behinderung (2,2%) – auch Kinder mit behinderten Eltern (0,5%), Kinder aus Aborigines-Familien (1,8%) sowie Kinder mit kulturell unterschiedlichen Hintergründen (11,6%) (vgl. Australian Bureau of Statistics 2005, S. 15). Bei der Erfassung von Kindern mit besonderen Bedürfnissen variieren in Australien die Zahlen bundeslandspezifisch zwischen 12-20%. Als bemerkenswert gilt zudem, dass schon seit den 90iger Jahren nur 0,5% der in Australien lebenden Kinder eine Sondereinrichtung besuchen (vgl. OECD 1999, S. 27). Es handelt sich hierbei um Kinder mit multipler und schwerer Behinderung. Die gesetzlichen Rahmenbedingungen sind in Australien so gestaltet, dass Eltern für ihr Kind zwar einen Platz in einer Regeleinrichtung oder -schule (auch im privaten Sektor) erfolgreich einfordern können, sie aber dennoch die Wahlmöglichkeit haben, ihr Kind in eine der weiterhin bestehenden Sonderschulen zu geben. Das australische Bildungssystem betont somit auf der einen Seite den Inklusionsgedanken, auf der anderen Seite aber die Wahlfreiheit der Eltern für eine der bestehenden Sondereinrichtungen. Diese Situation ist eine Besonderheit des australischen Bildungssystems.

In Australien wird also der Großteil der Kinder mit Hilfebedarf innerhalb des Regelsystems gefördert. Der australische Senat beschreibt diese auf Inklusion ausgelegte Konzeption des Bildungssystems wie folgt: „Es handelt sich hier um eine gemeinsame Einrichtung oder Schule für alle Kinder, in der Kinder mit Behinderung zum größtmöglichen Teil gemeinsam mit den anderen Kindern lernen (Commonwealth of Australia 2002, S. 30).

Diese inklusive Architektur des australischen Bildungssystems steht auf zwei entscheiden Säulen: der Bereitstellung von vor Ort angesiedelten unterstützenden Diensten sowie die Sicherstellung einer entsprechenden Qualifizierung des pädagogischen Personals in Kindertageseinrichtungen und Schulen.

In größtmöglichem Rahmen findet in Australien die Einschätzung und Bewertung von Hilfebedarf in der Einrichtung selbst statt. Dieser erste Grundpfeiler der australischen Inklusion trägt der Beobachtung der OECD

Rechnung, dass in den international erfolgreichsten inklusiven Bildungs-systemen die Einstufung des Hilfebedarfs und die Planung der Förderung von den Fachkräften der Regeleinrichtung selbst vorgenommen wird (vgl. OECD 1999, S. 27). Des weiteren sind die Fachkräfte aus dem Bereich der „Special-Needs-Pädagogik" um die Bildungseinrichtungen mobil organisiert und können je nach den Lernbedürfnissen in einer Kindergartengruppe oder Schulklasse mobil angefordert werden. Eine inklusive Förderung von Kindern kann in Australien aufgrund der flexiblen finanziellen und mobilen strukturellen Ressourcen umgesetzt werden, da nur wenige Mittel in die Sonderbeschulung fliesen.

Der zweite Grundpfeiler betrifft die Ausbildung von pädagogischen Fach-kräften. Ein Teil der australischen pädagogischen Fachkräfte wird in vierjäh-rigen Bachelor Studiengängen an den Hochschulen ausgebildet. Diese Stu-diengänge – wie z. B. am Institute of Early Childhood (Institut für frühe Kind-heit) der Macquarie University in Sydney – zielen sowohl auf die Aneignung spezifischen Fachwissens, auf die Reflexion der eigenen schulischen Bio-grafie, auf die Einstellung gegenüber bestimmten sozialen und kulturellen Gruppen sowie auf das Erlernen bestimmter Fähigkeiten zur Meisterung der pädagogischen Aufgaben ab. Zusätzlich sind Kurse zur Bewältigung in-klusiver Aufgaben im Umgang mit Vielfalt und Behinderung für alle Früh-pädagogik- und Lehramtsstudierenden verpflichtend (vgl. hierzu auch Sens 2008). Davon, dass in allen Ausbildungsmodulen Lerninhalte unter dem Blickpunkt einer heterogenen Schülerschaft diskutiert werden, hat der Be-reich der „Special-Needs-Pädagogik" stark profitiert. Eine in diesem Pro-gramm speziell ausgebildete pädagogische Fachkraft kann davon ausge-hen, dass auch die anderen akademisch ausgebildeten Erzieherinnen einen hohen Grad an notwendigem Wissen und eine Sensibilisierung für einen gelungenen Inklusionsprozess mitbringen. Eine weitere Konsequenz der akademischen Ausbildung und ein bedeutsamer Faktor für eine hohe Quali-tät der frühkindlichen Bildung ist die starke Verknüpfung und Vernetzung zwischen Wissenschaft und Praxis. Viele pädagogische Fachkräfte arbeiten im Laufe ihrer beruflichen Entwicklung sowohl in einer pädagogischen Ein-richtung als auch im Bereich der wissenschaftlichen Forschung (vgl. Sens 2006, S. 24 f.). Eine empirisch fundierte und theoriegestützte Arbeit in der Praxis gehört somit zum professionellen Selbstverständnis.

Das dichotome Verhältnis zwischen einer Regelpädagogik für normal entwickelte Kinder – und der damit verbundenen Annahme eines fiktiven
Durchschnittskindes, dessen Lern- und Entwicklungsprozess keiner speziellen Unterstützung bedarf (vgl. Speck-Hamdan 2005, S. 100) – und einer
Sonderpädagogik, die behinderte Kinder und andere Sondergruppen
fördern soll, wird zusätzlich dadurch aufgelöst, dass im vorschulischen und
schulischen Bereich eine individualisierte Förderung für alle Kinder gewährleistet werden soll. Vertreter der australischen „Special-Needs-Pädagogik"
befürworten einen nichtkategorialen Blickwinkel auf Kinder mit Hilfebedarf
(„non-categorical approach") (vgl. Wheldall 2005, S. 1 ff.). Dies bedeutet
keinesfalls die Befürwortung einer einheitlichen Förderung für alle Kinder.
Vielmehr müssen der spezifische Hilfebedarf und die sich daraus ergebende Förderung individuell analysiert werden, da die Art einer Behinderung
oder Einschränkung nicht automatisch Rückschlüsse auf die Eignung einer
Fördermaßnahme zulässt. Dieser Ansatz vermeidet deshalb eine kategoriale
Unterteilung zur Förderung der besonderen Bedürfnisse bestimmter Kinder
(vgl. ebd.). Die separate Förderung von bestimmten Kindern mit einem
Merkmal (z.B. Migrationshintergrund) nach einem einheitlichen Förderprogramm für diese Gruppe (z.B. Sprachtraining für Migrantenkinder) steht
im Gegensatz zu einer nicht-kategorialen und inklusiven Sichtweise auf
Bildung, da so aus einem Hintergrundmerkmal eine Schublade wird, durch
die alle Kindern mit diesem Merkmal als förderbedürftig definiert werden
ohne dass ein individueller Förderbedarf festgestellt wird. So werden aus
Kindern mit Migrationshintergrund dann schnell Kinder mit Migrations-
vordergrund, die nicht mehr in ihrer individuellen Entwicklung in den Blick
genommen werden. Betont wird aus dieser nichtkategorialen Perspektive
eben gerade, dass die Art der besonderen Bedürfnisse (z. B. der Migrationshintergrund oder eine geistige Behinderung) zwar einen wichtigen Indikator
für die Förderung darstellt, aber dennoch kein vollständiges Erklärungs-
konzept für die Entwicklung eines Kindes liefert (vgl. a.a.O., S. 1).
Allerdings schließt sich die Frage an, wie in Australien die Förderung besonderer Bedürfnisse praktisch umgesetzt wird. Kevin Wheldall (2005)
merkt diesbezüglich an: „Viele australische Fachkräfte werden antworten,
dass es sich in erster Linie um eine qualitativ sehr hochwertige Pädagogik
handelt, die auf der Berücksichtigung der Ergebnisse empirischer For-

schung basiert, welche die entscheidenden Aspekte effektiven Lehrens- und Lernens und somit der gelungenen Förderung identifiziert haben" (a.a.O., S. 3, Übersetzung d. Verf.). Voraussetzung hierfür ist die qualitativ hochwertige Ausbildung von „Special-Needs-Pädagogen", die den Aufbau einer Wissensbasis über verschiedene Arten von Behinderung, neueste empirische Befunde der Lernforschung, strukturelle und finanzielle Hilfen sowie über eine gelungene Zusammenarbeit mit den Eltern und anderen Beteiligten beinhaltet. Zudem müssen sie über einen geschulten Blick und über geeignete Instrumente zur Evaluation, Dokumentation und zur Planung der kindlichen Entwicklung verfügen.

Fachkräfte aus dem Bereich der „Special-Needs-Pädagogik" profitieren vom auf Inklusion ausgerichteten australischen Bildungssystem, da die australische Regelpädagogik generell auf die individuelle Förderung von Kindern und auf ein breites Spektrum an kindlichen Ausgangslagen ausgerichtet ist. Der oben skizzierte nicht-kategoriale Ansatz wird in Australien deshalb nicht nur im Rahmen der Förderung von Kindern mit Behinderung verwendet, sondern beispielsweise auch in der Förderung hochbegabter Kinder. Diese Sichtweise findet sich auch in den auf individueller Progression basierenden Bildungs- und Lehrplänen und in den ausdifferenzierten Beobachtungs- und Dokumentationshilfen zur Begleitung individueller Entwicklungsprozesse. Die Orientierung an den Dimensionen „Schuljahr" oder „Entwicklungsalter" existiert nicht. Somit gibt es auch keinen Homogenisierungszwang von Lernausgangslagen und damit verbundene Maßnahmen wie Durchfallen, verspätetes Einschulen oder Rückstufen in den Kindergarten. Denn genau diese Maßnahmen widersprechen einem inklusiven Bildungssystem zu tiefst. Das Ziel der Inklusion von Kindern mit Behinderung oder von Kindern mit anderem Hilfebedarf wird in Australien nicht als eine einseitige Anpassung dieser Kinder an die Entwicklungsmaßstäbe eines „normal" entwickelten Kindes verstanden. „Der Maßstab für erfolgreiche Inklusion ist nicht der Vergleich der Fähigkeiten des Kindes in Bezug auf die der anderen Kinder. Sondern vielmehr ist es die Tatsache, dass das Kind sich fortwährend in allen Bereichen weiterentwickelt und dass die Fördermaßnahme so konzipiert ist, dass diese in einer Regeleinrichtung erfolgreich eingesetzt werden kann" (a.a.O., S. 2, Übersetzung d. Verf.).

Für alle Kinder, bei denen ein Hilfebedarf festgestellt wird, wird in Australien auf Basis des nicht-kategorialen Ansatzes ein individuelles Förderprogramm entwickelt, das sich an den Lerngebieten des vorschulischen Bildungsplans und der schulischen Lehrpläne orientiert. Dies betont das Recht auf Bildung dieser Kinder, da neben der Förderung der allgemeinen Entwicklung auch die Lerninhalte der Bildungspläne – abgestimmt auf die besonderen Bedürfnisse der betreffenden Kinder – vermittelt werden (vgl. OECD 1999, S. 77). Auch die Kinder, die nicht in den Bereich der „Special-Needs-Pädagogik" fallen, profitieren nach Coral Kemp (2005) von dem australischen Bildungssystem, das auf inklusive und individuelle Förderung ausgelegt ist, da auch sie eine individuelle Wertschätzung und Unterstützung erfahren.

Wie die Unterstützung von Kindern mit besonderen Bedürfnissen im Rahmen einer Regeleinrichtung gelingen kann, zeigt z. B. das australische Sprachförderkonzept LOTE (Languages other than English), das die Förderung von Muttersprachen bei Kindern, deren Erstsprache nicht Englisch ist, mit dem Fremdsprachenunterricht von monolingualen Kindern verbindet. Die Förderung dieser Sprachen wird in die Inhalte anderer Bildungsbereiche integriert (z. B. Musik, Sachunterricht). Hierbei werden nicht nur sogenannte Migrantensprachen verwendet, sondern beispielsweise auch die australische Gebärdensprache Auslan, wenn ein taubstummes Kind die Einrichtung besucht. Die Kinder, für die die verwendete Sprache die Muttersprache darstellt, fungieren in diesem Unterrichtskonzept als sprachliche Vorbilder und können den Unterricht auch mit (kulturellen) Hintergrundinformationen anreichern. Das LOTE-Konzept wird nicht nur im Kindergarten eingesetzt, sondern wird durch detailliert ausgestaltete Curricula und Materialien im gesamten Bildungssystem verwendet (vgl. Luchtenberg 2005). Kinder mit besonderen Bedürfnissen erfahren somit eine Wertschätzung ihrer (sprachlichen) Stärken über ihren gesamten Bildungsverlauf, während (zunächst) monolinguale Kinder von muttersprachlichen Sprechern beim Fremdsprachenlernen profitieren. Die Umsetzung eines solchen Konzepts ist deshalb möglich, weil die australische Politik und Gesellschaft natürliche und migrationsbedingte Mehrsprachigkeit nicht als bildungspolitische Bürde sondern als „eine wertvolle nationale Ressource versteht, die es Australien ermöglicht, bei kulturellen, künstlerischen, wissenschaftlichen, wirtschaftlichen und diplomatischen Vorhaben eine Führungsposition im internationalen

Wettbewerb einzunehmen" (Board of Studies NSW 1996, S. 7, Übersetzung d. Verf.). Kinder mit besonderen Bedürfnissen müssen ihre Kultur oder Behinderung also nicht vor der Kindergartentür „ablegen", sondern können diese als Unterrichtsressource in den Lernprozess der anderen Kinder integrieren.

Die Organisation des australischen Bildungssystems weist eine konsequent inklusive Architektur auf. Diese wird aus der UN-Behindertenrechtskonvention abgeleitet, welche auch in Deutschland 2009 ratifiziert wurde. Die beiden nationalen Dachverbände „Early Childhood Australia" (Frühe Kindheit Australien) und „Early Intervention Australia" (Frühe Hilfen Australien), konstatieren aktuell in einem gemeinsamen Positionspapier (2012), „dass Betreuungsangebote der Regeleinrichtungen und pädagogischen Fachkräfte unterstützt werden und mit allen notwendigen Ressourcen ausgestattet werden müssen, um zu gewährleisten, dass alle Kinder mit einer Behinderung und anderen besonderen Bedürfnissen inklusiv gefördert werden, und zwar sodass hohe Entwicklungsergebnisse (high quality outcomes) für alle Kinder erzielt werden " (S. 2, Übersetzung d. Verf.). Die Umsetzung inklusiver Bildungskonzeptionen wird also mit der Ergebnisqualität der frühpädagogischen Maßnahmen (outcomes) verbunden. Dies ist ein entscheidender Aspekt, der gewährleistet, dass inklusive Bildung nicht beliebig umgesetzt wird, sondern sich hohen Qualitätsstandards aussetzt, die garantieren, dass alle Kinder sich bestmöglich entwickeln. Ein entscheidendes Instrument hierfür ist der 2012 neu eingeführte nationale Qualitätsrahmen, dem sich alle australischen Kindertageseinrichtungen verpflichtend unterziehen müssen. In sieben Qualitätsbereichen werden alle Einrichtungen von externen und speziell geschulten Evaluatoren in regelmäßigen Abständen evaluiert und fünf unterschiedlichen Qualitätsstufen vergeben. Die Ergebnisse der Evaluationen werden veröffentlicht. Ziel ist es in dieser nationalen Qualitätsinitiative neben der Implementierung neuer Qualitätsstandards auch die Zahl höher qualifizierter, insbesondere akademisch ausgebildeter Fachkräfte bis 2020 zu erhöhen (vgl. Department of Education and Child Development 2012, S. 1).

Australien wurde durch internationale Studien eine grundsätzlich gelungene Inklusionspolitik attestiert. Die OECD-Studie zur Inklusion behinderter Kinder in Regeleinrichtungen bewertet die curricularen Materialien und das breitgefächerte Netzwerk an personellen Ressourcen zur Unterstützung der Einrichtungen positiv (vgl. OECD 1999, S. 55). Besonders haben hierbei das Netzwerk mobiler Hilfen und die Zusammenarbeit zwischen unterschiedlichen Ministerien beeindruckt, die die schnelle praktische Umsetzung von Curricula in einem grundsätzlich föderalen Bildungssystem gewährleisten (vgl. a.a.O., S. 80). Auch die UNESCO (2000) betont die gelungene Umsetzung des inklusiven australischen Bildungssystems, in dem Eltern ein Mitbestimmungsrecht in Form einer Wahlmöglichkeit bezüglich der pädagogischen Einrichtung für ihre Kinder haben. Gerade dieser zweite Aspekt wird auch von der UNESCO als eine Besonderheit Australiens herausgestellt (vgl. a.a.O., S. 8 ff.).

Resümierend lässt sich feststellen, dass Kinder mit besonderen Bedürfnissen in Australien von einem inklusiven Bildungssystem unterstützt werden, das sich eine individuelle Förderung der Entwicklung aller Kinder zum Ziel gesetzt hat. Dabei wird in eine fundierte Qualifizierung der pädagogischen Fachkräfte an den Hochschulen sowie in mobile strukturelle und flexible finanzielle Hilfen investiert.

Der Blick Richtung Australien lohnt sich deshalb, weil die Umsetzung bestimmter Bildungskonzeptionen im engen Zusammenhang mit den politischen Rahmenbedingungen und der Gesamtkonzeption eines Bildungssystems steht. Hierunter fallen auch gesellschaftliche Einstellungen und sich daraus ergebende Förderziele für Kinder mit besonderen Bedürfnissen. Australien zeigt durch eine nachhaltige Inklusionspolitik auf, was im Rahmen bildungspolitischer Entscheidungen möglich und in der Praxis umsetzbar ist. Dies bezieht sich auch auf die umfassende Sozialberichterstattung bezüglich der Lebenslagen von Kindern mit besonderen Bedürfnissen und ihren Familien.

Es ist lohnenswert die australische Konzepte und deren zukünftige Forschungsergebnisse im Blick zu behalten, da auch Deutschland vor der inklusiven Neukonzeption des Bildungssystems steht. Die Erwartungen an die Leistungen frühpädagogischer Einrichtungen haben sich in den letzten Jahren auch in Deutschland deutlich erhöht. Als frühe Bildungseinrichtungen sollen sie heute einen wichtigen Beitrag im Bildungssystem leisten, indem sie Kinder optimal fördern und auf ihre späteren Schul- und Lebenskarriere vorbereiten. Auch die Forderung nach mehr pädagogischen Fachkräften mit einer akademischen Ausbildung wird verstärkt gestellt (vgl. Blossfeld et. al. 2012). Trotz der Ratifizierung der UN-Behindertenrechtskonvention am 26.03.2009 in Deutschland und der durch mehrere Rechtsgutachten festgestellten verbundenen Notwendigkeit der Anpassung des Bildungssystems auf die Bedürfnisse der Kinder gibt es in Deutschland allerdings aktuell kaum Bestrebungen oder Forschungen zu Implementierung inklusiver Bildungskonzeptionen in der Frühpädagogik (Poscher et. al. 2009, Prengel 2010).

Andrea Tures

Literatur

Australian Bureau of Statistics (Ed.): 2004 Census of Childcare Services Summary Booklet. Results and Analysis. Canberra: 2005

Board of Studies NSW (Ed.): Languages Other Than English. K-6 Generic Syllabus Framework. North Sydney: 1996

Blossfeld, Hans-Peter/Boos, Wiflried/Daniel, Hans-Dieter/Hannover, Bettina/Lenzen, Dieter/Prenzel, Manfred/Roßbach, Hans-Günther/Tippelt, Rudolf/Wößmann, Ludger: Professionalisierung in der Frühpädagogik. Qualifikationsniveau und -bedingungen des Personals in Kindertagesstätten. Gutachten im Auftrag des Aktionsrats Bildung. Münster: 2012

Commonwealth of Australia, The Senate Employment, Workplace Relations and Education References Committee (Ed.): Education and students with disabilities. Canberra: 2002

Department for Education and Child Development: Information on the National Quality Framework. Adelaide: 2012

Early Childhood Australia/ Early Childhood Intervention Australia: Position statement on the inclusion of children with a disability in early childhood education and care. 2012. www.disabilityinclusionstatement.org.au (letzter Zugriff 11.01.2013)

Kemp, Coral: Educating children with disabilities: who benefits from Integration? Sydney: 2005

Luchtenberg, Sigid: Blick über den Zaun: Sprachförderung in Australien. In: Bartnitzky, Horst/Speck Hamdan, Angelika (Hrsg.): Deutsch als Zweit¬spra¬che lernen. Frankfurt a. M.: 2005, S. 296 310

Organisation for Economic Co operation and Development (OECD) (Ed.): Inclusive Education at Work: Students with Disabilities in Mainstream Schools. Paris: 1999

Poscher, Ralf/Rux, Johannes/Langer, Thomas: Gutachten zum völkerrechtlichen Recht auf Bildung und seiner innerstaatlichen Umsetzung. Schriften zum Bildungs- und Wissenschaftsrecht, Bd. 6, Baden-Baden: 2009

Prengel, Annedore: Inklusion in der Frühpädagogik. Bildungstheoretische, empirische und pädagogische Grundlagen. Eine Expertise der Weiterbildungsinitiative Frühpädagogische Fachkräfte (WiFF). München: 2010

Sens, Andrea: Erfahrungen zur Integrationsauffassung des australischen Kinderbetreuungssystems. In: Gemeinsam leben – Zeitschrift für integrative Erziehung 14(2006)1, S. 23-26

Sens, Andrea: Inklusion im Elementarbereich und Konzepte der Ausbildung – Entwicklungen in Australien. In: Borgunn Ytterhus/Max Kreuzer (Hrsg.). „Dabei sein ist nicht alles" – Inklusion und Zusammenleben im Kindergarten. München: 2008, S. 283-298

Speck-Hamdan, Angelika: Nahtstelle Übergang vom Elementar- zum Primarbereich. In: Bartnitzky, Horst/Speck Hamdan, Angelika (Hrsg.): Deutsch als Zweitsprache lernen. Frankfurt a. M.: 2005, S. 100-109

Wheldall, Kevin: Why do contemporary special educators favour a non-categorical approach to teaching? Sydney: 2005

United Nation Educational, Scientific and Cultural Organisation (UNESCO) (Ed.): Inclusion in Education: the Participation of Disabled Learners. Paris: 2000

Internationale Perspektive: Österreich

Die österreichische Bundesregierung bekannte sich in den Zielsetzungen ihres Anfang 1993 vorgestellten „Behindertenkonzeptes" eindeutig zum Prinzip der Integration von Menschen mit Behinderungen, das alle Lebensbereiche umfasst (vgl. BMAGS 1993, S. 82).

Damit wird die Integration von Menschen mit Beeinträchtigungen nicht nur zum gesellschaftlichen Auftrag erklärt, sondern es wird auch auf den integrationspädagogischen Grundsatz verwiesen, dass „Integration unteilbar ist" (vgl. Feuser 1990, S. 53 ff.) und die gesamte Lebenswelt der Betroffenen miteinzubeziehen hat.

Gesellschaftliche Integration als Zielvorstellung kann aber nur dann gelingen, wenn das Zusammenleben von „behinderten" und vermeintlich „nicht

behinderten" Menschen bereits im Kleinkindalter im Sinne der „Frühförderung" (vgl. Koller/Unterberger 1995, S. 377 ff.) und „vorschulischen Integration", insbesondere im Kindergarten (vgl. Kerschbaumer 1993; Knapp/
Salzmann 1998a), beginnt, durch „schulische Integration" (vgl. Meister-
Steiner 1989; Bews 1992; Schöler 1993) fortgesetzt und durch „außerschu-
lische Integrationsbemühungen" gestützt und abgesichert wird. Die Integration beeinträchtigter Menschen darf daher nicht auf einen dieser erwähnten Bereiche isoliert bleiben, sondern sollte „alle Lebensbereiche und
Lebensphasen" umfassen (vgl. Hovorka 1999; 2000). Integration sollte sowohl eine politische als auch eine sozialpädagogische Herausforderung
darstellen.

Das Kindergartenwesen in Österreich ist in der Gesetzgebung und Vollzie-
hung gemäß Artikel 14, Abs. 4 lit. b des Bundesverfassungsgesetzes Lan-
dessache. Die rechtlichen Grundlagen der Integration im Kindergarten ergeben daher in Österreich kein einheitliches Bild. In den jeweiligen Landes-
kindergartengesetzen werden folgende Bereiche des Kindergartens, die
auch einen wesentlichen Einfluss auf die Integration von Kindern mit einer
Behinderung haben, abgehandelt:

Begriffsklärung und Aufgaben des Kindergartens,
Äußere Organisation des Kindergartens,
    Errichtung,
    Betriebsform,
    Ferien,
    Öffnungszeiten,
Innere Organisation des Kindergartens,
    Gruppen,
    Kindergartenpersonal,
Finanzierung,
Ausstattung.

Nach dem Behinderten- bzw. Sozialhilfegesetz (in der Fassung der jeweiligen Bundesländer) haben Kinder, die nicht nur vorübergehend körperlich,
geistig oder seelisch behindert sind, einen Anspruch auf Eingliederungshilfen. Es gibt bereits einige Bundesländer, die nicht nur die Aufgabenberei-
che für die Sonder- bzw. Heilpädagogischen Kindergärten im Gesetz verankert haben, sondern auch die notwendigen institutionellen Rahmenbedin-

gungen für die Integrationsgruppen festlegen. Die „Integrationsbedingungen" sind entsprechend den rechtlichen Bestimmungen für jedes Bundesland eigens festgesetzt.

Zu Beginn der 1990er Jahre haben sich in fast allen Bundesländern gesetzliche Änderungen hinsichtlich der Integration von Kindern mit einer Behinderung ergeben. Zuvor erfolgte die Bildung, Förderung und Betreuung von Kindern mit einer Behinderung entweder in „Sonderkindergärten", oder sie wurde bei geringeren Beeinträchtigungen (z. B. leichte Körperbehinderung, geringfügige Sehbehinderung) als „stille" Integration bei gleichbleibenden institutionellen Rahmenbedingungen (keine zusätzliche personelle Unterstützung oder materielle Ausstattung der Einrichtung) in einer Gruppe eines Regelkindergartens vollzogen. In den letzten Jahren setzte sich, wenn auch sehr langsam, immer mehr die Tendenz durch, behinderte und nicht behinderte Kinder gemeinsam in einem Kindergarten zu erziehen und zu betreuen. Für diese Integrationsbestrebungen mussten neue institutionelle Rahmenbedingungen geschaffen werden. Neue Begriffe, wie „Integrationsgruppen" oder „Heilpädagogisch Integrative Kindergärten", mussten neu definiert und die neuen Aufgabenfelder formuliert werden. Obwohl angenommen werden kann, dass im Wesentlichen in allen Bundesländern eine überwiegend positive Einstellung zur gemeinsamen Bildung und Förderung von behinderten und nicht behinderten Kindern im Kindergarten in Ämtern und Trägerverbänden vorhanden ist und dass die Integration von Kindern mit einer Behinderung in Regelkindergärten – in Form der Einzelintegration oder in Form einer integrativen Gruppe – auch praktiziert wird, findet man nur in den Kindergartengesetzen der Bundesländer Kärnten, Niederösterreich, Salzburg und Tirol die gemeinsame Erziehung und Bildung „aller" Kinder im Gesetz festgelegt. Während die gesetzlich festgelegten Zielvorstellungen (gesellschaftlich-normative Ziele) für die Integration von Kindern mit einer Behinderung in den Kindergarten in fast allen Bundesländern in ähnlicher Weise festgelegt sind (vgl. Knapp/Salzmann 1998b, S. 58 ff.), gibt es bei den institutionellen Voraussetzungen (z. B. personelle Besetzung, Ausstattung für Therapie) doch noch beachtliche Unterschiede.

Da die personelle Besetzung von Kindergärten in den jeweiligen Landesgesetzen geregelt wird, gibt es keinen bundesweit einheitlich festgelegten Personalschlüssel sowohl für den Regelkindergarten als auch für die Integration von Kindern mit einer Behinderung, vor allem wenn sie in Form einer integrativen Gruppe erfolgt. Im Wesentlichen gilt für alle Bundesländer, dass die personelle Besetzung stark beeinflusst wird von der Art und dem Ausprägungsgrad der Behinderung des einzelnen „Integrationskindes". Ein weiterer wichtiger Faktor ist auch die Anzahl der „behinderten" Kinder in einer Gruppe. Verallgemeinernd kann man sagen, dass zum einen mit der Schwere der Behinderung und mit der steigenden Zahl von „behinderten" Kindern in einer Gruppe auch die Zahl der KindergärtnerInnen und HelferInnen steigt, und zum anderen, dass die personelle Situation in den Kindergärten sehr stark von regionalen institutionellen Rahmenbedingungen und den Einstellungen der Trägerverbände zur Integration beeinflusst wird. Die günstigsten Voraussetzungen bezüglich der personellen Besetzung sind sicherlich in den Sonder- bzw. Heilpädagogischen Kindergärten gegeben. In den „Regelkindergärten", in denen einzelne Kinder mit einer Behinderung gefördert werden, ist häufig eine schlechte Kind-Erzieherinnen-Relation anzutreffen. Oft ist nicht einmal die dringend notwendige Unterstützung durch eine zweite Kindergärtnerin, ja nicht einmal durch eine Hilfskraft vorhanden. Einige Schwierigkeiten ergeben sich bezüglich der Qualifikation der KindergärtnerInnen. In fast allen Bundesländern gibt es nicht genügend ausgebildete SonderkindergärtnerInnen. Die Folge ist, dass die für die Integration von Kindern mit einer Behinderung in eine Gruppe eines Regelkindergartens notwendige „heilpädagogische" Unterstützung häufig nur gelegentlich (nur wenige Stunden an einem Tag in der Woche) erfolgen kann. Die ständige Anwesenheit einer Sonderkindergärtnerin in der Gruppe, die sich vorwiegend mit den Integrationskindern beschäftigt, stellt derzeit in den meisten Bundesländern eher eine Ausnahme dar (vgl. Kreiger/Kaltenbrunner 1995, S. 402 f.).

Längere Zeit hindurch bestand auch in Österreich die Tendenz, für Kinder mit einer „Beeinträchtigung" immer spezialisiertere Institutionen bzw. Fachdienste auszudifferenzieren. In den letzten Jahren konnten im Zusammenhang mit der Integration von behinderten Kindern jene Vorstellungen im „öffentlichen Bewusstsein" stärker in Erscheinung treten, die ein gemeinsames Spielen, Lernen und Arbeiten beeinträchtigter und nicht beeinträchtigter Kinder bereits im Kindergarten zum Ziel haben (vgl. a. a. O., S. 401 f.). Die derzeitigen Integrationsbestrebungen versuchen vor allem soziale Lernprozesse aufseiten der behinderten und nicht behinderten Kinder zu initiieren sowie die Förderung der Akzeptanz des „Andersseins" behinderter Kinder in den Vordergrund zu stellen.

Im Folgenden werden die bestehenden Integrationsformen in Österreich dargestellt (vgl. Gratz 1990, S. 13 f.; Knapp 1998, S. 235 ff.). Die Form der „Einzelintegration" bedeutet in Österreich, dass in einer Regelkindergartengruppe ein bis höchstens zwei beeinträchtigte Kinder (abhängig von Art und Grad der Beeinträchtigung) gemeinsam mit 18-19 Kindern betreut, gebildet und gefördert werden. Diese Form der „Eingliederung" in die Gruppe eines Regelkindergartens war schon vorhanden, bevor „Integrationsgruppen" gesetzlich verankert wurden. In den meisten Fällen handelt es sich dabei um Kinder mit einer leichten Behinderung, die mitunter erst nach der Aufnahme im Kindergarten durch die KindergärtnerInnen entdeckt wurde.

Die personelle Besetzung bei der Einzelintegration sieht im Idealfall die „gruppenführende" Kindergärtnerin, eine zusätzliche Sonderkindergärtnerin, die sich permanent mit dem Integrationskind beschäftigt, sowie eine Helferin vor. Entsprechend der Art und dem Grad der Behinderung variiert die Tätigkeit der Sonderkindergärtnerin derzeit erheblich; sie reicht von einer vollen Dienstverpflichtung bis zu einem stundenweisen wöchentlichen Einsatz.

Ein großer Vorteil der Einzelintegration in eine Gruppe eines Regelkindergartens besteht darin, dass die Institution in unmittelbarer Wohnortnähe liegt, sodass nicht nur eine relativ lange Anfahrt wegfällt, sondern vor allem der soziale Kontakt zu den Kindern auch außerhalb des Kindergartens fortgeführt werden kann. Als hemmende Faktoren für die Integration können in manchen Fällen die große Gruppengröße, das nicht sonderpädagogisch ausgebildete Personal sowie fehlende therapeutische Maßnahmen angeführt werden.

Eine weitere Form gemeinsamer Erziehung in Österreich ist die „Integrative Gruppe". Wenn Kindergärten integrative Gruppen führen, dann bestehen diese durchschnittlich aus 12-15 Kindern, von denen drei bis fünf Kinder (je nach Art und Grad der Beeinträchtigung sowie der institutionellen und organisatorischen Voraussetzungen) eine Behinderung aufweisen. Im Regelfall werden integrative Gruppen von mindestens zwei ständigen KindergärtnerInnen (eine davon ist eine Sonderkindergärtnerin) sowie einer Helferin betreut. Zusätzlich gibt es noch TherapeutInnen für die behinderten Kinder.

Diese Form der Integration benötigt einen erhöhten Raumbedarf für Kleinstgruppenarbeit bzw. Einzelförderung.

Ein großer Vorteil der integrativen Gruppen liegt im gemeinsamen Spielen und Lernen von Kindern mit Behinderung und nicht behinderten Kindern, weil der Integrationsprozess für alle Beteiligten sehr viele Anregungen und Lernmöglichkeiten bietet, die nur im „Miteinander" erfahrbar sind. Da integrative Gruppen leider noch nicht flächendeckend angeboten werden können, liegt nur ein überregionales Angebot mit allen seinen Nachteilen (lange Anfahrtswege, geringer Kontakt zu Gleichaltrigen außerhalb des Kindergartens, usw.) vor.

Von einer „kooperativen Gruppe" wird in der gemeinsamen Erziehung dann gesprochen, wenn Kinder mit Beeinträchtigung und nicht beeinträchtigte Kinder in je einer Gruppe organisiert sind, aber den Großteil des „Kindergartenalltages" gemeinsam verbringen. Je nach Bedarf können die beiden Gruppen gemeinsam oder getrennt Aktivitäten, die gemeinsam von KindergärtnerInnen und SonderkindergärtnerInnen geplant werden, durchführen. Für diese Art der Integration eignen sich folgende Gruppengrößen: 14-19 Kinder in einer Regelkindergartengruppe, 5-7 Kinder, je nach Art und Ausprägungsgrad der Behinderung, in der Sonderkindergartengruppe. Bei dieser Integrationsform ist zu berücksichtigen, dass in den meisten Fällen kein dauernder Kontakt zwischen Kindern mit Behinderung und nicht behinderten Kindern erfolgt, sodass hier der Integrationsgedanke doch etwas in den Hintergrund gedrängt wird.

Neben den bisher erwähnten Integrationsformen existieren nach wie vor „Heilpädagogische Sondereinrichtungen". Obwohl die Sonderkindergärten hinsichtlich der personellen Besetzung über die größte Kompetenz in der Betreuung und Förderung der „behinderten" Kinder verfügen sowie die Rahmenbedingungen zweifellos am besten sind (niedrige Kinderzahl, günstige Betreuer-Kind-Relation, Vorhandensein von therapeutischen Hilfen, Fördermaterial und technischen Hilfen wie z. B. für visuelle oder auditive Stimulation), scheinen allmählich Überlegungen in den Vordergrund zu treten, die Sonderkindergärten eher als „Segregations-" denn als „Integrationsinstitutionen" zu sehen. Der Hinweis, dass diese Integrationsform zu einer Einschränkung des Erfahrungsspielraumes der Kinder mit Beeinträchtigung führen kann, ist nicht leicht von der Hand zu weisen. Denkbar wäre, dass sich die Institution „Sonderkindergarten" (aber auch Sonderkinderheim) zukünftig durch Einbindung nicht behinderter Kinder für die Integration öffnet. Obwohl die integrative Organisationsform (integrative Gruppe), welche die gemeinsame Erziehung „aller" Kinder zum Ziel hat, immer mehr in den Mittelpunkt der Integrationsüberlegungen rückt, kann nicht übersehen werden, dass nach wie vor viele Kinder mit einer Behinderung in Österreich in spezialisierten und zentralisierten Sonder- bzw. Heilpädagogischen Kindergärten gebildet, gefördert und betreut werden.

Vergleicht man die derzeitige Integrationssituation in Österreich mit jener, die in einigen anderen europäischen Ländern (z. B. Norwegen, Italien) besteht, so muss man leider festhalten, dass Österreich – wenngleich sich auch hier das neue Integrationsverständnis allmählich durchzusetzen beginnt – noch eines der segregiertesten Bildungssysteme (Kindergarten, Schule, Heime) in Europa besitzt. Positiv kann allerdings vermerkt werden, dass in Österreich die Anzahl integrativer Kindergärten stark zugenommen hat.

Im Großen und Ganzen kann festgehalten werden, dass die jeweiligen Landesregierungen den „neuen" integrativen Ansätzen eher aufgeschlossen gegenüberstehen. Hinsichtlich der Organisationsform (Einzelintegration, integrative Gruppe, Sonder- bzw. Heilpädagogischer Kindergarten, der neueren Integrationsbestrebungen nicht mehr entspricht), der institutionellen Voraussetzungen (bauliche und materielle Bedingungen, Gruppengröße, personelle Besetzung, Öffnungszeiten usw.) sowie bezüglich der finanziellen Unterstützung für die Integration kann kein „bundeseinheitliches" Bild gezeichnet werden. Da die gesetzliche Regelung der Integration von Kindern mit einer Behinderung im „Vorschulbereich" den jeweiligen Ländern obliegt, ist der qualitative und quantitative Ausprägungsgrad der Integrationsbestrebungen von Bundesland zu Bundesland verschieden. Die große Vielfältigkeit im Bereich der Integration im Kindergarten zeigt sich sehr deutlich bezüglich der Integrationsformen. Die „Einzelintegration" und „die integrative Gruppe" können als die wesentlichen Integrationsformen in Österreich bezeichnet werden, die auch gesetzlich verankert sind, wobei in den letzten Jahren doch eine gewisse Tendenz zur „integrativen Gruppe" unverkennbar festzustellen ist.

Gerald Knapp

Literatur

Bews, Susanna: Integrativer Unterricht in der Praxis. Erfahrungen, Probleme, Analysen. Innsbruck: 1992

Bundesministerium für Arbeit und Soziales (BMAGS) (Hrsg.): Das Behindertenkonzept der Österreichischen Bundesregierung. Wien: 1993

Dold, Lisbeth/Frank, Erik: Entwicklungstendenzen zur Übergangsbewältigung bei Kindern mit sonderpädagogischen Förderungsbedarf. In: Knapp, Gerald (Hrsg.): Kindergarten und Familie als Lebens- und Erfahrungsraum. Politik für KIND-ge-RECHTE Strukturen. Wien und Köln: 1995, S. 389-399

Fassmann, Heinz/Aufhauser, Elisabeth/Münz, Rainer: Kindergärten in Österreich. Zur Situation der vorschulischen Betreuung. Eine statistische Analyse im Auftrag des Bundesministeriums für Umwelt, Jugend und Familie. Wien: 1988

Feuser, Georg: Unverzichtbare Grundlagen und Formen der Gemeinsamen Erziehung behinderter und nichtbehinderter Kinder in Kindergarten und Schule. In: Der Paritätische Wohlfahrtsverband Kreisgruppe Münster (Hrsg.): Gemeinsame Erziehung behinderter und nichtbehinderter Kinder in Kindergarten und Schule. Münster: 1990, S. 51-63

Gratz, Brigitte: Formen der gemeinsamen Betreuung behinderter und nicht behinderter Kinder. In: Unsere Kinder. Heft 1, 1990, S. 13-14

Hovorka, Hans (Hrsg.): Behinderte und von Behinderung bedrohte Menschen in allen Lebensbereichen und Lebensphasen. Klagenfurt: 1999

Hovorka, Hans (Hrsg.): Integration(spädagogik) am Prüfstand: Menschen mit Behinderungen außerhalb von Schule. Innsbruck und Wien: 2000

Kerschbaumer, Franz Xaver: Nur die Chance die es nicht gibt behindert. In: Unsere Kinder. Heft 4, 1993, S. 88-91

Knapp, Gerald/Salzmann, Gerald: Zur quantitativen Entwicklung und Situation des Kindergartenwesens in Österreich mit besonderer Berücksichtigung Kärntens. In: Knapp, Gerald (Hrsg.): Kindergarten und Familie als Lebens- und Erfahrungsraum. Politik für KIND-ge-RECHTE Strukturen. Wien und Köln: 1995, S. 565-607

Knapp, Gerald/Salzmann, Gerald (Hrsg.): Integration im Kindergarten. Fördernde und hemmende Bedingungen integrativer Erziehung. Klagenfurt: 1998a

Knapp, Gerald/Salzmann, Gerald: Institutionelle und organisatorische Rahmenbedingungen für die Integration in den Österreichischen Kindergärten. In: Knapp, Gerald/Salzmann, Gerald (Hrsg.): Integration im Kindergarten. Fördernde und hemmende Bedingungen integrativer Erziehung. Klagenfurt: 1998b, S. 27-75

Knapp, Gerald: Die Integrationsarbeit der Kindergärtnerinnen zwischen Anspruch und Wirklichkeit. In: Knapp, Gerald/Salzmann, Gerald (Hrsg.): Integration im Kindergarten. Fördernde und hemmende Bedingungen integrativer Erziehung. Klagenfurt: 1998, S. 227-250

Koller, Adelheid/Unterberger, Evelin: Frühförderung als Basis für die Integration von beeinträchtigten Kindern. In: Knapp, Gerald (Hrsg.): Kindergarten und Familie als

Lebens- und Erfahrungsraum. Politik für KIND-ge-RECHTE Strukturen. Wien und Köln: 1995, S. 377-388

Kreiger, Eleonore/Kaltenbrunner, Klaus: Vorstellungen, Erwartungen und Realität integrativer Bemühungen in Kärntens Kindergärten. In: Knapp, Gerald (Hrsg.): Kindergarten und Familie als Lebens- und Erfahrungsraum. Politik für KIND-ge-RECHTE Strukturen. Wien und Köln: 1995, S. 400-411

Meister-Steiner, Birgit (Hrsg.): Blinder Fleck und rosarote Brille. Behinderung und Integration als Herausforderung für Familie, Kindergarten und Schule. Thaur und Tirol: 1989

Odreitz, Hans: Tätigkeitsbericht ambulante Erziehungshilfe 1992-1993. Amt der Kärntner Landesregierung. Klagenfurt: 1993

Schöler, Jutta: Integrative Schule – Integrativer Unterricht. Ratgeber für Eltern und Lehrer. Reinbek: 1993

Internationale Perspektive: Schweden

In Schweden führte ein bewusstes politisches und professionelles Engagement zur Einrichtung einer *Vorschule für alle Kinder*[1]. Heute nehmen ausnahmslos alle Kinder eine gewisse Zeit am Vorschulangebot teil. Kinder mit verschiedenen Formen von Behinderungen sind seit den 1960er Jahren in die Vorschulen integriert. Die Entwicklung der Vorschulen kann als ein Ergebnis eines umfassenden Demokratieprojekts angesehen werden, in dem zum größten Teil engagierte Frauen für Gleichstellung gekämpft haben und in dem das Leben und die Erziehung der Kinder ebenso wichtig sind, wie die Möglichkeiten der Frauen, einer Arbeit außerhalb der Familie nachgehen zu konnen. Eine englische Studie zeigt, dass Frauen, die verschiedene Rollen sowohl als Mutter als auch als Erwerbstätige ausgefüllt haben, in ihrem 50. Lebensjahr gesünder und zufriedener sind, als Frauen, die sich nur dem Heim und den Kindern gewidmet haben (vgl. OMEP 2006).

[1] Krippen, Kindergärten und Kindertagesstätten werden gegenwärtig in Schweden als Vorschule (förskola) bezeichnet. Es handelt sich um altersgemischte Einrichtungen für Kinder im Alter von 1-3 Jahren, von 3-5 Jahren und von 1-5 Jahren (d. Übers.).

Vom Ende der 1960er Jahre bis heute wurden verschiedene staatliche Untersuchungen und Reformen durchgeführt. Bereits 1972, als die *Kindertagesstättenkommission* (vgl. SOU 1972a, SOU 1972b) ihr Gutachten zum Inhalt und zur Arbeitsweise in Vorschulen und außerschulischen Betreuungszentren (daghem) präsentierte, entschied man sich für die Umbenennung aller Kindertageseinrichtungen in Vorschulen (*förskola*). Darüber hinaus sprach man sich für die Beschäftigung von VorschullehrerInnen aus und führte neue theoretische Ansätze ein, wobei „Zusammenspiel" und „Kommunikation" als Schlüsselbegriffe angesehen wurden. Die Kinder sollten mehr Mitsprache erhalten und allen Sechsjährigen wurde ein Platz in den kostenfreien kommunalen Vorschulen angeboten.

Einige Jahre später präsentierte die *Familienunterstützungskommission* ihr Gutachten (Familjestödsutredningen 1978). Darin wurde speziell die Situation der allerjüngsten Kinder (1-3 Jahre) in der Vorschule untersucht und in diesem Zusammenhang wurde erkannt, dass die Jüngsten schlechtere pädagogische Erfahrungen machten als die älteren Kinder, weil der größte Teil des Personals, das in den Kleinkindgruppen arbeitete, nur eine zweijährige gymnasiale Kinderpflegerausbildung hatte. Die ForscherInnen schlugen daher vor, diese Gruppen zu so genannten „erweiterten Geschwistergruppen" umzuorganisieren, sodass die akademisch ausgebildeten VorschullehrerInnen auch für die jüngsten Kinder verantwortlich wurden.

Gegenwärtig verfügen über 50% des Vorschulpersonals über eine Universitätsausbildung als LehrerIn. Die übrigen Angestellten sind KinderpflegerInnen. Langfristiges Ziel ist es, den Anteil der AkademikerInnen in den Vorschulen zu erhöhen. Es gibt inzwischen Gemeinden, in denen man einen Personalanteil von 90% AkademikerInnen erreicht hat. Lehrkräfte, die in der Vorschule arbeiten, haben heute denselben Anfangslohn wie Lehrkräfte an Grundschulen, da sie dieselbe Ausbildung haben.

In jeder Kindergruppe arbeiten drei Personen, die Anzahl der Kinder variiert dabei zum einen mit dem Alter und zum anderen von Gemeinde zu Gemeinde. Die Durchschnittszahlen in den Kindergruppen sind: 14 Kinder in Kleinkindgruppen (1-3 Jahre), 18 Kinder in Geschwistergruppen (3-5 Jahre) und 17 Kinder in erweiterten Geschwistergruppen (1-5 Jahre). Gegenwärtig gibt es eine Diskussion über das Fachwissen von KinderpflegerInnen beziehungsweise von VorschullehrerInnen (vgl. Boalt Boëthius 1985).

Weitere Forschungsarbeiten untersuchten die Zusammenarbeit zwischen den Vorschulen und den Grundschulen (vgl. SOU 1985; SOU 1990). Diese Arbeiten kennzeichnet die Suche nach einem gemeinsamen pädagogischen Konzept über das Lernen, sodass die Kinder einen roten Faden von der Vorschule bis in die Grundschule erleben können. Zum Forschungsauftrag gehörte es auch, zu untersuchen, ob der Schulbeginn vorgezogen werden sollte oder nicht. Anfang der 1990er Jahre entschied man sich für einen *flexiblen Schulstart*, d.h. die Eltern sollten zukünftig entscheiden, ob ihre Kinder die Schule mit sechs oder sieben Jahren beginnen sollten. Gleichzeitig starteten die Gemeinden einen massiven Umbau der Vorschuleinrichtungen für die Sechsjährigen. Die *Vorschulklassen* für die Sechsjährigen wurden räumlich in den Grundschulen untergebracht. Praktisch gesehen gehen heute sämtliche Sechsjährigen in eine Vorschulklasse, auch wenn die Schule formell nicht vor dem siebten Lebensjahr beginnt (vgl. Pramling Samuelsson 2006).

Parallel zu den Reformen und Untersuchungen zur Organisation der Vorschule wurde auch an den Inhalten der Vorschule gearbeitet. So gab die Generaldirektion für das Gesundheits- und Sozialwesen (Socialstyrelsen) Schriften heraus, die „Allgemeiner Rat" genannt wurden. Diese wurden als Richtlinien für die meisten Vorschulen angewandt. Das gleiche geschah auch mit dem „Pädagogischen Programm für die Vorschule" (Socialstyrelsen 1987). Man kann daher behaupten, dass für die Vorschule zehn Jahre bevor der erste *nationale Lehrplan für die Vorschule* (Ministry of Education and Science in Sweden, 1998a) in Kraft trat, bereits ein Lehrplan existierte. Inzwischen wurde der Lehrplan zu einer Richtlinie, nach der in den Vorschulen gearbeitet wird (vgl. Pramling Samuelsson 2004, S. 163 ff.).

Seit 1996 liegt die Verantwortung für die Vorschulen beim Bildungsministerium, um zu verdeutlichen, dass die Vorschule der erste Schritt in das Bildungssystem werden soll. Um diese Position zusätzlich zu stärken, gibt es seit 2001 auch eine gemeinsame LehrerInnenausbildung, in der alle LehrerInnen und PädagogInnen eineinhalb Jahre gemeinsam studieren, bevor sie sich anschließend auf eine Altersgruppe, auf Fächer oder Themen spezialisieren (vgl. SOU 1999).

Bevor ich auf die heutige Situation der Vorschule eingehe, möchte ich noch betonen, dass die *Elternversicherung*, die Anfang der 1970er Jahre eingeführt wurde, und die eine sechs Monate dauernde Elternzeit mit einem gleich bleibenden Lohn für die Mütter ab Geburt eines Kindes umfasste, heute 480 Tage umfasst, wovon der Vater mindestens zwei Monate der Elternzeit übernehmen muss. Das bedeutet praktisch gesehen, dass kein Kind die Vorschule beginnt, bevor es nicht etwa ein Jahr alt ist. 84 % aller Zweijährigen nehmen bereits am Angebot der Vorschule teil. Ein entscheidender Grund dafür ist, dass die *Gemeinden gesetzlich dazu verpflichtet* sind, einen Vorschulplatz *bereitzustellen*, und zwar innerhalb der nächsten Monate, nachdem die Eltern sich darum beworben haben. Die meisten Gemeinden erfüllen ihren Auftrag zufriedenstellend, d. h. es gibt heute eine volle Bedarfsdeckung.

In Schweden ist es ein *demokratisches Recht*, allen Kindern die Möglichkeit zu bieten, am Angebot der Vorschulen teilzunehmen, was für Menschen aus anderen Kulturen vielleicht schwer nachzuvollziehen ist. Denn vertritt man die Einstellung, dass kleine Kinder zuhause von ihren Müttern betreut werden sollen, erscheint der schwedische Standpunkt, dass schon einjährige Kinder ein Recht auf Freunde haben, schwer verständlich. In unserer westlichen Gesellschaft finden Kinder diese Freunde oft nicht in der Nachbarschaft, sondern in der Vorschule. Aber alle, die schon einmal zwei kleine Kinder beobachtet haben, die sich auf derselben Ebene befinden, wissen, dass sie sich gegenseitig suchen und miteinander spielen. Das bedeutet nicht, dass kleine Kinder keine Erwachsenen brauchen, dass sie sie brauchen ist völlig selbstverständlich, aber die Beziehungen zwischen Kindern sind immer gleichgestellter als zwischen Kindern und Erwachsenen. Bereits Piaget (1973) machte uns bewusst, dass die Wiege der Demokratie gerade zwischen Kindern, die ebenbürtig sind, zu entwickeln ist. Zwischen Erwachsenen und Kindern gibt es immer eine hierarchische Beziehung! Eine andere entscheidende Ursache für die Teilnahme fast aller Kinder an der Vorschule ist die Reform der *Maximalgebühr,* die 2001 in Kraft trat. Sie beinhaltete, dass Eltern höchstens 140 Euro pro Monat für einen Vorschulplatz für ihr erstes Kind bezahlen. Für das zweite und dritte Kind wird die Gebühr niedriger und für das vierte Kind ist die Vorschule gebührenfrei. *Demokratie* ist das Motiv, das hinter dieser Reform steht, d. h. der Vorschulaufenthalt soll finanziell so günstig sein, dass kein Kind aufgrund zu hoher Gebühren ausgeschlossen wird. Als die Reform umgesetzt wurde,

wurde viel diskutiert, ob die Eltern nun ihre Kinder längere Zeit in der Vorschule verbringen lassen, weil das die Höhe der Gebühren nicht mehr wie zuvor beeinflusste. Es gab Berichte, die zeigten, dass sich die Aufenthaltsdauer bei einigen Kindern verlängerte, aber bei Weitem nicht bei allen Kindern. Man kann sich ja denken, dass es für diejenigen Kinder, die nun länger im Kindergarten blieben, positiv war, weil es sich um jene Kinder handelte, deren Eltern es früher nur mit der Hilfe von Freunden und Verwandten erreichen konnten, dass sie die 30-Stunden-Grenze für die Gebühren nicht überschritten (die Gebühr war früher abhängig von der Aufenthaltsdauer). Die wöchentliche Durchschnittszeit, die Kinder heute im Kindergarten verbringen, beträgt 30 Stunden, das heißt, dass einige Kinder längere und einige Kinder kürzere Zeiten in der Vorschule verbringen. Die *allgemeine und gebührenfreie Vorschule* ist mittlerweile dahingehend erweitert worden, dass sie alle Kinder vom vierten Lebensjahr an für 15 Stunden pro Woche aufnimmt. Für Zeiten, die darüber hinausgehen, bezahlen die Eltern eine geringe Gebühr. Dieses gilt für Kinder im Alter zwischen 4-6 Jahren.

Der Gedanke, einen nationalen Lehrplan für die Vorschule zu entwickeln, basiert vor allem auf den Leitgedanken der *Demokratie und Gleichberechtigung*. Indem der Lehrplan gesetzlich vorgeschrieben wurde, erwartete man eine höhere *Qualitätsentwicklung* des Vorschulangebots und dass alle Kinder den Zugang zu einer *gleichwertigen* Vorschule erhalten würden. Erhebliche Maßnahmen wurden auch für die Kompetenzentwicklung des Personals eingeleitet (vgl. Skolverket 2004).

Die Evaluationen haben gezeigt, dass man speziell auf solche Fortbildungen setzte, die dazu beitragen sollten, den (nachstrebenswerten) roten Faden durch das Bildungssystem zu verstärken. Die Lehrpläne der Vorschule beziehungsweise der Grundschule sind sehr ähnlich und greifen ineinander. Ihre gemeinsame Grundlage besagt, dass die Arbeit/Tätigkeit/Einrichtung „sicher, lehrreich und freudvoll" sein soll (Ministry of Education and Science in Sweden 1998a, 1998b). Die theoretische Grundlage kann als sozial-kulturell *erfahrungsbasierend* beschrieben werden, d. h. die früheren Erfahrungen der Kinder sind die Grundlage für ihr Verstehen und ihre Möglichkeiten für eine weitere Wissensbildung. Dieses fordert natürlich die VorschullehrerInnen heraus, so zu arbeiten, dass sie den Kindern die Voraussetzungen geben, das Verstehen und die Erfahrungen zu entwickeln, auf die die Schule weiter aufbauen kann. Kinder werden als kompetent angesehen und als Agenten für ihr eigenes Lernen im Zusammenspiel mit anderen. Vielleicht kann man diese theoretische Perspektive als *relational* beschreiben (vgl. Johansson/Pramling Samuelsson 2003).

Spiel und Lernen sollen im pädagogischen Ansatz des Angebots der Vorschule integriert sein, wo sie durch die Tradition unterschiedlicher Phänomene/Aktivitäten miteinander verflochten sind und sich gegenseitig bereichern (vgl. Pramling Samuelsson/Asplund Carlsson 2003). Die Gesamtheit des Themas mit dem gearbeitet wird, soll auch im eigenen Spiel des Kindes enthalten sein (vgl. Johnson u. a. 2005). Der Inhalt wird durch das Thema gestaltet. Kreativität und Gestaltung sind die Grundlage für alles Lernen. Hier ist viel Tradition zu überwinden, weil man gewöhnlicher Weise nach wie vor den Tag in lehrergeplante und kinderinitiierte Tätigkeiten einteilt. Kinder führen selbst das Spiel in lehrergeplante Situationen ein, wenn der Lehrer offen und aufgeschlossen dafür ist (vgl. Johansson/Pramling Samuelsson 2006) und wenn der Lehrer nicht an der Vorstellung festhält, dass es nur eine „richtige Antwort" gibt, die in Situationen, die der Lehrer als Lernen betrachtet, geäußert werden muss.

Das vielleicht Wichtigste im Lehrplan für die Vorschule sind die Punkte, die die *Partizipation und den Einfluss des Kindes* herausheben: „Der Kindergarten soll anstreben, dass jedes Kind seine Fähigkeit entwickelt,

- seine Gedanken und Ansichten auszudrücken und damit die Möglichkeit erhält, seine Situation zu beeinflussen
- Verantwortung für seine eigenen Handlungen und für das Umfeld der Vorschule zu übernehmen
- die demokratischen Prinzipien zu verstehen und danach zu handeln, indem es an verschiedenen Formen von Zusammenarbeit und an Entscheidungen beteiligt wird" (Ministry of Education and Science in Sweden 1998a, S. 14).

Da es einen Zusammenhang zwischen Partizipation und Macht gibt, ist auch die *Gleichstellung von Mädchen und Jungen* eine zentrale Frage geworden. Diesen zentralen Fragen geht ein staatliches Komitee nach. In dem ersten veröffentlichten Teilbericht „Die Geschlechter herstellende Vorschule" (SOU

2004) wurde eine umfassende Fortbildung des Vorschulpersonals als notwendig beschrieben. In diesem komplizierten Bereich sind ein mangelndes Bewusstsein und viele Vorurteile über die praktische Gleichbehandlung von Mädchen und Jungen vorherrschend. Die Studie hat gezeigt, dass dies nicht der Fall ist (vgl. Hellman 2005). In der Praxis der Vorschule kann man sowohl traditionelle und stereotype als auch moderne und flexible Geschlechtsmuster erkennen (vgl. Ärlemalm-Hagsér/Pramling Samuelsson, Manuskript). Die Arbeit mit dem Lehrplan erfordert eine große Kompetenz von den Lehrkräften. Dieser umfasst 16 Seiten und die Ziele sind *als anzustrebende Ziele* formuliert. Für die Vorschule ist nicht festgelegt, was ein Kind erreichen soll, sondern nur welche Entwicklung die Vorschule beim Kind fördern soll. Im Lehrplan wird sehr wenig über Methoden gesagt oder darüber, wie die Lehrkraft mit Kindern arbeiten soll. Mit dem Lehrplan zu arbeiten erfordert Engagement und Partizipation der Lehrkräfte. Sie sollen auf dieselbe Weise wie die Kinder beteiligt werden, den Lehrplan umzusetzen (Alvestad 2001). Es gibt auch keine festgelegte Vorgehensweise, die Arbeitsweise der Vorschule zu evaluieren. Die *Qualität der Vorschule* und *nicht die Entwicklung der Kinder* soll *evaluiert werden* (vgl. Skolverket 2005). Diese Denkweise unterscheidet sich von den Denkweisen vieler anderer Länder (vgl. Oberhuemer 2005). Lehrkräfte experimentieren heutzutage auf unterschiedliche Weise, um eine Form der Dokumentation oder andere Formen der individuellen Entwicklungspläne für jedes Kind zu finden und um einen Qualitätsbericht zu erstellen, der von jeder Vorschule erwartet wird. Man kann wohl wagen zu behaupten, dass dies eine der größten Herausforderungen für das Personal in Schweden ist: Einen Qualitätsnachweis zu entwickeln, der auf einer auf die Intention des Lehrplans bezogenen Evaluation basiert!
Die Kinder in Schweden lieben ihre Vorschule. Die meisten schwedischen Eltern finden, dass die Vorschule zur Entwicklung der Kinder mit Dimensionen beiträgt, die das Zuhause nicht beitragen kann (vgl. Pramling Samuelsson/Sheridan, Manuskript). Kinder wollen in die Vorschule gehen, weil sie sich dort sicher fühlen und es dort schön und lustig ist. Dort gibt es Freunde zum Spielen. Dass der Kindergarten auch lehrreich ist, ist vielleicht kein Motiv für Kleinkinder, um dorthin zu gehen. Gleichzeitig können wir uns nicht über das Glück der Kinder hinwegtäuschen, wenn sie Erwachsenen zeigen, was sie gelernt haben (vgl. Johansson/Pramling Samuelsson

2006). In einer demokratischen Gesellschaft haben alle Kinder das *Recht* mit anderen zu spielen und zu lernen. Sie haben auch das Recht, eine Identität als kompetente Mitbürger der Gesellschaft zu entwickeln, was damit beginnt, Freunde zu sein! Dies erfordert kompetente Lehrkräfte, die die Fähigkeiten und Interessen der Kinder begleiten und herausfordern können.

Ingrid Pramling Samuelsson
(Übersetzung: Ines Homburg)

Literatur

Alvestad, Marit: *Den komplekse planlegginga. Førskolelærarar om pedagogisk planlegging og praksis.* Göteborg: 2001

Alvestad, Torgeir: *Hvis jeg fikk bestemme... En video om barns innflytelse på eget liv.* Oslo: Pedagogisk Forum (www.pedagogiskforum.no) 2001

Ärlmalm-Hagsér, Eva/Pramling Samuelsson, Ingrid: Många olika genusstrukturer finns parallellt i förskolan (Manuskript)

Boalt Boëthius, Siv: *Att arbeta på daghem.* Psykosociala aspekter på daghemspersonalens arbetsmiljö. Arbetarskyddsfondens sammanfattningar nr. 763, 1985

Familjestödsutredningen: Daghem för småbarn. Stockholm: 1978

Hellman, Anette: Förskolebarns konstruktion av maskuliniteter. In: Nordberg, M.: *Manlighet i fokus – en bok om manliga pedagoger, pojkar, och maskulinitetsskapande i förskola och skola,* Stockholm: 2005, S. 146-160

Johansson, Eva/Pramling Samuelsson, Ingrid: Förskolans vardag. In: Johansson, Eva/Pramling Samuelsson, Ingrid (Hrsg.): *Förskolan – barns första skola!,* Lund: 2003, S. 9-29

Johansson, Eva/Pramling Samuelsson, Ingrid: Lek och läroplan. Möten mellan barn och lärare i förskola och skola. Göteborg: Acta Universitatis Gothoburgensis, 2006

Johnson, James/Christie, E./James, F./Wardle, Francis: *Play, Development and Early Education.* New York: 2005

Ministry of Education and Science in Sweden: *Curriculum for pre-school. Lpfö 98.* Stockholm: 1998a

Ministry of Education and Science in Sweden (Hrsg.): *Curriculum for the compulsory school, the pre-school class and the after school centre. Lpo 94.* Stockholm: 1998b

Oberhuemer, Pamela: International Perspectives on Early Childhood Curricula. International Journal of Early Childhood, 37(2005) Heft1, S. 27-37

Organisation Mundiale pour l'Éducation Préscolaire (OMEP) (Hrsg.): OMEP-Nytt 2006, Nr. 1, S. 7

Piaget, Jean: *Språk och tanke hos barnet.* Lund: 1973

Pramling Samuelsson, Ingrid/Asplund Carlsson, Maj: *Det lekande lärande barnet – I en utvecklingspedagogisk teori.* Stockholm: 2003

Pramling Samuelsson, Ingrid: Demokratie: Grundstein des vorschulischen Bildungsplans in Schweden. In: Fthenakis, Wassilios E. (Hrsg.): Frühpädagogik international. Wiesbaden: 2004, S. 161-173

Pramling Samuelsson, Ingrid: Teaching and Learning in Preschool and the First Years of Elementary School in Sweden. In: Einarsdottir, Johanna/Wagner, Judith T.: Nordic Childhoods and Early Education. Philosophy, Research, Policy, and Practice in Denmark, Finland, Iceland, Norway, and Sweden, (International Perspectives on Educational Policy, Research, and Practice.) Greenwich, Connecticut: 2006, S. 01-131

Pramling Samuelsson, Ingrid/Sheridan, Sonja: Play and learning in Swedish early childhood education. In: Pramling Samuelsson, Ingrid/Fleer, Marilyn (Eds.): *Play and Learning in Early Childhood Settings: International Perspectives on Play and Learning* (Manuskript)

Skolverket: *Förskola i brytningstid. Nationell utvärdering av förskolan.* Stockholm: 2004

Skolverket: Kvalitet i förskolan. Allmänna råd och kommentarer. Skolverkets allmänna råd. Stockholm: 2005

Socialstyrelsen: (1987:3). *Pedagogiskt program för förskolan.* Stockholm: 1987

SOU: 1972:26. *Förskolan. Del 1. Betänkande utgivet av 1968 års barnstugeutredning.* Stockholm: 1972a

SOU: 1972:27. *Förskolan. Del 2. Betänkande utgivet av 1968 års barnstugeutredning.* Stockholm: 1972b

SOU: 1985:22. *Förskola-skola. Betänkande av Förskola-skola-kommittén.* Stockholm:1985

SOU: 1990:80. *Förskola för alla barn 1991. Betänkande av aktionsgruppen för barnomsorg.* Stockholm: 1990

SOU: 1999:63. *Att lära och leda. En lärarutbildning för samverkan och utveckling. Lärarutbildningskommitténs slutbetänkande.* Stockholm: 1999

SOU: 2004:115. *Den könade förskola – om betydelsen av jämställdhet och genus i förskolans pedagogiska arbete. Delbetänkande av Delegationen för jämställdhet i förskolan.* Stockholm: 2004

Migration/Interkulturelle Erziehung

Der 1996 eingeräumte Rechtsanspruch auf einen Kindergartenplatz für Kinder ab dem 3. Lebensjahr (§ 24 SGB VIII) hatte gleichsam positive Effekte auf die Besuchsquoten der Kindertageseinrichtungen von Kindern mit Migrationshintergrund. Nach den Daten des Sozioökonomischen Panels stieg der Anteil der Kinder im Alter von 3-7 Jahren, die eine Kindertageseinrichtung besuchen, bei der Gruppe der Migrantenkinder von 49% (1984) auf 67% (2003) an, während der Anteil bei den deutschen Kindern im gleichen Zeitraum nur von 65% auf 72% anstieg. Insbesondere in den ersten Folgejahren nach 1996 war ein verstärkter Zulauf zu verzeichnen, der auf den mit der Gesetzesänderung einhergehenden Ausbau von Kindertageseinrichtungen in den Bundesländern zurückgeführt werden kann. Die Inanspruchnahme eines Kindergartenplatzes im Alter von 3-6 Jahren liegt bei Familien mit deutscher Staatsangehörigkeit insgesamt nur scheinbar unwesentlich über dem der Familien mit nichtdeutscher Staatsangehörigkeit (wobei hier ein erheblicher Teil der Familien mit Migrationshintergrund nicht erfasst ist). Eine deutliche Differenz zeigt sich im Vergleich der Quoten der Nicht-Kindergartenkinder, die bei den deutschen Kindern 16,3%, bei den in Deutschland geborenen Ausländern 19,3%, jedoch bei den zugezogenen Ausländern mit 28,3% deutlich am höchsten ist (vgl. KMK/BMBF 2006, S. 38). In einer differenzierten Aufschlüsselung des Deutschen Jugendinstitutes (DJI) nach Herkunftsgruppen werden weitere Differenzen deutlich: die Quote bei Kindern zwischen 3 und 6 Jahren aus Nicht-EU-Staaten lag bei 73%, bei Kindern aus EU-Staaten um die 80% und immerhin bei 82% bei Kindern mit deutscher Staatsangehörigkeit (DJI 2005, S. 95, Tabelle 2). Für eine relevante Abbildung der Situation wäre es erforderlich, die Kinder mit Migrationshintergrund differenzierter zu betrachten: beispielsweise aufgeschlüsselt nach Herkunftsländern, nach Aufenthaltsstatus, nach Migranten mit eigenen Migrationserfahrungen (die den Prozess der Emi- und Immigration selbst durchlaufen haben) und solchen mit Migrationshintergrund (immerhin 80,7% der Kinder unter 6 Jahre sind in Deutschland geboren; vgl. KMK/BMBF 2006, S. 38). Es bleibt abschließend festzuhalten, dass die Akzeptanz vorschulischer Erziehungsinstanzen neben der Familie in den vergangenen Jahrzehnten bei Familien mit Migrationshintergrund deutlich gestiegen ist.

Der frühkindlichen Bildung von Kindern mit Migrationshintergrund wird im Zusammenhang mit der → Integration zunehmend Bedeutung beigemessen (vgl. Beauftragte der Bundesregierung für Migration, Flüchtlinge und Integration 2005). Der Besuch einer vorschulischen Erziehungs- und Bildungseinrichtung von Kindern mit Migrationshintergrund steht nachgewiesenermaßen in einem positiven Zusammenhang mit den schulischen Leistungen (vgl. Esser 1989; Gröpel/Urbanek 1999; Olechowski/Hanisch/Katschnig/Khan-Svik/Persy 2002; Bos 2003). Daraus resultiert die Forderung nach der Erweiterung des Rechtsanspruches auf einen Betreuungsplatz für Kinder mit Migrationshintergrund bereits ab dem 2. Lebensjahr sowie nach einer weitgehend kostenfreien vorschulischen Betreuung. Der hohe Anteil der Kinder nichtdeutscher Staatsangehörigkeit in den an Schulen angegliederten, vorschulischen Erziehungsangeboten (Vorklassen und Schulkindergärten) wird einerseits auf die erhebliche Quote an Zurückstellungen, aber auch auf die Kostenfreiheit des Angebotes zurückgeführt.

In den 1970er Jahren wurden erste Konzepte für die Integration von Kindern mit Migrationshintergrund im Elementarbereich entwickelt, die unter dem Begriff der „Ausländerpädagogik" Einzug in die Ausbildung von Pädagogen nahmen. Diese gründeten in einer Defizithypothese, d.h. Kinder mit Migrationshintergrund wurden – an der Norm der deutschen Kinder gemessen – als Mängelwesen gesehen und dementsprechend wurden kompensatorische, häufig segregative Förderkonzepte mit einer assimilativen Zielsetzung favorisiert (Deutschkurse, Ausländerregelgruppen, Vorbereitungsgruppen etc.). Mitte der 1980er Jahre wurde diese Sichtweise kritisiert und die gesellschaftlichen Ursachen von „Integrationsproblemen" gerieten stärker ins Bewusstsein. In der Erkenntnis, dass Deutschland dauerhaft den Status einer multikulturellen Gesellschaft haben würde, wurden Konzepte der „Interkulturellen Pädagogik" entwickelt, die in einer Differenzhypothese gründen und Majoritäten sowie Minoritäten auf ein Leben in der Einwanderungsgesellschaft vorbereiten sollten (vgl. Merz-Atalik 2002). Aktuell nimmt der Begriff der Transkulturellen Pädagogik in der fachwissenschaftlichen Diskussion zu. Wolfgang Welsch (1995) verwies darauf, dass der Kulturbegriff, der vielen Konzepten der Interkulturellen Pädagogik nach wie vor unterliegt, ein traditioneller ist, indem er von in sich homogenen Einheiten ausgeht, in welchen biologische („Rasse"), geografisch-territoriale („Land"), ethnische

(„Volk"), historische („Tradition"), linguistische („Sprache"), moralische („Werte und Normen") und politische („Staat") Grenzen Zugehörigkeiten regeln. Ein solcher Kulturbegriff legt eine klare Trennbarkeit von „eigener" und „fremder" Kultur nahe, das würde bedeuten man kann nur „Türke"/„Türkin" oder „Deutsche"/„Deutscher" sein, und man kann entweder eine „türkische" oder eine „deutsche Identität" entwickeln. Durch die zunehmende Globalisierung, die Medienvernetzung, weltweite Migrationsbewegungen und Neuordnungen von territorialen Gebieten verliert die Annahme solcher homogenen Kulturen an Bedeutung. Ein transkulturelles Begriffsverständnis „zielt auf ein vielmaschiges und inklusives, nicht auf ein separatistisches und exklusives Verständnis von Kultur. Es intendiert eine Kultur, deren pragmatische Leistung nicht in Ausgrenzung, sondern in Integration besteht. Stets gibt es im Zusammentreffen mit anderen Lebensformen nicht nur Differenzen, sondern auch Anschlussmöglichkeiten. Solche Erweiterungen, die auf die gleichzeitige Anerkennung unterschiedlicher Identitätsformen innerhalb einer Gesellschaft zielen, stellen heute eine vordringliche Aufgabe dar" (a.a.O., S. 4). So entwickeln – nicht nur – Personen mit Migrationshintergrund individuelle Identitäten in Anlehnung und Abgrenzung von differenten und vielfältigen Einflüssen innerhalb der Gesellschaften, in welchen sie den Lebensmittelpunkt haben (Herkunfts-, Migranten- und Einwanderungsgesellschaft, subkulturelle Gesellschaftsstrukturen etc.). In der Transkulturellen Pädagogik geht es um die Vermittlung zwischen Gleichheit und Verschiedenheit im Sinne einer „Pädagogik der Vielfalt". Die „Diversity" der Kinder wird zum Gegenstand produktiver gemeinsamer Entwicklungs- und Bildungsprozesse gemacht mit dem Ziel, gegenseitige Lernprozesse für alle Kinder anzuregen. Grundlage des gegenseitigen Lernprozesses ist Interaktion, die nicht von Wissen um kollektiv Fremdes oder Anderes geleitet wird, sondern durch eine sensible Annäherung an das individuelle Gegenüber bestimmt ist. Dazu bedarf es einer transkulturellen Kompetenz: einerseits erhöhter Sensibilität und Empathie im Umgang mit Diversity, sowie andererseits der reflektierten Auseinandersetzung mit der eigenen kulturellen Prägung und den damit zusammenhängenden Deutungs- und Handlungsmustern im Alltag. Durch das transkulturelle Lernen werden Vorstellungen und Vorurteile von „Eigenem" und „Fremdem" hinterfragt: Etwas kulturell Eigenes findet sich auch beim Anderen wieder; was als Spezifikum des Fremden angesehen wurde, entpuppt sich als Element des eigenen kulturellen Selbst (vgl. Flechsig 1998). Die Betreuung, Bildung und Förderung von Kindern mit Migrationshintergrund im Elementarbereich bedarf vielerorts einer systematischen Qualitätsentwicklung oder -sicherung. Neben der Identitätsentwicklung im Kontext einer transkulturellen Lebenssituation ist es dringend erforderlich, die Mehrsprachigkeit der Kinder als kulturelles Potenzial zu erkennen und zu fördern. Das pädagogische Personal im Elementarbereich sollte Kompetenzen in der Einschätzung, Begleitung und Förderung frühkindlicher Erst- und Zweitsprachentwicklung haben oder erwerben (vgl. Ulich/Oberhuemer/Solltendieck 2005) (→ Akademisierung der Erzieherinnenausbildung). Die Zwei- und Mehrsprachigkeit der Kinder in den Kindertageseinrichtungen erfordert eine differenzierte Perspektive auf die Sprachentwicklung und -förderung. Grundlagen einer differenzierten Sprachförderung sind neben der Akzeptanz und Anerkennung der Erst- bzw. Muttersprachen der Kinder im Gruppenalltag, eine systematische Beobachtung (die z. B. Erkenntnisse über Zweitsprachentwicklung und sogenannte Lernersprachen beinhaltet), vielfältige Sprachanregungen und konkrete Formen der Sprachförderung (gesteuerter und ungesteuerter Spracherwerb). Bundesweit werden aktuell diverse Instrumente zur Sprachstanderhebung im Elementar- und Grundschulbereich entwickelt und angewandt. Diese sollten jedoch nicht nur bei Kindern mit Migrationshintergrund angewandt werden, sie sollten keine Feststellungsdiagnostik für anstehende Selektionsentscheidungen, sondern integrative, im Institutionsalltag fest verankerte Förderkonzepte nach sich ziehen. Die angelegten Normen müssen gegenstandsbezogen definiert sein (vgl. Kracht 2003), d.h. in Bezug gesetzt werden zu konkreten Lernzielen in Anbetracht der individuellen mehrsprachigen Entwicklung einzelner Kinder und nicht an einer fiktiven, pauschalen Durchschnittsentwicklung in der Erst- oder Zweitsprache angelehnt sein. Die Migranteneltern sollten ressourcenorientiert eingebunden werden in die systematische Sprachförderung der Kinder (siehe bspw. den Elternbrief zur zweisprachigen Entwicklung in 15 verschiedenen Sprachen; Staatsinstitut für Frühpädagogik IFP). Nach wie vor werden diese oftmals beraten, mit ihren Kindern im Elternhaus deutsch zu sprechen. Die kontinuierliche Entwicklung der Muttersprache ist jedoch nachgewiesenermaßen eine wichtige Voraussetzung für die Zweitsprachentwicklung (Interdependenzhypothese). Eine stärkere Vernetzung der Kinderbetreuungseinrichtungen ins Gemeinwesen (im Sinne der Community Education) bietet das Potenzial, dass die Kindertageseinrichtungen eine Art Brückenfunktion zwischen den Familien und den Bildungseinrichtungen in unserer Gesellschaft darstellen. Für eine größere Kontinuität der Förderung der Zweitsprache sollten die Nahtstellen zwischen dem Elementarbereich, dem Elternhaus, den weiteren Fördereinrichtungen und der Grundschule intensiver vernetzt und koordiniert werden (vgl. Gogolin 2003). Gemeinsame oder noch stärker aufeinander abgestimmte Bildungspläne für den Elementar- und Grundschulbereich könnten dazu beitragen, diese Übergänge auszugestalten (vgl. Merz-Atalik 2004).

Kerstin Merz-Atalik

Literatur

Beauftragte der Bundesregierung für Migration, Flüchtlinge und Integration: 6. Bericht über die Lage der Ausländerinnen und Ausländer in der Bundesrepublik Deutschland. Berlin: August 2005

Bos, Wilfried u. a. (Hrsg.): Erste Ergebnisse aus IGLU. Schülerleistungen am Ende der vierten Jahrgangsstufe im internationalen Vergleich. Münster: 2003

Deutsches Jugendinstitut (DJI): Zahlenspiegel 2005 – Kindertagesbetreuung im Spiegel der Statistik. URL: http://www.dji.de/cgi-bin/projekte/output.php?projekt =371 – Download vom 01.09.2006

Esser, Hartmut: Familienmigration, Schulsituation und interethnische Beziehungen. In: Zeitschrift für Pädagogik 35 (1989) 3, S. 317-336

Flechsig, Karl-Heinz: Transkulturelles Lernen. Institut für Interkulturelle Didaktik IKU. (1998) URL: http://www.user.gwdg.de/~kflechs/iikdiaps2-00.htm – Download vom 01.09.2006

Gogolin, Ingrid: Gleiche Bildungschancen für Kinder mit Migrationshintergrund – möglich auch in Deutschland? In: Beauftragte der Bundesregierung für Migration, Flüchtlinge und Integration: Förderung von Migranten und Migrantinnen im Elementar- und Primarbereich. Berlin, Bonn: 2003, S. 17-30

Gröpel, Wolfgang/Urbanek, Martin: Studie – Auswirkungen soziogener Faktoren auf die Bildungslaufbahnen von Kindern und Jugendlichen ethnischer Minderheiten an den Nahtstellen Schulartwechsel und Einstieg in die Arbeitswelt. In: Gröpel, Wolfgang (Hrsg.): Migration und Schullaufbahn. Frankfurt a.M.: 1999, S. 213-267

Kracht, Annette: Sprachliche Normen und Zielsetzungen von Sprachstanderhebungen – einige kritische Anmerkungen. In: Beauftragte der Bundesregierung für Migration, Flüchtlinge und Integration (Hrsg.): Förderung von Migrantinnen und Migranten im Elementar- und Primarbereich. Dokumentation einer Fachtagung. Berlin/Bonn: 2003, S. 37-44

Kultusministerkonferenz der Bundesrepublik Deutschland/Bundesministerium für Bildung und Forschung (KMK/BMBF) (Hrsg.): Bildung in Deutschland. Ein indikatorengestützter Bericht mit einer Analyse zu Bildung und Migration. (2006) URL: http://www.bildungsbericht.de/daten/gesamtbericht.pdf – Download vom 01.09. 2006

Merz-Atalik, Kerstin: Interkulturelle Pädagogik. In: Bundschuh, Konrad/Heimlich, Ulrich/Krawitz, Rudi (Hrsg.): Wörterbuch Heilpädagogik. Ein Nachschlagewerk für Studium und pädagogische Praxis. Bad Heilbrunn: (2. Auflage) 2002, S. 160-163

Merz-Atalik, Kerstin: Kinder mit Migrationshintergrund – Von der Schieflage im deutschen Bildungswesen zur Inklusion. In: Kauczor, Cornelia/Lorenzkowski, Stefan/Al Munaizel, Musa (Hrsg.): Migration, Flucht und Behinderung. Netzwerk Migration und Behinderung. Essen: 2004, S. 81-94

Olechowski, Richard/Hanisch, Günter/Katschnig, Tamara/Khan-Svik, Gabriele/Persy, Elisabeth: Bilingualität und Schule – Eine empirische Erhebung an Wiener Volksschulen (Endbericht). In: Weidinger, Walter (Hrsg.): Bilingualität und Schule. 2 Wissenschaftliche Befunde. Wien: 2002, S. 8-63

Staatsinstitut für Frühpädagogik – IFP München (Hrsg.): Elternbrief Deutsch – Wie lernt mein Kind 2 Sprachen, Deutsch und die Familiensprache? URL: http://www. ifp-bayern.de/cmain/a_INDEX/s_265 – Download vom 01.09.2006

Ulich, Michaela/Oberhuemer, Pamela/Soltendieck, Monika: Die Welt trifft sich im Kindergarten. Interkulturelle Arbeit und Sprachförderung in Kindertageseinrichtungen. Weinheim und Basel: (2. Auflage) 2005

Welsch, Wolfgang: Transkulturalität. Zur veränderten Verfasstheit heutiger Kulturen. In: Zeitschrift für Kulturaustausch 45, Nr. 1/95, S. 39-44

Modellversuche

Bereits im Jahre 1973 startete in Berlin im Kinderhaus Friedenau durch die Aufnahme von Kindern mit besonderen Bedürfnissen die Integrationsentwicklung in Kindertageseinrichtungen und erfasste rasch alle Bundesländer in mehr oder weniger großem Umfang (→ Geschichte). Über 30 Jahre später haben alle Bundesländer entsprechende gesetzliche Grundlagen für die integrative Erziehung in Kindertageseinrichtungen geschaffen. Das Phänomen des „Voneinander-Lernens" in der spontanen, selbst gewählten Interaktion der Kinder untereinander gehört zu den zentralen Entdeckungen einer integrativen Erziehung. Das gemeinsame Spiel der Kinder in integrativen Kindertageseinrichtungen ist deshalb die Basis für ein neues Bildungsverständnis für den Elementarbereich. Bildung wird hier aufgefasst als Angebot für alle zur Erweiterung ihrer Fähigkeit zur Selbstbestimmung und sozialen Teilhabe (vgl. Schäfer 1995; Heimlich 2003). In den 1980er Jahren des vergangenen Jahrhunderts sind in mehreren Bundesländern (z. B. Bremen, Hessen, Nordrhein-Westfalen, Saarland) Modellversuche zur gemeinsamen Erziehung im Elementarbereich durchgeführt worden. In den Anfängen ist dabei zunächst auf die Montessori-Pädagogik zurückgegriffen worden (vgl. Hellbrügge 1977), da hier bereits aus der Entstehungszeit eines reformpädagogischen Konzeptes heraus der Bezug auf Kinder mit besonderen Bedürfnissen gegeben ist. Im Folgenden werden diejenigen Modellversuche in besonderer Weise betont, die auch Auswirkungen auf der pädagogisch-konzeptionellen Ebene gemeinsamer Erziehung im Elementarbereich hatten.

Im Rahmen des → *Bremer Modellversuchs* zur integrativen Erziehung in Kindertageseinrichtungen, der in Kooperation mit dem Diakonischen Werk der Bremischen Landeskirche e.V. stattfindet (vgl. Feuser 1987), entsteht zurückgehend auf Georg Feuser ein pädagogisches Konzept der Integration, das von der kulturhistorischen Schule der Psychologie im Anschluss an den russischen Psychologen Lev S. Vygotskij (1896-1934) beeinflusst ist (vgl. Vygotskij 2002/1934). Im Mittelpunkt steht die kindliche Entwicklung, die bei allen Kindern auf ihre Tätigkeits- und Handlungsstruktur hin analysiert wird. Dabei werden jeweils die aktuellen Fähigkeiten von Kindern sichtbar. Auf der Basis von Entwicklungsmodellen ist es in einem zweiten Schritt möglich, die „Zone der nächsten Entwicklung" zu beschreiben, d.h. Aussagen darüber zu treffen, welche Entwicklungsaufgaben sich Kindern als Nächstes stellen. Kinder mit besonderen Bedürfnissen können im Vergleich mit ihrer Altersgruppe vor diesem Hintergrund allenfalls als entwicklungsverzögert bezeichnet werden. Deshalb ist es auch möglich, dass in integrativen Kindertageseinrichtungen alle Kinder auf der Basis ihrer Fähigkeiten am → gemeinsamen Gegenstand spielen und lernen (vgl. Feuser 1995). Die Forschungsgruppe zum *Hessischen Modellversuch* um Helmut Reiser geht von einem Integrationsverständnis aus, das „Einigungen" im dialogischen Sinne in den Mittelpunkt stellt (vgl. Reiser u. a. 1986). Diese Einigungen zwischen widersprüchlichen Anteilen können innerhalb der Person selbst (personale Ebene) und in den unmittelbaren Interaktionen (interaktionale Ebene) ebenso stattfinden wie bezogen auf die Kindertageseinrichtungen insgesamt (institutionelle Ebene) und die gesellschaftlichen Rahmenbedingungen (gesellschaftliche Ebene). Um Einigungen auf diesen verschiedenen Ebenen zu erzielen, ist es notwendig, integrative Prozesse in Gang zu setzen. Hier sind insbesondere die Erzieherinnen gefordert, Interaktionen zwischen den Kindern anzuregen, zu unterstützen und sich gegebenenfalls auch in das Interaktionsgeschehen einbeziehen zu lassen. Gerade bei kindlichen Spieltätigkeiten kann davon ausgegangen werden, dass Interaktionen zwischen Kindern spontan entstehen. Der „Motor" dabei ist in der Heterogenität der Kinder zu sehen.

Ausgehend vom Situationsansatz der Arbeitshilfen des Landes Nordrhein-Westfalen entwickelt die Forschungsgruppe des Sozialpädagogischen Instituts (SPI) in Köln ein pädagogisches Konzept der integrativen Erziehung (*Nordrhein-Westfälischer Modellversuch*). Kindertageseinrichtungen haben demnach die Aufgabe, zur Bewältigung gegenwärtiger und zukünftiger Lebenssituationen beizutragen (vgl. Dichans 1990). Zur Vielfalt und Komplexität dieser Lebenssituation gehören Kinder mit besonderen Bedürfnissen wie selbstverständlich dazu. Ebenso wie sie im Wohnquartier anderen Kindern auf den Spielplätzen oder auf der Straße begegnen, so sind sie auch in der Kindertageseinrichtung mit einbezogen. In der Auseinandersetzung mit dieser vielschichtigen und ständig sich ändernden Lebenssituation erwerben alle Kinder Ich-, Wir- und Sachkompetenzen und streben zugleich an, eine unverwechselbare Person zu werden, die sich selbst bestimmt.

Im Saarland wird im Rahmen eines Modellversuchs besonders untersucht, wie die integrative Erziehung in regionaler Hinsicht ausgebaut werden kann (*Saarländischer Modellversuch*). Anlass ist dabei der immer häufiger geäußerte Wunsch von Eltern, Angebote zur integrativen Erziehung doch möglichst wohnortnah zu gestalten. Dies hat zur Konsequenz, dass die Möglichkeiten der → Einzelintegration (die Aufnahme eines einzelnen Kindes mit besonderen Bedürfnissen in eine Kindertageseinrichtung) besonders intensiv analysiert werden. Im Ergebnis zeigte sich, dass solche Maßnahmen der Einzelintegration besonders gut im Umfeld abgesichert sein müssen (vgl. Meister 1991). Es werden flexible Unterstützungssysteme für die Arbeit der Erzieherinnen notwendig, die Beratungsleistungen in den Einrichtungen anbieten. Damit wird erneut auf die Bedeutung der unterschiedlichen Ebenen von Integrationsentwicklung hingewiesen, die im erziehungswissenschaftlichen Zusammenhang in der Regel mit der ökologischen Theorie von Urie Bronfenbrenner (1989) in Verbindung gebracht werden.

Entwicklungs-, Interaktions-, Situations- und Netzwerkorientierung zählen gegenwärtig zu den unverzichtbaren Bestandteilen einer integrativen Erziehung im Elementarbereich im Sinne sich ergänzender Perspektiven. Als Gemeinsamkeit der unterschiedlichen Konzeptionen kann festgehalten werden, dass durchweg von einem dialogischen Erziehungsverständnis im Anschluss an Martin Buber (1878-1965) ausgegangen wird (vgl. Buber 2000). Auch das gemeinsame Spiel wird von den vorliegenden pädagogischen Konzepten durchweg als Kern integrativer Erziehung im Elementarbereich anerkannt (vgl. Heimlich 1995).

Fragen wir nach der Praxiswirksamkeit dieser pädagogischen Konzeptionen, so gilt es festzuhalten, dass der Situationsansatz seine Dominanz gegenwärtig offenbar eingebüßt hat und einrichtungsbezogene Mischkonzepte den Vorzug erhalten (vgl. Heimlich/Behr 2005).

Wesentliche Impulse erhält die konzeptionelle Entwicklungsarbeit zur integrativen Erziehung im Elementarbereich gegenwärtig aus der internationalen Bewegung zur inklusiven Pädagogik (*inclusive* education). Wie im „*Index for Inclusion*" von Toni Booth und Mel Ainscow (2006) im Einzelnen dargestellt (→ Index für Inklusion), sollen inklusive Kindertageseinrichtungen von vornherein auf jegliche Form von Aussonderung verzichten und gezielt nach Ressourcen für die Inklusion aller Kinder suchen. Dabei sind vorhandene Barrieren für den Inklusions-Prozess möglichst abzubauen und sowohl innerhalb der Einrichtung als auch im Umfeld Unterstützungssysteme für Inklusion zu aktivieren. Dazu zählt ebenfalls die innere Bereitschaft aller Beteiligten im Sinne einer inklusionsbezogenen Werthaltung. Zur entscheidenden Frage gerät bei solchen inklusiven Prozessen die pädagogische → Qualität. Erste vorliegende Studien zur Messung der Qualität von integrativen Kindertageseinrichtungen (z. B. mit der Kindergartenskala KES-R, vgl. Tietze u. a. 2001) kommen dabei zu überraschenden Befunden. Es zeigt sich nämlich, dass die pädagogische Qualität in integrativen Kindertageseinrichtungen in der Regel weiter entwickelt ist als in nicht-integrativen. Einrichtungen, die Kinder mit besonderen Bedürfnissen aufgenommen haben, konnten die pädagogische Qualität also offenbar verbessern (vgl. Heimlich/Behr 2005, S. 164 ff.). Als Zukunftsperspektive folgt daraus: Wollen wir die pädagogische Qualität von Kindertageseinrichtungen weiter entwickeln, so sollten wir mehr Kinder mit besonderen Bedürfnissen in die regulären Kindertageseinrichtungen aufnehmen.

Ulrich Heimlich

Literatur

Booth, Tony/Ainscow, Mel/Kingston, Denise: Index für Inklusion (Tageseinrichtungen für Kinder). Lernen, Partizipation und Spiel in der inklusiven Kindertageseinrichtung entwickeln. Deutschsprachige Ausgabe. Hrsg. v.d. Gewerkschaft Erziehung und Wissenschaft (GEW). Übesetzung: Tessa Hermann, Wiss. Beratung: Ulrich Heimlich/Andreas Hinz. Frankfurt a.M.: 2006

Bronfenbrenner, Urie: Die Ökologie der menschlichen Entwicklung. Natürliche und geplante Experimente. Hrsg. v. K. Lüscher. Frankfurt a.M.: 1989 (engl. Originalausgabe: 1979, deutsche Erstausgabe: 1981)

Buber, Martin: Reden über Erziehung. Gütersloh: (10. Auflage) 2000

Dichans, Wolfgang: Der Kindergarten als Lebensraum für behinderte und nichtbehinderte Kinder. Köln u. a.: 1990

Feuser, Georg: Gemeinsame Erziehung behinderter und nichtbehinderter Kinder im Kindertagesheim. Ein Zwischenbericht. Bremen: (4. Auflage) 1987 (Erstausgabe: 1984)

Feuser, Georg: Behinderte Kinder und Jugendliche. Zwischen Aussonderung und Integration. Darmstadt: 1995

Heimlich, Ulrich: Behinderte und nichtbehinderte Kinder spielen gemeinsam. Konzept und Praxis integrativer Spielförderung. Bad Heilbrunn: 1995

Heimlich, Ulrich: Integrative Pädagogik. Eine Einführung. Stuttgart: 2003

Heimlich, Ulrich/ Behr, Isabel: Integrative Qualität Im Dialog entwickeln. Auf dem Weg zur inklusiven Kindertageseinrichtung. Münster: 2005

Hellbrügge, Theodor: Unser Montessori-Modell. Erfahrungen mit einem neuen Kindergarten und einer neuen Schule. München: 2. Auflage 1977

Meister, Hans: Gemeinsamer Kindergarten für nichtbehinderte und behinderte Kinder. Saarbrücker Beiträge zur Integrationspädagogik. Bd. 5. St. Ingbert: 1991

Pelzer, Susanne: Darstellung aktueller Projektergebnisse: Integrative Arbeit aus der Sicht der Erzieherinnen. In: Gemeinsam leben. Sonderheft 3/1990, S. 38-53

Reiser, Helmut/Klein, Gabriele/Kreie, Gisela/Kron, Maria: Integration als Prozeß. In: Sonderpädagogik. 16 (1986) Heft 3, S. 155-122/Heft 4, S.154-160

Schäfer, Gerd E.: Bildungsprozesse im Kindesalter. Selbstbildung, Erfahrung und

Lernen in der frühen Kindheit. Weinheim u. München: 1995

Tietze, Wolfgang u. a.: Kindergarten-Skala. Revidierte Fassung (KES-R). Neuwied; Berlin: 2001

Vygotskij, Lev S.: Denken und Sprechen. Psychologische Untersuchungen. Weinheim u. Basel: 2002 (russ. Originalausgabe: 1934)

Montessori-Pädagogik

In vielen Montessori-Einrichtungen, insbesondere in Kinderhäusern, findet man die Kombination von Montessori-Pädagogik und → Integration.

Oft wird die Frage gestellt, ob die Montessori-Pädagogik eine Methode ist, die sich für dieses Modell besonders eignet.

Um sich mit dieser Frage auseinandersetzen zu können, muss man sicherlich zunächst die Grundsätze dieser Pädagogik unter dem Aspekt der Integration untersuchen und sich auch mit der Person Maria Montessori beschäftigen.

Maria Montessori legte die Grundlagen ihrer Pädagogik um die Wende des letzten Jahrhunderts fest. Über ihr Medizinstudium und ihre Arbeit als Assistenzärztin in der Kinderabteilung der Psychiatrischen Klinik der Universität Rom hatte sie erste Kontakte zu Kindern mit → Behinderung. Ihr war damals zusätzlich die Aufgabe übertragen worden, in anderen „Irrenanstalten" geeignete Kinder für die Klinik auszusuchen.

„Sie besuchte eines Tages turnusgemäß die Kinderabteilung einer Irrenanstalt. Die Aufseherin beschwerte sich bei ihr über das abartige Verhalten der Kinder, die das angebotene Brot nicht nur essen würden, sondern Kügelchen und Figuren formten, mit denen sie spielten (...). Montessori erkannte in dem Spiel mit den Brotkrumen das Bedürfnis nach Beschäftigung (Waldschmidt 2001, S. 18). Viele ähnliche Begegnungen bewogen sie, sich mit den Werken von Itard und Séguin zu beschäftigen. Itard hatte als Arzt in einer Taubstummenanstalt jahrelang praktische Erfahrungen mit der Förderung von Menschen mit Kommunikationsproblemen gemacht und daraus eine eigene Methode erarbeitet, den Geist über die Erziehung der Sinne zu entwickeln.

Séguin arbeitete an einer Irrenanstalt in Paris und entwickelte für die Erziehung und Bildung von Menschen mit Behinderung unter anderem Materialien, die Montessori zum Teil später in ihre Pädagogik übernahm.

„Im Frühjahr 1900 eröffnete die Liga in Rom eine Schule, ein medizinisch-pädagogisches Institut zur Ausbildung von Lehrern für die Betreuung und Erziehung geistig behinderter Kinder, verbunden mit einer Modellschule mit 22 kleinen Schülern. Maria Montessori wurde zur Direktorin der Schule ernannt. (...) Die Institution wurde Scuola Magistrale Ortofrenica genannt" (Kramer 2004, S. 106 f.).

Auf einem Kongress in Turin im Jahre 1899 betonte sie in einer Rede das Recht des geistig-behinderten Kindes auf Achtung und Teilhabe innerhalb der Gesellschaft.

„Sie erinnerte ihre Zuhörer, dass Séguin schon 1831 gezeigt habe, dass, der Idiot nicht unfähig ist zu lernen, sondern nur unfähig, den ‚üblichen Erziehungsmethoden zu folgen' (...). Für die Kinder mit weniger ausgeprägten Schwierigkeiten empfahl sie dringend die Schaffung ‚gemeinsamer Klassen' (...). Hier (...) entwickelte Maria Montessori das Prinzip, das ihre spätere Arbeit in der Erziehung normaler Kinder bestimmen sollte: *Erst die Erziehung der Sinne, dann die Erziehung des Verstandes*" (a. a. O., S. 92 ff.).

Nach ihrer Leitidee, „Jedes Kind ist anders", hat sie bei ihrer Methode den differenzierenden und individualisierenden Unterricht als Grundlage ihrer Pädagogik gezielt ausgewählt.

Die Grundannahmen in ihrem pädagogischen Konzept basieren auf dem Modell eines individuell zu sehenden Menschen mit seinen Fähigkeiten und Interessen unter der Beachtung seiner sensiblen Phasen und der Bereitstellung einer vorbereiteten Umgebung. Der Mensch sollte über aktives Tun zu eigenen Erfahrungen und damit zu praxisbezogenem Wissen gelangen.

Die didaktischen Prinzipien der Montessori-Pädagogik entsprechen weitgehend denen der Sonderpädagogik. Lernen hat in beiden Fällen z. B. immer etwas mit Bewegung zu tun, das Prinzip der Wiederholung ist ein tragendes Element und vor dem Akt der Abstrahierung gibt es zunächst eine ausführliche Eingangsphase des praktischen Arbeitens.

Ohne die allgemeine Tendenz der Überbewertung des Materials mitzutragen, muss festgestellt werden, dass das speziell entwickelte Montessori-Material sicherlich aufgrund seiner besonderen Eigenschaften für die sonderpädagogische Arbeit mit Kindern sehr geeignet ist.

Maria Montessori hat bei der Entwicklung der Materialien bestimmte Grundsätze berücksichtigt, die sich in der praktischen Arbeit mit Kindern mit besonderem Förderbedarf immer wieder bewähren.

Die *Isolation der Schwierigkeit* bedeutet, dass nur eine spezielle Eigenschaft oder Qualität in einem Material dargestellt wird; am Beispiel des „Rosa Turms" werden die Begriffe ‚groß' und ‚klein' dadurch vermittelt, dass sich 10 Kuben in allen 3 Dimensionen proportional verändern. All diese Kuben sind aber in einer Farbe, hier rosa, weil es in diesem Fall nicht um den Aspekt Farbe geht. Diese Prinzipien erleichtern in der Praxis die Arbeit besonders mit Kindern, die sich durch Reizüberflutung von der Konzentration der Arbeit leicht ablenken lassen.

Die *Ästhetik* des Materials bedeutet, dass es eine klare und ansprechende Form hat, die das Kind dazu auffordert, sich aktiv damit auseinander zu setzen und sein Interesse und seine Neugier anzuregen.

Alle Materialien haben eine *Fehlerkontrolle*, d.h. das Material ist so konstruiert, dass der korrekte Umgang damit während des Arbeitens selbst im Ergebnis dargestellt wird. Dies ermöglicht den Kindern ein eigenständiges Arbeiten. Besonders bei Kindern mit besonderem Förderbedarf, die oft in besonderem Maß auf die Begleitung und Unterstützung durch Erwachsene angewiesen sind, wirkt die Erfahrung des selbstständigen und unabhängigen Lernens besonders förderlich und motivierend.

Auch die *Begrenztheit* – jedes Material ist nur einmal vorhanden – ist eine wesentliche Eigenschaft und dient hier unter anderem der sozialen Erziehung. Der Gebrauch des Materials erfordert Absprache und Kooperation mit anderen. Die Kinder können dadurch nie parallel die gleichen Lernaktivitäten ausüben und dadurch in Konkurrenz treten.

Auch die übrigen pädagogischen Prinzipien der Montessori-Pädagogik finden im praktischen Alltag in der Arbeit mit Kindern mit besonderem Förderbedarf Anwendung und unterstützen aktiv das Förderkonzept. Die freie Wahl der Arbeit sichert den Kindern zu, dass sie gemäß ihren Fähigkeiten und Interessen ihre Arbeit und ihr individuelles Lerntempo bestimmen können. Die „Vorbereitete Umgebung" stellt sicher, dass jedes Kind gemäß seines persönlichen Entwicklungsstandes und seiner aktuellen sensiblen Periode entsprechende Materialien und andere Erfahrungsmöglichkeiten vorfindet.

Eine besondere Rolle hat Montessori den PädagogInnen zugedacht, die in erster Linie Entwicklungsbegleiter und Unterstützer des Kindes in seiner Entwicklung sind, und immer nur dann gefordert werden, wenn das Kind ihre Hilfe braucht und dann in den Hintergrund zurücktreten, wenn das Kind aktiv arbeitet. Dies bedeutet in der praktischen Arbeit mit Kindern, dass die Erzieherinnen abwartend die Arbeit des Kindes beobachten, es so lange wie möglich selbstständig agieren lassen, aber im Fall der notwendigen Hilfestellung jederzeit präsent sind.

„Hilf mir es selbst zu tun", ein Satz, der immer wieder mit der Montessori-Pädagogik verbunden wird, drückt eines ganz deutlich aus: Ein zentrales Element dieser Pädagogik ist die Erziehung zu einer selbsttätigen und selbstständigen Persönlichkeit, die ihre individuellen Entwicklungsmöglichkeiten möglichst ausschöpfen soll.

Jahrelange Erfahrungen in der Arbeit der gemeinsamen Erziehung von Kindern mit und ohne besonderem Förderbedarf haben gezeigt, dass diese Form der pädagogischen Arbeit, ohne deren Problematik im Einzelfall zu leugnen, im Ergebnis allen Beteiligten positive Erfahrungen ermöglichen. Wir PädagogInnen erleben, dass trotz eines für alle gültigen Entwicklungsschemas jedes Kind anders ist und seine individuelle Ansprache und Förderung braucht. Wenn dies die Grundlage ist, dann ist eben ein Kind mit besonderem Förderbedarf auf eine manchmal ganz besondere Art anders.

Für unsere Kinder ohne Behinderung erleben wir, dass der Umgang und das Zusammenleben mit diesen „anderen" Kindern im Alltag dazugehört, sie registrieren sehr wohl das Anderssein des Gegenübers, jedoch ohne diese Form der Besonderheit zu bewerten. Die Aufforderung an ein „körperbehindertes" Kind: „Komm doch mal zu mir auf die Hochebene" wurde von diesem beantwortet: „Du weist doch, dass ich nicht laufen kann". Antwort des anderen: „Stimmt ja, aber das macht nichts, meine Schwester kann auch nicht laufen." (Die Schwester dieses Kindes ist 6 Monate alt.) Hier wird deutlich: Die Kinder nehmen Tatsachen sehr zur Kenntnis, jedoch ohne diese zu werten. Oft erleben wir Erwachsene es als schwierig, dass Kinder sehr offen mit den Behinderungen und Handicaps der Kinder umgehen; dies ermöglicht jedoch in der Praxis eine offene Auseinandersetzung mit diesen Fragen.
Eine letzte Frage ist zu beantworten. Was haben unsere Kinder mit besonderem Förderbedarf von der gemeinsamen Erziehung? Sicherlich gibt ihnen

dies die Möglichkeit, ganz normal am allgemeinen sozialen Leben teilzunehmen und dies auch mitzugestalten. Darüber hinaus aber erleben wir, dass sie durch die Erfahrungen im Zusammenleben mit den anderen Kindern zusätzlich angeregt und motiviert werden. Sie fühlen sich angenommen und werden in ihrer manchmal sehr besonderen Art zu leben und zu agieren anerkannt.

„Für die gesunden Kinder bedeutet dieses Zusammenleben mit behinderten Kindern eine wertvolle Übung im Rücksichtnehmen. Sie können oft viel genauer spüren als Erwachsene, was das behinderte Kind für sich selbst tun kann und wofür es Hilfe braucht. Sie erkundigen sich sehr ernsthaft nach der Art der Behinderung und wie sie zustande kam. Niemals haben wir bemerkt, dass ein behindertes Kind von denen gehänselt wurde – ein deutlicher Beweis, dass ein Kind, dass sich respektiert fühlt, auch andere respektieren kann" (Dilewsky 1997, S. 18).

Die immer wieder gestellt Frage der Grenzen von Integration soll hier nicht ausgeklammert werden und aus der Praxis heraus erscheint die Antwort sehr einfach: Maßstab muss das einzelne Kind sein, sein Wohlbefinden und die Wertschätzung seiner Persönlichkeit.

Reiner Exner

Literatur

Waldschmidt, Ingeborg: Maria Montessori. Leben und Werk. München: 2001

Kramer, Rita: Maria Montessori. Leben und Werk einer großen Frau. Frankfurt am Main: 2004

Dilewsky, Klaus Jürgen: Die Integration von behinderten Menschen in der Pädagogik Maria Montessoris, verdeutlicht an einem Projekt in Ecuador. Frankfurt am Main: 1997

Normalität

Eine allgemeingültige Begriffsbestimmung von Normalität existiert nicht. Es gibt nicht *die* Normalität, sondern unterschiedliche Normalitätsvorstellungen werden durch Diskurse erst hergestellt. Was unter Normalität und Anormalität (in diesem Zusammenhang: Behinderung) verstanden wird, unterliegt also einer fortwährenden Diskussion. Anders ausgedrückt: Die Frage, wer normal und wer behindert ist, wird in verschiedenen Diskursen ständig neu beantwortet (vgl. Kelle/Tervooren 2008). Der sonderpädagogische Diskurs produziert beispielsweise eine Normalitätskategorie, die sich von der des integrationspädagogischen unterscheidet (vgl. Schildmann 2004; von Stechow 2004; Tervooren 2001). Während der sonderpädagogische Diskurs die Polarität von Normalität und Behinderung ständig neu herstellt, wird Behinderung im integrationspädagogischen Diskurs zu einer neuen Normalität. Seit Rosemary Dybwad im Jahr 1985 als Ehrenpräsidentin des Hamburger Kongresses „Normalisierung – eine Chance für Menschen mit geistiger Behinderung" in Deutschland erstmals ihre These äußerte: Es ist normal, verschieden zu sein[1] (vgl. Kanter 1988, S. 3), haben sich WissenschaftlerInnen diese These in Publikationen zum Thema Integration zu eigen gemacht (vgl. z. B. Feyerer 2000).

Im integrationspädagogischen Diskurs stellt Normalität eine Kategorie dar, die dynamisch und interdependent mit den Kategorien → Behinderung und → Integration vernetzt ist. Die historische Entwicklung dieser Kategorien wurde anhand einer von Jürgen Link (1998a) entwickelten *Theorie der Normalität, der sogenannten Normalismustheorie,* analysiert (vgl. Lingenauber 2003a). Zunächst werden die Grundannahmen dieser diskursanalytischen Theorie und ihre spezifische Terminologie erläutert, und anschließend wird der Fokus auf die integrationspädagogische Normalitätskategorie gelegt. Der integrationspädagogische Diskurs ist erstens ein *Spezialdiskurs* und zweitens die sprachliche Seite der Integrationspraxis (vgl. a. a. O., S. 25).

---

[1] Eine Veröffentlichung von Gunnar und Rosemary Dybwad enthält bereits im März 1977 die These: „It is normal to be different". Sie ist zuerst in der Schweiz erschienen, und zwar in der „International Child Welfare Review" der „International Union for Child Welfare" (vgl. Dybwad/Dybwad 1977; o. J.: S. 65). Ich verdanke diesen Hinweis zur Erstveröffentlichung Alexandra Obolenski.

Normalität wird also sowohl in der Praxis als auch im Diskurs hergestellt. Normalität ist damit keine statische, sondern eine dynamische Kategorie, die im Sinne der Normalismustheorie streng von Normativität unterschieden werden sollte (vgl. a. a. O., S. 26).

Nach Link gibt es keine Normalitäten ohne Subjekte (vgl. Link 1998a, S. 25). Diese Aussage bezieht sich auf die Annahme, dass die Subjekte Normalitäten konstituieren und sie von diesen (konstituierten) Normalitäten wiederum beeinflusst werden. Dabei werden im Sinne der Normalismustheorie bei der Herstellung von Normalitäten unterschiedliche diskursive Strategien benutzt; gedacht sei hier beispielsweise an WissenschaftlerInnen, die sich bewusst mit ihren Normalitätskonzepten in den Diskurs einbringen.

Link unterscheidet vor allem zwei idealtypisierte gegensätzliche Subjektstrategien im Umgang mit Normalität: Die flexibel-normalistische Strategie zielt auf eine „maximale Expandierung und Dynamisierung der Normalitäts-Zone" und die protonormalistische Strategie auf eine „Fixierung und Stabilisierung der Normalitäts-Zone" (a.a.O., S. 78). Diese Normalitäts-Zonen werden nach Link in „Normalfeldern"[2] erzeugt.

Einem Normalfeld liegt die Vorstellung einer gaußschen Normalverteilung zugrunde, mit einer Normalitätsmitte sowie Normalitätsgrenzen. Link geht analog den beiden Diskursstrategien auch von zwei grundsätzlich zu unterscheidenden Normalfeldern aus: dem protonormalistischen und dem flexibel-normalistischen. Er betont, dass zum protonormalistischen Normalfeld eine „fixe und stabile Stigma-Grenze" gehört (vgl. a. a. O., S. 79), und führt aus: „Während die protonormalistischen Normalitätsgrenzen zudem möglichst ‚schmal' (symbolisch wie Mauern) strukturiert sind, gibt es im Flexibilitäts-Normalismus auch ‚breitere' Grenzen (...). Die Stabilisierung fixer Normalitätsgrenzen im Protonormalismus setzt ‚außengelenkte' Subjektivität, ‚Disziplinierung', ‚Dressur' und ‚Repression' voraus. (...) Solche Außenlenkung ist mit dem Flexibilitäts-Normalismus unvereinbar" (Link 1998b, S. 266).

---

[2] Zum Begriff des Normalfeldes vgl. auch Link 1998a, S. 320 ff.

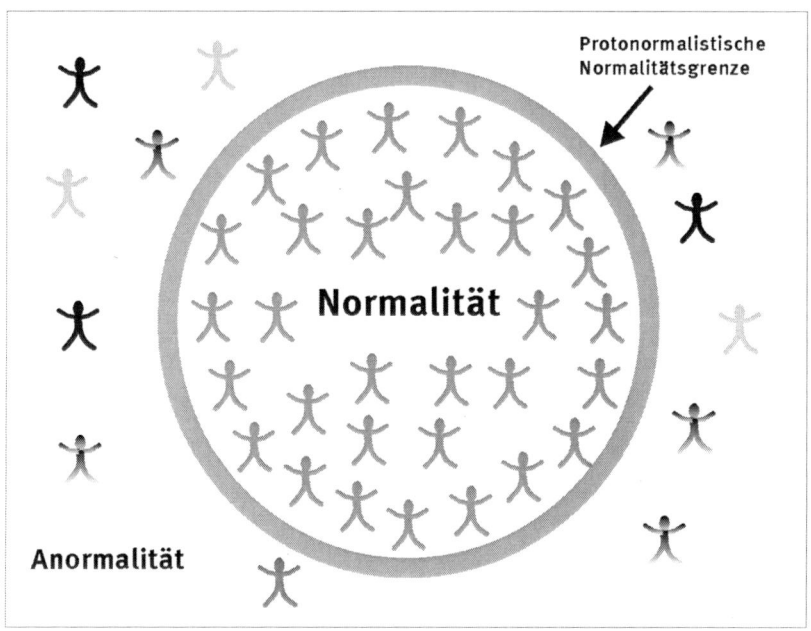

Protonormalistische
Normalitätsgrenze

Normalität

Anormalität

Protonormalistisches Normalfeld (Lingenauber 2003b, S. 69)

Protonormalismus und flexibler Normalismus unterscheiden sich also nicht nur hinsichtlich der Subjektstrategien, sondern beide setzen auch unterschiedliche Subjektivitäten zur Erzeugung der Normalfelder und ihrer Grenzen voraus. Die flexibel-normalistische Normalitätsgrenze ist anders als die protonormalistische eine „dynamische und in der Zeit variable Grenze" (Link 1998a, S. 79). Link führt über die flexibel-normalistische Strategie weiter aus: „Umgekehrt der protonormalistischen Strategie tendiert sie dazu, die Normalitätsspektren maximal auszudehnen, die Normalitätsgrenzen grundsätzlich flexibel zu halten und möglichst breite Übergangszonen zwischen Normalität und Anormalität vorzusehen. Wenn dem Protonormalismus eine starre, ‚dressierte' und ‚außengelenkte' Subjektivität entspricht, so vertraut der flexible Normalismus umgekehrt der ‚innengelenkten Autonomie' der Subjekte, ihre je individuellen ‚Normalitätsentwürfe' selbst zu entwickeln und zu erproben (...)" (Link 1998c, S. 96).

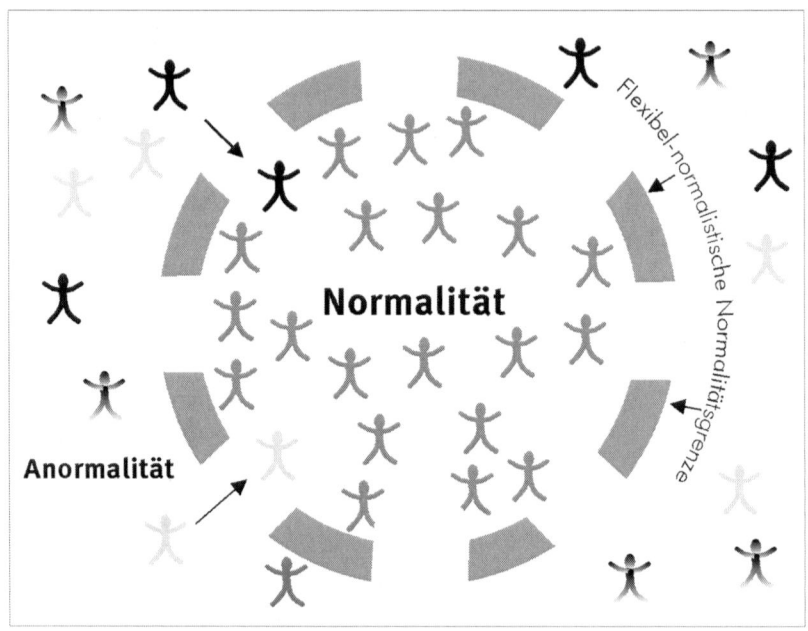

Flexibel-normalistisches Normalfeld (Lingenauber 2003b, S. 70)

Die individuellen Normalitätsentwürfe im Flexibilitäts-Normalismus haben aber auch ihre Grenzen. Link weist nachdrücklich darauf hin, dass es nicht nur im Protonormalismus, sondern auch im flexiblen Normalismus eine Normalitätsgrenze geben *muss* (vgl. Link 1998a, S. 340). Er hebt hervor: „Deshalb arbeitet der Flexibilitäts-Normalismus umgekehrt mit möglichst ‚breiten' Übergangszonen und mit Taktiken, die auf die ‚Inklusion' und ‚Integration' möglichst großer Abschnitte der *borderlines* in die Normalität zielen (...)" (Link 2001, S. 83). In der logischen Umkehrung des Zitats lässt sich formulieren, dass die flexibel-normalistische Strategie nicht auf eine vollständige Integration bzw. → Inklusion zielen kann, da die Normalitätsgrenze und mit ihr die Tatsache der Ausgrenzung erhalten bleiben. Die Übergangszonen zwischen Normalität und Anormalität werden im flexiblen Normalismus zwar verbreitert, lösen jedoch die beiden Pole nicht ganz auf. Link geht in seiner Normalismustheorie davon aus, dass erstens eine Überdehnung des flexiblen Normalismus einen Umschlag in den Protonormalismus zur Folge haben kann. Zweitens erweitern flexibel-normalistische Subjektstrategien zwar die Normalitätsmitte, lösen aber die Normalitätsgrenze nicht auf und kommen damit auch nicht ohne einen harten „Kern von Anormalität" aus (vgl. Link 1998a, S. 141).

Wie lassen sich nun aber Subjektstrategien theoretisch erklären, die darauf abzielen, die Polarität zwischen Normalität und Anormalität gänzlich aufzulösen? Oder anders gefragt: Wie lassen sich Tendenzen im integrationspädagogischen Diskurs erfassen, die auf die Etablierung einer neuen, vollständig individuellen Normalität zielen? Link widmet sich diesem Thema im Zusammenhang mit den kulturrevolutionären Studentengruppen der 1968er Jahre und spricht von der „radikalen Überdehnung" des flexiblen Normalismus in dieser Zeit (vgl. a. a. O., S. 32 f.). Er schreibt über diese und weitere „transnormalistische Experimente": „Sie bilden ein konkretes Beispiel für ‚positive' Möglichkeiten transnormalistischen Funktionierens, ‚konkrete Utopien' in einem ernstzunehmenden, nicht bloß ironieträchtigen Sinne. (...) Die Zonen möglicher transnormalistischer Exploration lagen und liegen stets uneindeutig und unentschieden in einer Art Schwebezustand an der Grenze des flexiblen Normalismus, in den zurück sie jederzeit ‚gefloatet' werden konnten und können" (a. a. O., S. 33). Das Zitat macht deutlich, dass die transnormalistische Taktik dynamisch neben der flexibel-normalistischen Diskursstrategie von ein und demselben Subjekt eingesetzt werden kann. Transnormalismus stellt gleichzeitig eine Überschreitung des flexiblen Normalismus dar, denn er überwindet die Grenze des Flexibilitäts-Normalismus, indem er die Entgrenzungsstrategie so ausdehnt, dass sich das Normalfeld ganz auflöst. Link befasst sich mit Kurt Goldsteins Theorie „individueller Normalitäten" und betont, dass es sich beim Transnormalismus nicht um ein auf statistische Durchschnitte fußendes Normalitätskonzept handele. Er schreibt über Goldstein: „Er löst damit die Bedeutung des Terms ‚normal' vollständig vom Kriterium des Durchschnitts bzw. der überwiegenden Mehrheit der Fälle. Anders gesagt löst er das Konzept einer organisch-funktionalen Normalität vollstandig von der gaußoiden Normalität und der analytisch-homöostatischen Normalität" (a. a. O., S. 131).

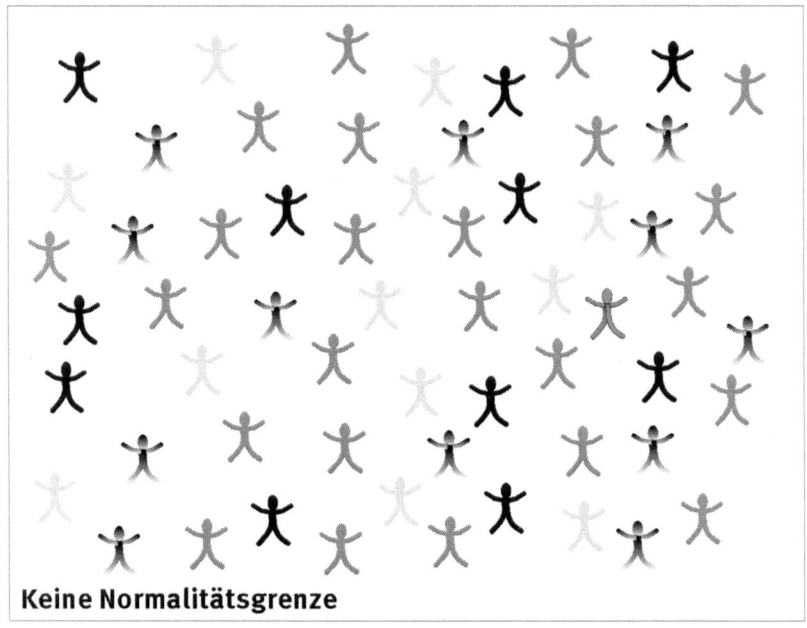

Keine Normalitätsgrenze

Transnormalistisches Normalfeld (Lingenauber 2003b, S. 73)

Auch im integrationspädagogischen Diskurs wird die Kategorie Normalität vom Durchschnittskriterium gelöst. Exemplarisch soll dies an den Normalitätskonzepten von Hans Eberwein und Georg Feuser aus den Jahren von 1990 bis 2000 verdeutlicht werden (vgl. Lingenauber 2003a, S. 179 f.). Eberwein und Feuser generieren in dieser Zeit beide *ein* neues, transnormalistisch grenzenloses Bildungsnormalfeld. In diesem verschmelzen diskursiv das sonderpädagogische, das allgemeinpädagogische und das integrationspädagogische Normalfeld zu einer Einheit. Ihre Konzepte basieren auf dem transnormalistischen Normalitätsmaßstab unbegrenzter, individueller Normalitäten (vgl. ebd.). In ihren Publikationen lassen sich vergleichbare Konkretisierungen zum Verzicht auf die Behinderungskategorie (→ Behinderung) in einem einheitlichen integrativen Bildungssystem ausmachen, z. B. die Loslösung der Ressourcengewährung von Behinderungsklassifikationen und die Einrichtung von LehrerInnenstundenpools. In ihren Normalitätskonzepten der 1990er Jahre stehen Diskursstrategien im Vordergrund, die darauf gerichtet sind, sämtliche – d. h. generelle, allgemeinpädagogische und sektorielle, sonder- sowie integrationspädagogische – Normalitätsspektren durch eine neue Normalität zu ersetzen und die Behinderungskategorie damit gänzlich aufzulösen (vgl. ebd.). Eberwein beschreibt in seinem Normalitätskonzept der 1990er Jahre den Auftrag der *Integrationspädagogik* einerseits als zeitlich begrenzt und anderseits als zur Systemtranszendenz der bisherigen Bildungsnormalfelder führend. Für seine Diskursstrategie ist damit die Integrationskategorie (→ Integration) von zentraler Bedeutung. Eberweins Ziel ist aber langfristig – ebenso wie das von Feuser – auf die *Überwindung von Integration* in Praxis und Diskurs gerichtet. Als wesentliche Unterscheidung ist festzuhalten, dass der *Selbstbestimmt-Leben*-Diskurs der Behindertenbewegung Eberweins Normalitätsbegriff beeinflusst hat, während Feusers Normalitätskonzept sowie sein gattungsspezifischer Normalitätsbegriff auf der Tätigkeitstheorie basiert (vgl. ebd.).

In beiden Werken spielt die Vorstellung von Behinderung als *neue Normalität* eine Rolle. Feuser bezieht diese Normalitätsvorstellung seit Mitte der 1990er Jahre auf das Selbstbild der Subjekte. In seinem durch die *Kulturhistorische Schule* beeinflussten Normalitätsverständnis ist jedes Subjekt ein gattungsspezifisch normales. Damit ist es für den Menschen so normal, behindert zu sein, wie es normal ist, nicht behindert zu sein. Demgegenüber bezieht Eberwein seit den späten 1980er Jahren die These von *Normalität als Verschiedenheit* auf die pädagogischen Professionen, indem er die Anerkennung dieser Normalitätsvorstellung von PädagogInnen fordert (vgl. ebd.).

Zusammenfassend ist festzuhalten, dass im integrationspädagogischen Diskurs eine transnormalistische Normalität produziert wird. Die Herstellung dieser neuen Normalität ist mit den Kategorien Integration und Behinderung dynamisch und interdependent vernetzt.

Sabine Lingenauber

Normalität

Literatur

Dybwad, Gunnar/Dybwad, Rosemary: Severe mental retardation. Case studies. Current problems. In: International Union for Child Welfare (Hrsg.): International Child Welfare Review, o. O. (Schweiz): 1977

Dybwad, Gunnar/Dybwad, Rosemary: Severe mental retardation. Case studies. Current problems. Reprinted from the International Child Welfare Review by the Canadian Association for the mentally retared for the international league of societies for the mentally handicapped. Brüssel: o. J.

Feyerer, Ewald: Eine gemeinsame Schule benötigt eine gemeinsame LehrerInnen-(aus)bildung. In: Hans, Maren/Ginnold, Antje (Hrsg.): Integration von Menschen mit Behinderung. Entwicklungen in Europa. Neuwied, Kriftel und Berlin: 2000, S. 248-269

Kanter, Gustav: Editorial. Gemeinsame Unterrichtung. Behinderte und nichtbehinderte Kinder und Jugendliche in einer sich verändernden Welt. In: Geistige Behinderung 27(1988)1, S. 1-3

Kelle, Helga/Tervooren, Anja (Hrsg.): Ganz normale Kinder. Heterogenität und Standardisierung kindlicher Entwicklung. Weinheim und München: 2008

Lingenauber, Sabine: Integration, Normalität und Behinderung. Eine normalismustheoretische Analyse der Werke (1970-2000) von Hans Eberwein und Georg Feuser. Opladen: 2003a

Lingenauber, Sabine: Normalismusforschung: Über die Herstellung einer neuen Normalität im integrationspädagogischen Diskurs. In: Feuser, Georg (Hrsg.): Integration heute. Perspektiven der Weiterentwicklung in Theorie und Praxis. Frankfurt am Main u. a.: 2003b, S. 65-76

Link, Jürgen: Versuch über den Normalismus. Wie Normalität produziert wird. Opladen und Wiesbaden: (2. Auflage) 1998a

Link, Jürgen: Von der „Macht der Norm" zum „flexiblen Normalismus": Überlegungen nach Foucault. In: Jurt, Josef (Hrsg.): Zeitgenössische französische Denker: eine Bilanz. Freiburg im Breisgau: 1998b, S. 251-268

Link, Jürgen: Die Angst des Kügelchens beim Fall durch die Siebe: Zum Anteil des Normalismus an der Kontingenzbewältigung in der Moderne. In: Binczek, Natalie (Hrsg.): Eigentlich könnte alles auch anders sein. Köln: 1998c, S. 92-105

Link, Jürgen: Aspekte der Normalisierung von Subjekten. Kollektivsymbolik, Kurvenlandschaften, Infografiken. In: Gerhard, Ute/Link, Jürgen/Schulte-Holtey, Ernst (Hrsg.): Infografiken, Medien, Normalisierung. Zur Kartografie politisch-sozialer Landschaften. Heidelberg: 2001, S. 77-92

Schildmann, Ulrike: Normalismusforschung über Behinderung und Geschlecht. Eine empirische Untersuchung der Werke von Barbara Rohr und Annedore Prengel. Opladen: 2004

Stechow, Elisabeth von: Erziehung und Normalität. Eine Geschichte der Ordnung und Normalisierung der Kindheit. Wiesbaden: 2004

Tervooren, Anja: Pädagogik der Differenz oder differenzierte Pädagogik? Die Kategorie Behinderung als integraler Bestandteil von Bildung. In: Fritsche, Bettina/Hartmann, Jutta/Schmidt, Andrea/Tervooren, Anja: Dekonstruktive Pädagogik. Erziehungswissenschaftliche Debatten unter poststrukturalistischen Perspektiven. Opladen: 2001, S. 201-218

Qualität

Die Frage „Wie gut sind unsere Kindergärten?" hat in den letzten Jahren die Fachdiskussion im Bereich einer Pädagogik der frühen Kindheit dominiert (vgl. Fthenakis/Textor 1998; Tietze 1998; Zimmer/Preissing/Thiel 1997). Der Begriff „Qualität" [von lat. *qualitas* = Beschaffenheit, Eigenschaft] bezeichnet allgemein die charakteristischen Eigenschaften einer Sache oder einer Person. Von daher hat Qualität stets mit Bewertung und subjektiven Normen zu tun. Für die Bestimmung von pädagogischer Qualität in Kindertageseinrichtungen stehen eine Reihe von unterschiedlichen Konzeptionen zur Verfügung.

Der strukturell-prozessuale Ansatz hat sich in den letzten Jahren im Bereich der Kindertageseinrichtungen bewährt. Strukturelle Dimensionen von Qualität umfassen unter anderem die Größe der Kindergartengruppe, den Personalschlüssel, die Ausbildung und Qualifikation der Betreuer, die Stabilität der Betreuung, die Strukturierung des Betreuungsablaufs, die Raumgestaltung und die Größe der Einrichtung. Prozessuale Dimensionen erfassen den Umgang mit den Kindern, also die Betreuer-Kind-Interaktionen, sowie die Betreuer-Eltern-Interaktionen. Sowohl die strukturellen als auch die prozessualen Dimensionen müssen in der Erziehungsqualität mit berücksichtigt werden (vgl. Fthenakis/Textor 1998).

Der Kronberger Kreis beispielsweise will mit seinem Konzept dazu beitragen, die Qualität in Kindertageseinrichtungen zu verbessern und zu sichern. Dieses Konzept bezieht sich nicht nur auf Ergebnisse, sondern auch auf das interpersonale Handeln. Die Einrichtung entwickelt ihr Konzept „im Dialog". Die Qualitätsmerkmale sind der Bedarf, die Nachfrage und die berufliche

Praxis. Diesen Merkmalen liegen zwei Hauptkriterien zu Grunde: die qualitative Grundorientierung (GO) der professionellen Fachkräfte und die Programm- und Prozessqualität (PPQ). Aus dem Dialog entstehen Anregungen für die Entwicklung der Qualität. Die Fachkräfte werden in diesem Prozess extern unterstützt und begleitet (vgl. Kronberger Kreis 2001).

Der Ansatz *DIN EN ISO 9000* dagegen ist aus Industriebetrieben heraus entwickelt worden. DIN bedeutet „Deutsche Industrienorm", EN „Europäische Norm", ISO „Internationale Standard Organisation" und „9000" steht für die jeweilige Norm. In den letzten Jahren ist diese Norm um einige erweitert worden, deshalb spricht man häufig von der DIN 9000 ff. Personen, die eine Einrichtung anhand dieser Norm einschätzen, werden ZertifiziererInnen oder AuditorInnen genannt. Diese AuditorInnen erstellen mit der Einrichtung ein Qualitätshandbuch, das die Schritte für die Qualitätsziele enthält. Diese Ziele werden gemeinsam erarbeitet und festgelegt. Die erarbeiteten Anforderungen werden in regelmäßigen Abständen überprüft. Ziel dieser regelmäßigen Überprüfung ist die Kundenzufriedenheit (vgl. Speck 1999).

Das professionelle Selbstverständnis und die professionelle Handlungsweise der pädagogischen Fachkräfte sind die Basis des *Kieler Instrumentarium für Elementarpädagogik und Leistungsqualität (K.I.E.L)*. Dieses Instrument kann zur Selbstevaluation, aber auch zur Fremdevaluation genutzt werden. Als Basisorientierung fungiert das Kinder- und Jugendhilfegesetz, die länderspezifischen Kindertagesstättengesetze, die UNO-Charta „Recht des Kindes", das Berufsbild der Erzieherin und auch die aktuellen „Daten heutiger Kindheit". Insgesamt umfasst es 15 Qualitätsbereiche, die wiederum in weitere Qualitätskriterien aufgeteilt sind. Dies ergibt insgesamt über 400 Kriterien. Die kontinuierliche Überprüfung im Rhythmus von zwei Jahren bietet zusätzlich die Möglichkeit, Veränderungen in der Qualitätsentwicklung und in der erreichten Qualität über längere Zeiträume hinweg zu verfolgen (vgl. Krenz 2001).

Festzuhalten bleibt, dass strukturelle und prozessuale Aspekte der pädagogischen Qualität in Kindertageseinrichtungen bewusst reflektiert werden müssen. Gegenüber externen QualitätsberaterInnen und Maßnahmen der Fremdevaluation ist besonders zu betonen, dass die pädagogischen Fachkräfte für die Qualitätsentwicklung die entscheidenden Subjekte sind.

Es fällt schwer, die Qualität von gemeinsamer Erziehung in objektiver Weise zu beschreiben. Otto Speck (1999, S. 129) spricht im Feld sozialer Arbeit

und Rehabilitation von „sozialer Qualität" und legt damit zugleich die inklusive Dimension des Qualitätskonzepts offen. Als Teilwerte von sozialer
Qualität führt Speck (a.a.O., S. 130 ff.) nun „Menschlichkeit", „Autonomie",
„Professionalität", „Kooperativität", „Organisationale Funktionabilität" und
„Wirtschaftlichkeit" an. Diese „Eckwerte" sozialer Qualität (a.a.O., S. 143)
stehen in einem Wechselverhältnis zueinander. Beeinflusst ist diese Debatte in der rehabilitativen Hilfe vor allem durch das „quality of life-Modell"
aus Nordamerika. Die Entwicklung dieser sozialen Qualität bezogen auf die
gemeinsame Erziehung im Elementarbereich soll nun auf der Basis des ökologischen Mehrebenen-Modells der Integrationsentwicklung im Elementarbereich nachgezeichnet werden (vgl. Heimlich 2003, S. 35 ff.; Ditton 2002,
S. 776 ff.).

Die soziale Qualität der gemeinsamen Erziehung bezogen auf Kinder mit
individuellen Förderbedürfnissen umfasst zunächst einmal die Möglichkeiten der Teilhabe. Von daher gewinnen Förderkonzepte, die soziale Begegnung von Kindern mit unterschiedlichen Kompetenzen gewährleisten, eine
besonders hohe Bedeutung bei der Qualitätsentwicklung. Zugleich haben
Kinder mit individuellen Förderbedürfnissen den Anspruch auf eine angemessene Förderung ihrer Entwicklung bei gleichzeitigem Respekt vor ihren
Selbstbestimmungsrechten (Autonomie).

Der Kern integrativer Prozesse in Kindertageseinrichtungen wird nach übereinstimmender Auffassung aller einschlägigen pädagogischen Konzeptionen einer gemeinsamen Erziehung durch das gemeinsame Spiel gebildet
(vgl. Heimlich 1995, S. 56 ff.). Kinder mit und ohne Behinderung lernen beim
gemeinsamen Spiel in integrativen Tageseinrichtungen sehr viel voneinander und regen sich gegenseitig zur Entwicklung an. Sie erfahren etwas von
den individuellen Unterschieden und entwickeln daraus neue Gemeinsamkeiten (Menschlichkeit) (vgl. zur Praxis des gemeinsamen Spiels: Heimlich/
Höltershinken 1994). Damit wird eine neue Förderressource erschlossen:
die Gruppe der Gleichaltrigen (peer-group). „Soziale Qualität" wird auf dieser Ebene insbesondere über die Entwicklung des pädagogischen Konzeptes gewährleistet.

Der Reformprozess der Integrationsentwicklung ist für einzelne Erzieherinnen nicht mehr zu bewältigen. Teamentwicklung muss deshalb als entscheidender Bestandteil der Entwicklung „sozialer Qualität" in der gemeinsamen Erziehung hinzukommen (Multiprofessionalität, Kooperativität).

Die Zusammenarbeit im Team bezieht sich zum einen auf die Kinder und ihre individuellen Förderbedürfnisse und zum anderen auf die gemeinsame und arbeitsteilige Vorbereitung des differenzierten Gruppenangebotes sowie die kooperative Gestaltung des Kindergartentages (*organisationale Funktionalität*). Zusätzlich ist die Teamsitzung die eigentliche Instanz der Entwicklung eines einrichtungsbezogenen pädagogischen Konzeptes.

In Verbindung mit der internationalen Entwicklung zur *inclusive education* ist die Ebene der Kindertageseinrichtung in ihrer Bedeutung für die Integrationsentwicklung immer dominanter geworden. Aus systemischer Sicht muss festgehalten werden, dass die Aufnahme eines Kindes mit besonderen Bedürfnissen über kurz oder lang die gesamte Kindertageseinrichtung verändert. Das Erzieherinnenteam und die Leitung der Tageseinrichtung stellen sich mit zunehmender Integrationserfahrung die Frage, in welchem Verhältnis ihr pädagogisches Konzept zum Integrationsanliegen steht (*Kooperativität*). In vielen Einrichtungen steht die Integration im Mittelpunkt des pädagogischen Leitbildes. Sie bemühen sich um Barrierefreiheit und umfassende Zugänglichkeit für alle Kinder (*organisationale Funktionalität*) und vertreten das Integrationsanliegen auch aktiv nach außen.

Gemeinsame Erziehung in Tageseinrichtungen für Kinder ist allerdings ebenso auf regionale und überregionale Unterstützungssysteme im Umfeld angewiesen. Soziale Qualität wird auf dieser Ebene durch die Einbeziehung von diagnostischen und therapeutischen Kompetenzen sichergestellt, was bei der → Einzelintegration (Aufnahme eines einzelnen Kindes mit einer Behinderung in einen Regelkindergarten) häufig noch schwierig ist (*Kooperativität*). Zentrale Integrationseinrichtungen bzw. Schwerpunkteinrichtungen mit langjährigen Erfahrungen in der gemeinsamen Erziehung haben demgegenüber therapeutische Fachkräfte und Ausstattungsmerkmale mit in die Einrichtung einbezogen. Zu den Unterstützungssystemen zählen aber ebenso der jeweilige Träger der Einrichtung und der Bereich der Bildungs- und Sozialpolitik, da von hier aus über Gesetze, Verordnungen, Erlasse und Finanzierungsmodelle in der Regel die Rahmenbedingungen für gemeinsame Erziehung in Kindertageseinrichtungen gesetzt werden (*Wirtschaftlichkeit*).

Ulrich Heimlich

Literatur

Ditton, Hartmut: Evaluation und Qualitätssicherung. In: Tippelt, Rudolf (Hrsg.): Hb. Bildungsforschung. Opladen 2002, S. 775-790

Fthenakis, Wassilios E./Textor, Martin R. (Hrsg.): Qualität von Kinderbetreuung. Konzepte, Forschungsergebnisse, internationaler Vergleich. Weinheim u. Basel: 1998

Heimlich, Ulrich: Behinderte und nichtbehinderte Kinder spielen gemeinsam. Konzept und Praxis integrativer Spielförderung. Bad Heilbrunn: 1995

Heimlich, Ulrich: Integrative Pädagogik – eine Einführung. Stuttgart u. a.: 2003

Heimlich, Ulrich/Höltershinken, Dieter (Hrsg.): Gemeinsam spielen. Integrative Spielprozesse im Regelkindergarten. Seelze: 1994

Krenz, Arnim: Qualitätssicherung in Kindertagesstätten. Kieler Instrumentarium für Elementarpädagogik und Leistungsqualität – K.I.E.L. München: 2001

Kronberger Kreis für Qualitätsentwicklung in Kindertageseinrichtungen (Hrsg.): Qualität im Dialog entwickeln. Wie Kindertageseinrichtungen besser werden. Seelze: 2001

Speck, Otto: Die Ökonomisierung sozialer Qualität. Zur Qualitätsdiskussion in Behindertenhilfe und Sozialer Arbeit. München u. Basel: 1999

Tietze, Wolfgang: (Hrsg.): Wie gut sind unsere Kindergärten? Eine Untersuchung zur pädagogischen Qualität in deutschen Kindergärten. Neuwied u. a.: 1998

Zimmer, Jürgen/Preissing, Christa/Thiel, Thomas: Kindergärten auf dem Prüfstand. Dem Situationsansatz auf der Spur. Seelze: 1997

Quantitative Entwicklung

Im Hinblick auf die Betreuung von Kindern mit → Behinderungen in Kindertageseinrichtungen hat in den letzten zwei Jahrzehnten ein Paradigmenwechsel stattgefunden. Wurden Kinder mit Behinderungen lange Zeit in Sondereinrichtungen gefördert, so orientiert man sich heute am Leitbild einer → integrativen Erziehung, das die gemeinsame Förderung, Betreuung und Erziehung von Kindern mit und ohne Behinderungen zum Ziel hat. Die heilpädagogischen Tageseinrichtungen (Sondereinrichtungen) sowie die Sonderschulkindergärten in der Zuständigkeit der Schulverwaltung, die ausschließlich von Kindern mit Behinderungen besucht werden, werden hier nicht weiter thematisiert. Eine Gesamtschau der Angebote wird mit dem nationalen Bildungsbericht 2012 vorliegen (vgl. Autorengruppe Bildungsbericht 2012). Die Darstellung und Analyse der quantitativen Entwicklung in diesem Beitrag konzentrieren sich ausschließlich auf die integrativen Angebote, die in der amtlichen Kinder- und Jugendhilfestatistik bis 2002 alle vier Jahre und ab 2006 jährlich erhoben werden.

In der Praxis haben sich zwei unterschiedliche Formen der integrativen Betreuung in Tageseinrichtungen entwickelt. Neben integrativen Einrichtungen, die Integrationsgruppen (→ integrative Kindertageseinrichtungen) geschaffen haben, in denen regulär mehrere Kinder mit Behinderungen zusammen mit Kindern ohne Behinderungen betreut werden, spielt die → Einzelintegration in Regeleinrichtungen zunehmend eine Rolle. Bei dieser wird ein Kind mit Behinderungen auf Anfrage in die bestehende Regeleinrichtung am Wohnort aufgenommen. In einigen Regionen und Ländern (z. B. Hessen) wird eine Aufnahme in Regelkindergärten bevorzugt, da sie die einzige Möglichkeit darstellt, wohnortnahe Angebote flächendeckend realisieren zu können.

In der amtlichen Kinder- und Jugendhilfestatistik wurden beide Formen in der Kategorie Plätze in integrativen Einrichtungen erfasst. Allerdings wurde nicht erfasst, ob die verfügbaren Plätze auch von Kindern mit Behinderungen in Anspruch genommen wurden. Daher ist zu vermuten, dass die ausgewiesene Anzahl der verfügbaren Plätze höher ist, als die reale Inanspruchnahme (vgl. auch Riedel 2005). Ab 2006 werden nicht mehr die verfügbaren Plätze, sondern die Kinder in den Einrichtungen erhoben. Pro Kind wird auch abgefragt, ob es eine besondere Förderung im Sinne der Eingliederungshilfe für Kinder mit Behinderungen erhält. Somit kann ab 2006 eine differenzierte Analyse erstellt werden. In diesem Beitrag werden Daten bis 2011 verwendet.

Bundesweit gab es im März 2011 insgesamt 16.397 Tageseinrichtungen für Kinder, in denen Kinder mit Behinderungen gemeinsam mit Kindern ohne eine Behinderung betreut, gebildet und erzogen werden (vgl. Tabelle 1).

Tabelle 1: Einrichtungen und verfügbare Plätze für Kinder mit Behinderung in integrativen Einrichtungen am 31.12.1994, 31.12.1998 und 31.12.2002 und Kinder mit Eingliederungshilfen 15.03.2007 und 01.03.2011 (Deutschland, westliche und östliche Flächenländern sowie Stadtstaaten)

	Einrichtungen	Plätze	Pl. pro Einr.	o. Beh. : m. Beh.[1]
31.12.1994				
Deutschland	4.869	22.049	4,5	17 : 1
Westliche FL	3.191	10.819	3,4	20 : 1
Östliche FL	1.224	7.864	6,4	14 : 1
Stadtstaaten	454	3.366	7,4	11 : 1
31.12.2002				
Deutschland	9.825	45.229	4,6	16 : 1
Westliche FL	7.365	26.856	3,6	19 : 1
Östliche FL	1.626	12.832	7,9	12 : 1
Stadtstaaten	834	5.541	6,6	13 : 1
15.03.2007				
	Einrichtungen	Kinder mit Behinderungen	Kinder pro Einrichtung	o. Beh. : m. Beh.[1]
Deutschland	13.414	44.911	3,3	22 : 1
Westliche FL	10.316	28.081	2,7	25 : 1
Östliche FL	1.882	10.481	5,6	18 : 1
Stadtstaaten	1.216	6.349	5,2	16 : 1
01.03.2011				
Deutschland	16.397	63.538	3,9	19 : 1
Westliche FL	12.931	40.964	3,2	21 : 1
Östliche FL	1.882	13.565	7,2	15 : 1
Stadtstaaten	1.584	9.009	5,7	15 : 1

[1] Verhältnis von Plätze für Kinder ohne eine Behinderung : Plätze für Kinder mit Behinderungen

Quelle: Statistisches Bundesamt: Statistiken der Kinder- und Jugendhilfe – Tageseinrichtungen für Kinder 1994, 1998 und 2002; ebd. Kinder und tätige Personen in Tageseinrichtungen 2007 und 2011, Wiesbaden versch. Jahrgänge; eigene Berechnungen.

In den integrativen Einrichtungen wurden bundesweit insgesamt 63.500 Kinder mit Behinderungen betreut: 41.000 in den westlichen Flächenländern, fast 13.500 in den östlichen Flächenländern und rund 9.000 in den

Stadtstaaten. Unterschiede bei den integrativen Einrichtungen zeigen sich zwischen den Landesteilen bei der Anzahl der Kinder mit Behinderungen je Einrichtung. Diese Quote beläuft sich in den westlichen Flächenländern auf 3,2 und in den östlichen Flächenländern auf 7,2 Plätze pro Einrichtung. Somit werden im Osten pro Einrichtung mehr Plätze für Kinder mit Behinderungen bereitgestellt. Diese Tatsache drückt sich auch in dem Verhältnis aus, wie viele Plätze für Kinder ohne eine Behinderung auf einen Platz für ein Kind mit Behinderungen kommen. Im Westen liegt dieses Verhältnis bei 21 : 1 und im Osten bei 15 : 1. Das Verhältnis in den Stadtstaaten ähnelt dem in den östlichen Ländern.

Rückblickend ist zu beobachten, dass die Anzahl der integrativen Einrichtungen und die Anzahl der verfügbaren Plätze seit 1994 erheblich gestiegen sind. Gab es Ende des Jahres 1994 nur 4.869 Einrichtungen, in denen 22.000 Plätze für Kinder mit Behinderungen angeboten wurden, so waren es Ende 1998 bereits 7.789 Einrichtungen mit 34.742 Plätzen. Zwischen 1998 und 2002 wurde dann die Anzahl der Einrichtungen und verfügbaren Plätze noch einmal deutlich um bis zu 30% gesteigert.

Somit standen am 31.12.2002 in 9.825 integrativ arbeitenden Einrichtungen 45.229 Plätze zur Verfügung. Nach der Umstellung der Statistik und der damit verbundenen Erhebung der Kinder mit Behinderungen wurde deutlich, dass die Anzahl der Kinder in integrativen Einrichtungen in etwa gleich geblieben ist. Durch die differenziertere Erfassung hat sich auch gezeigt, dass deutlich mehr Einrichtungen integrativ arbeiten und Kinder mit Behinderungen aufnehmen. Zwischen 2007 und 2011 ist die Anzahl der betreuten Kinder, die eine Eingliederungshilfe erhalten noch einmal deutlich um mehr als 40% gestiegen, von 44.911 auf 63.538.

In welchem Maße im Gegenzug die Anzahl der Sondereinrichtungen und die darin verfügbaren Plätze zurückgegangen sind, kann nicht vollständig statistisch belegt werden. Zumindest ist der Anteil der heilpädagogischen Tageseinrichtungen, der in der Kinder- und Jugendhilfestatistik nachgewiesen wird, um mehr als 50% zurückgegangen. Daher ist davon auszugehen, dass die Ausweitung der integrativen Angebote auch zu einem mehr als deutlichen Rückgang der heilpädagogischen Tageseinrichtungen geführt hat, die ausschließlich Kinder mit Behinderungen aufnehmen.

Bisher wurde bei den Analysen nicht zwischen den verfügbaren Plätzen für einzelne Altersgruppen in den Tageseinrichtungen für Kinder unterschieden.

Schlüsselt man die Altersstruktur der Kinder mit Behinderungen in den Tageseinrichtungen auf, wird sehr schnell deutlich, dass die meisten Eingliederungshilfen für Kinder im Alter von drei Jahren bis zum Schuleintritt gewährt werden. Von 63.538 Kindern mit Behinderungen in integrativen Einrichtungen waren im März 2011 in Deutschland 85.238 Kinder im Kindergartenalter (vgl. Tabelle 2).

Tabelle 2: Kinder mit Behinderungen nach Altersklassen in integrativen Tageseinrichtungen für Kinder je 100 der altersentsprechenden Bevölkerung am 01.03.2011

Kinder mit e. Behind. im Alter von…, die eine Tageseinrichtung besuchen	Deutschland	Westliche Flächen-länder	Östliche Flächen-länder	Stadt-staaten
	Anzahl der Kinder mit Behinderung			
Insgesamt	63.538	40.964	13.565	9.009
unter 3 Jahren	2.364	1.053	819	492
3 Jahren bis zum Schuleintritt	58.238	38.469	11.364	8.405
5 Jahren, die bereits die Schule besuchen	2.936	1.442	1.382	112
	Je 100 der altersentsprechenden Bevölkerung			
Insgesamt	0,9	0,7	1,3	1,7
unter 3 Jahren	0,1	0,1	0,3	0,3
3 Jahren bis zum Schuleintritt (6,5 Jahre)	2,4	2,0	3,3	4,8
6,5 bis unter 10,5 Jahren (Grundschulalter)	0,1	0,1	0,4	0,1

Quelle: Statistisches Bundesamt: Statistiken der Kinder- und Jugendhilfe – Kinder und tätige Personen in Kindertageseinrichtungen 2011; eigene Berechnungen.

Dies entspricht 92% dieser Gruppe. Der Anteil der unter 3-Jährigen mit Behinderungen ist äußerst gering. In dieser Altersgruppe werden nur 2.364 Kinder betreut. Von Kindern im Hortalter (in der Regel 6- bis unter 10-Jährige) nutzen nur 2.936 Kinder mit Behinderung diese Angebote.

Die absoluten Zahlen geben allerdings noch keine Auskunft darüber, ob mit dem vorhandenen Angebot der Bedarf an Plätzen für Kinder mit Behinderungen auch gedeckt wird. Um dies beurteilen zu können, müssten Erkenntnisse darüber vorliegen, wie hoch die Anzahl der Kinder mit Behinderung ist, die ein besonderes Förderangebot benötigen, sei es in einer integrativen Einrichtung oder einer Sondereinrichtung. Da die Definition von Behinderung unterhalb der offiziellen Definition der Schwerbehinderung nicht einheitlich gefasst ist und zumindest leichte Behinderungen im Vorschulalter eher nicht wahrgenommen werden (vgl. Beck 2002, S. 199 ff.), ist es nicht möglich, eine eindeutige Aussage darüber zu machen, wie viele Kinder im Kindergartenalter von Behinderung betroffen sind. Auswertungen der Schwerbehindertenstatistik, der Schulstatistik (Sonderschulbesuch) und unterschiedlicher Untersuchungen lassen vermuten, dass der Anteil der Kinder mit Behinderungen im Kindergartenalter bei 3% bis 5% liegt (vgl. a. a. O., S. 206; Rauschenbach u. a. 2004, S. 160).

Stellt man dieser angenäherten „Bedarfsquote" die Inanspruchnahme gegenüber, wird deutlich, dass mit der im Jahre 2011 erreichten Inanspruchnahmequote mit integrativen Plätzen von 2,4% der 3- bis unter 6½-Jährigen im Bundesdurchschnitt noch durchaus von einer Versorgungslücke auszugehen ist. Im Ost-West-Vergleich zeigen sich hier allerdings wieder große Unterschiede. Während in den westlichen Flächenländern in integrativen Einrichtungen eine Quote von 2,0% (einschließlich nicht-integrativer Angebote 2,4% und unter Berücksichtigung der Förderschulkindergärten in Trägerschaft der Schulverwaltung auf 3,2%) erreicht wird, nehmen in den östlichen Flächenländern 3,3 und den Stadtstaaten 4,8% der 3- bis unter 6½-Jährigen ein integratives Angebot in Anspruch. Somit kann inzwischen in West- und Ostdeutschland davon ausgegangen werden, dass zumindest rein rechnerisch die Untergrenze der Bedarfsquote von 3% erreicht ist.

Auf die erheblichen Unterschiede zwischen den westlichen und östlichen Bundesländern sowie den Stadtstaaten in der Versorgung mit Angeboten für Kinder mit Behinderungen in Tageseinrichtungen wurde bereits hingewiesen. In dieser regionalisierten Auswertungsperspektive stellt sich allerdings auch die Frage, ob die Situation und Entwicklung in den einzelnen westlichen und östlichen Bundesländern gleich oder ähnlich ist. Um dieser Frage nachzugehen, wird die Situation in den einzelnen Bundesländern dargestellt und analysiert. Da die Angebote für Kinder im Kindergartenalter die zentralen

Angebote darstellen, wird im Weiteren nur auf die Angebote für diese Altersgruppe eingegangen (zu den anderen Altersgruppen vgl. Riedel 2008). Zunächst muss festgehalten werden, dass in allen Bundesländern – entsprechend dem allgemeinen Trend – die Anzahl der integrativen Angebote teilweise erheblich zugenommen hat. Für einen Vergleich der Bundesländer ist die Anzahl der Kinder in integrativen Angeboten wenig aussagekräftig, da die Größe der Bundesländer bezogen auf die Bevölkerung sehr unterschiedlich ist. Deshalb werden im Folgenden die Quoten der Inanspruchnahme zwischen den Bundesländern verglichen (vgl. Tabelle 3).

In den westlichen Flächenländern wird eine Inanspruchnahmequote von 1% Anfang des Jahres 2011 nur in den südlichen Bundesländern (Baden-Württemberg 1,1%; Bayern 1,5%, Rheinland-Pflaz 1,6%) erreicht. Versorgungsquoten, die zwischen 2% und unter 3% liegen, sind in Hessen, Niedersachsen, Nordrhein-Westfalen und dem Saarland anzutreffen. Eine Quote über 3% wird nur in Schleswig-Holstein erreicht. In den östlichen Bundesländern ist ebenfalls eine große Variationsbreite zu erkennen. Die geringste Quote mit 2,2% ergibt sich für Brandenburg. Die anderen vier Bundesländer weisen Quoten zwischen 3,3% und 3,6% auf. Zur Beurteilung, wie viele Kinder mit einer Behinderung Unterstützung erhalten, müssen auch die Kinder hinzugezählt werden, die in Sondereinrichtungen und Schulkindergärten betreut werden. Im Nationalen Bildungsbericht 2012 wurde erstmals eine entsprechende Zusammenstellung vorgenommen (vgl. Autorengruppe Bildungsbericht 2012). Hiernach zeigt sich, dass in den westlichen Flächenländern eine Quote von 3,2%, in den östlichen Flächenländern eine Quote von 3,5% und in den Stadtstaaten sogar von 4,8% erreicht wird. Auch in der Länderdifferenzierung zeigt sich, dass nur noch drei Länder Quoten von unter 3% erreichen: Rheinland-Pfalz, Brandenburg und Hessen.

Wenn man an dieser Stelle auch wieder als Referenzgröße die Bedarfsquote von 3% bis 5% heranzieht, muss festgehalten werden, dass nur drei Bundesländer dieses Ziel noch nicht erreicht haben. Allerdings haben einige Länder ihr Angebot an integrativen Einrichtungen noch nicht ausreichend umgestellt.

Tabelle 3: Kinder mit Behinderungen, die eine Eingliederungshilfe erhalten, im Alter von 3 Jahren bis zum Schuleintritt in Tageseinrichtungen (integrative Einrichtungen und Sondereinrichtungen, Förderschulkindergärten) und Kindertagespflege (KTP) nach Alter in den Bundesländern 01.03.2011 (Anzahl)

| | 3 Jahren bis zum Schuleintritt, die eine Eingliederungshilfe erhalten in ... | | | | | | |
| | integrativen Einrichtungen der Jugendhilfe | | allen Einr. d. Jugendhilfe | Kindertagespflege | Schule* | Zusammen (Sp. 3 bis 5) | |
	Anzahl	Quote	Anzahl	Anzahl	Anzahl	Anzahl	Quote
	1	2	3	4	5	6	7
BW	3.684	1,1	3.689	35	4.699	8.423	2,5
BY	5.549	1,5	5.460	15	8.233	13.708	3,6
BE	6.135	6,0	6.137	7	/	6.144	6,0
BB	1.522	2,2	1.473	2	/	1.475	2,2
HB	644	3,5	646	12	/	658	3,5
HH	1.626	3,0	1.646	0	/	1.646	3,0
HE	4.440	2,4	4.320	16	516	4.852	2,6
MV	1.742	4,0	1.911	5	/	1.916	4,4
NI	5.079	2,1	9.567	366	76	10.009	4,2
NW	14.195	2,7	16.049	56	1.732	17.837	3,3
RP	1.835	1,6	2.247	12	92	2.351	2,0
SL	686	2,7	690	2	76	768	3,0
SN	4.052	3,5	4.273	2	/	4.275	3,7
ST	1.930	3,3	1.893	1	/	1.894	3,2
SH	3.001	3,6	3.141	14	/	3.155	3,7
TH	2.118	3,6	2.032	1	315	2.348	4,0
D	58.238	2,4	65.174	546	15.739	81.459	3,4
W-FL	38.469	2,0	45.163	516	15.424	61.103	3,2
O-FL	11.364	3,3	11.582	11	315	11.908	3,5
S.Staaten	8.405	4,8	8.429	19	0	8.448	4,8

* Nachrichtlich für das Jahr 2010: Kinder in Förderschulkindergärten gemäß KMK-Statistik. In Bayern und Thüringen gibt es schulvorbereitende Einrichtungen an Förderschulen, die in eigenen Erhebungen erfasst werden.

Quelle: Statistisches Bundesamt: Statistiken der Kinder- und Jugendhilfe – Kinder und tätige Personen in Tageseinrichtungen und öffentlich geförderter Kindertagespflege 2011; Sekretariat der KMK, Schüler, Klassen, Lehrer und Absolventen der Schulen; Volksschulen zur sonderpädagogischen Förderung und Schulen für Kranke in Bayern 2008/09; Schulstatistik Thüringen 2008/ 09; Berechnungen der Dortmunder Arbeitsstelle Kinder- und Jugendhilfestatistik

Zusammenfassend lässt sich festhalten, dass Anfang der 2000er Jahre zumindest im Kindergartenbereich beachtliche Fortschritte bei der Integration von Kindern mit Behinderungen erzielt wurden, die bis 2011 noch deutlich ausgeweitet wurden. Allerdings sollte hier nicht nur auf die quantitativen Zuwächse geschaut, sondern auch die Qualität der integrativen Betreuung und Erziehung in den Blick genommen werden. Erfolgreiche Integration und Förderung von Kindern mit Behinderungen setzt vor allem einen entsprechenden Einsatz von Fachkräften, wie z. B. HeilpädagogInnen, voraus. Eine Herausforderung der nächsten Jahre stellt die Entwicklung einer lückenlosen Berichterstattung über alle Arten der heilpädagogischen Angebote dar. Zwar stehen durch die Weiterentwicklung der amtlichen Kinder- und Jugendhilfestatistik nicht nur Informationen zu den verfügbaren Plätzen, sondern auch zu den Kindern in Tageseinrichtungen zur Verfügung. Aber auch diese beziehen sich nur auf den Teil der Behindertenhilfe, der im Verantwortungsbereich der Kinder- und Jugendhilfe angesiedelt ist. Für eine regelmäßige und vollständige Erfassung der nicht-integrativen Angebote ist durch den Nationalen Bildungsbericht 2012 ein erster Schritt in die richtige Richtung getan.

Matthias Schilling

Literatur

Autorengruppe Bildungsbericht (Hrsg.): Bildung in Deutschland 2012, Gütersloh 2012.

Beck, Iris: Die Lebenslagen von Kindern und Jugendlichen mit Behinderung in ihren Familien in Deutschland: soziale und strukturelle Dimensionen. In: Sachverständigenkommission 11. Kinder- und Jugendbericht (Hrsg.): Band 4: Gesundheit und Behinderung im Leben von Kindern und Jugendlichen. München: 2002, S. 175-315.

Rauschenbach, Th. u.a.: Non-formale und informelle Bildung im Kindes- und Jugendalter. Konzeptionelle Grundlagen für einen Nationalen Bildungsbericht, herausgegeben vom Bundesministerium für Bildung und Forschung, Berlin 2004 (http://www.bmbf.de/pub/nonformale_und_informelle_bildung_kindes_u_jugendalter.pdf).

Riedel, Birgit: Integration von Kindern mit Behinderung in Tageseinrichtungen. In: Deutsches Jugendinstitut (Hrsg.): Zahlenspiegel 2005. Kinderbetreuung im Spiegel der Statistik. München: 2005, S. 173-186 (http:// www.bmfsfj.de/Publikationen/ zahlenspiegel2005/root.html).

Riedel, Birgit: Kinder mit Behinderung. In: Deutsches Jugendinstitut (Hrsg.): Zahlenspiegel 2007. Kinderbetreuung im Spiegel der Statistik. München: 2008, S. 141-158

Reggio-Pädagogik

Die in der norditalienischen Stadt Reggio Emilia entstandene Reggio-Pädagogik stellt einen der integrationspädagogischen Ansätze im Bereich der Frühkindlichen Pädagogik dar. Pädagogische Ansätze sind *Überzeugungssysteme*, die verschiedene Elemente wie ein Menschenbild, Erziehungsziele und -werte enthalten (vgl. Knauf 2001; Knauf u. a. 2007). Innerhalb der Reggio-Pädagogik ist das Menschenbild jedoch nicht nur ein Element; vielmehr bildet es die Grundlage dieses pädagogischen Ansatzes. Und es handelt sich um ein einzigartig *reiches* Menschenbild, auf dem sich die Reggio-Pädagogik gründet. Denn hier wird das Kind als kompetentes Wesen angesehen, da es sowohl die *Kunst des Forschens* als auch *hundert Sprachen* besitzt und *Konstrukteur seines eigenen Wissens* ist (vgl. Lingenauber 2013a, S. 19). Das *reiche Bild vom Kind* drückt sich in der Metapher von seinen *hundert Sprachen* besonders deutlich aus. Die Zuschreibung von Potenzialen im Menschenbild der Reggio-Pädagogik ist die theoretische Grundlage für ihre pädagogische Praxis. Das Kind benötigt aber für die Entwicklung seiner Potenziale *kompetente Erzieherinnen* und *kompetente Eltern*, die es dabei unterstützen, ein *eifriger Forscher* zu sein und sich in hundert Sprachen auszudrücken (ebd.). In diesem pädagogischen Ansatz existiert also nicht nur ein *reiches Bild vom Kind*, sondern auch ein *reiches Bild von Erzieherinnen und Eltern*. Die Erzieherin versteht sich erstens als *Wegbegleiterin* des Kindes, zweitens als *Forscherin* und drittens als *Zeugin der kindlichen Entwicklung* (vgl. Lingenauber 2013b, S. 29 ff.). Sie bestärkt die Lernfreude des Kindes und bietet dem forschenden Kind Wissens- und Kompetenzleihgaben an. Als *Wegbegleiterin* ermöglicht sie dem Kind das *eifrige Forschen* und unterstützt so die Entwicklung seiner *hundert Sprachen*. Als *Forscherin* begibt sich die Erzieherin in eine besondere Art der Beziehung zum Kind, die Carla Rinaldi als *Verhältnis des gemeinsamen*

Suchens und Nachforschens bezeichnet hat (vgl. Lingenauber 2013c, S. 51.). In Reggio Emilia sieht die Erzieherin ihre Aufgabe darin, die Entwicklung der Kinder als *Zeugin* zu beobachten, sie zu dokumentieren und sie gemeinsam mit den anderen Erzieherinnen zu interpretieren. Um die *hundert Sprachen der Kinder* wahrnehmen zu können, hat die Reggio-Pädagogik eine neue Art des Zuhörens und Zusehens sowie eine neue Art der Dokumentation entwickelt (ebd.). Indem die Erzieherin die Forschungsprozesse der Kinder dokumentiert, wird sie zur *zuhörenden* und *zusehenden Zeugin* des kompetenten Kindes.

Erziehung wird in den kommunalen Kindertageseinrichtungen als *gemeinschaftliche* Aufgabe verstanden, in die das Kind, die Erzieherin und die Eltern gleichermaßen einbezogen werden (vgl. Lingenauber 2013d, S. 46). In der Reggio-Pädagogik werden die Kompetenzen der Eltern erwartet, erfragt, unterstützt und in die pädagogische Arbeit einbezogen. Die Eltern werden als *Fachleute* in Bezug auf ihr Kind angesehen (vgl. Dreier 1994, S. 155 f.). Sie verfügen über *elterliche Kompetenz*, d. h. über ein großes Wissen in Bezug auf ihr Kind. Die Reggio-Pädagogik spricht den Eltern, gerade weil sie über dieses Wissen verfügen, *Kompetenzen* zu (vgl. Lingenauber 2007b, S. 41 ff.). Dieses kindspezifische *Fachwissen* wird von der Erzieherin wertschätzend in Elterngesprächen aufgegriffen und produktiv in den pädagogischen Alltag der Kindertagesstätte eingebracht. Durch dieses Wissen allein werden die Eltern aber noch nicht zu kompetenten *Hauptakteuren* im Erziehungsprozess. Erst durch die Bedeutung, die diesem Wissen in der Reggio-Pädagogik gegeben wird, erhalten die Eltern die Möglichkeit, auch ihre persönliche Kompetenz in die gemeinschaftliche Erziehungsaufgabe einzubringen (vgl. Lingenauber 2013b, S. 45). Die Reggio-Pädagogik basiert also auf der Vorstellung, dass jedes Kind und jeder Erwachsene über vielfältige Kompetenzen verfügt, die in der Praxis gezielt miteinander verbunden werden. Auf diese Weise werden Wirkungszusammenhänge gestiftet, die eine Verstärkung der einzelnen Kompetenzen bewirken.

Seit den 1970er Jahren steht das Recht *jedes* Kindes, sich in der Gemeinschaft mit anderen Kindern und Erwachsenen zu entwickeln, im Mittelpunkt der Reggio-Pädagogik (vgl. Lingenauber 2013e, S. 64). Die Wahrung der Rechte des Kindes bedeutet in der Reggio-Pädagogik immer auch konkret die Wahrung der *Rechte des behinderten Kindes* (vgl. Malaguzzi 1976, S. 15). Seit den 1970er Jahren ging es in Reggio Emilia darum, eine *einzige neue Pädagogik* zu konstruieren, die imstande ist, mit einer bewussten Heterogenität der Kinder umzugehen (a. a. O., S. 14). Diese neue inklusive Reggio-Pädagogik verzichtet daher konsequent seit dreißig Jahren in Praxis und Diskurs auf den Behinderungsbegriff. Im Kontext der historisch gewachsenen Wertvorstellungen erkennen die Erzieherinnen in Reggio Emilia an, dass zwischen den Kindern Unterschiede bestehen. „Es ist ein Ansatz, der Originalität, Subjektivität und Unterschiede schützt, ohne das Individuum dabei zu isolieren" (Rinaldi, zitiert nach Jobst 2007, S. 90). Diese Unterschiede werden als Potenzial für den Erziehungs- und Bildungsprozess wertgeschätzt. Die Kindertageseinrichtung wird durch diese Wertschätzung zu einem *Ort der Unterschiede und des Dialogs zwischen den Unterschieden* (vgl. Jobst 2007, S. 50 ff.).

Insgesamt handelt es sich bei der Reggio-Pädagogik um einen außerordentlich anspruchsvollen pädagogischen Ansatz, der u. a. durch ein *komplexes Netzwerk* realisiert wird (vgl. Skiera 2003, S. 368). Zur Förderung des Dialogs in und zwischen den Einrichtungen sowie für den Kontakt zur Kommune stehen *Pädagogische KoordinatorInnen* zur Verfügung (vgl. ebd.). Die Inklusion von *Kindern mit besonderen Rechten* wird in Reggio Emilia durch eine *psychologische Pedagogista* (Fachberaterin) koordiniert und durch eine zusätzliche Erzieherin unterstützt (vgl. Jobst 2007, S. 26 f.). Darüber hinaus koordinieren die *sozialärztlichen Zentren* medizinische und therapeutische Angebote von LogopädInnen, PhysiotherapeutInnen und SozialarbeiterInnen in den Kindertageseinrichtungen (vgl. a. a. O., S. 25; Malaguzzi 1976, S. 7). „Die Erfahrung der Krippen und der Kindertageseinrichtungen beruht auf Kommunikation und Beziehung. Auf der Kommunikation und der Beziehung aller am Erziehungsprozess Beteiligten: Familie, Kinder, Erzieherinnen, Raum, soziales Umfeld" (Comune di Reggio Emilia 1993, zitiert nach Jobst 2007, S. 102).

Die Reggio-Pädagogik ist aufgrund ihres reichen Menschenbildes, ihrer umfassenden Partizipationsmöglichkeiten und -rechte sowie des Wertes der Heterogenität und der komplexen Netzwerkarbeit ein pädagogischer Ansatz, der die Integrationspädagogik in der Bundesrepublik Deutschland bereichert.

Sabine Lingenauber

Literatur

Dreier, Annette: Reggio-Pädagogik. Analyse und Interpretation einer Konzeption vorschulischer Bildung (unveröffentlichte Dissertation), Berlin: 1994

Jobst, Sabine: Inklusive Reggio-Pädagogik. Bochum/Freiburg: 2007

Knauf, Tassilo: Reggio-Pädagogik. Ein italienischer Beitrag zur konsequenten Kindorientierung in der Elementarerziehung. In: Fthenakis, E. W./Textor, M. R. (Hrsg.): Pädagogische Ansätze im Kindergarten. Weinheim und Basel: 2001, S. 181-201

Knauf, Tassilo/Düx, Gislinde/Schlüter, Daniela: Handbuch Pädagogische Ansätze. Praxisorientierte Konzeptions- und Qualitätsentwicklung in Kindertageseinrichtungen. Berlin u. a.: 2007

Lingenauber, Sabine: Bild vom Kind. In: Lingenauber, Sabine (Hrsg.): Handlexikon der Reggio-Pädagogik. Bochum/Freiburg: (5. Auflage) 2013a, S. 16-20

Lingenauber, Sabine: Einführung in die Reggio-Pädagogik. Kinder, Erzieherinnen und Eltern als konstitutives Sozialaggregat. Bochum/Freiburg: (6. Auflage) 2013b

Lingenauber, Sabine: Erzieherin, kompetente. In: Lingenauber, Sabine (Hrsg.): Handlexikon der Reggio-Pädagogik. Bochum/Freiburg: (5. Auflage) 2013c, S. 50-53

Lingenauber, Sabine: Eltern, kompetente. In: Lingenauber, Sabine (Hrsg.): Handlexikon der Reggio-Pädagogik. Bochum/Freiburg: (5. Auflage) 2013d, S. 46-49

Lingenauber, Sabine: Inklusive Pädagogik. In: Lingenauber, Sabine (Hrsg.): Handlexikon der Reggio-Pädagogik. Bochum/Freiburg: (5. Auflage) 2013e, S. 63-65

Malaguzzi, Loris: Die behinderten Kinder. Bericht über Erfahrungen in den kommunalen Krippen und Kindergärten der Region Reggio Emilia (unveröffentlichtes Manuskript). Reggio Emilia: 1967

Rinaldi, Carlina: Projected Curriculum Constructed Through Documentation. Progettazione. An Interview with Lella Gandini. In: Edwards, Carolyn/Gandini, Lella/Forman, George (Hrsg.): The Hundred Languages of Children. The Reggio Emilia Approach Advanced Reflections. Westport u. a.: 1998, S. 113-125

Skiera, Ehrenhard (Hrsg.): Reformpädagogik in Geschichte und Gegenwart. Eine kritische Einführung. München und Wien: 2003

Subjektperspektive

„‚Verminderte intellektuelle Leistungsfähigkeit; sehr geringe Wortsprach-kompetenz; aggressiv, unduldsam, misstrauisch im Sozialkontakt; in der Emotionalität stumpf und undifferenziert' – so die deprimierende Prognose in einem wissenschaftlichen Lehrbuch zur typischen Persönlichkeitsent-wicklung von Kindern, deren Hörfähigkeit extrem beeinträchtigt ist. Selbst die optimale behinderungsspezifische Förderung durch engagierte Gehörlo-senfachleute in den Sondereinrichtungen schien nichts daran ändern zu können" (Jaeger 2000, S. 281).

Meine Eltern kämpften noch mit dem Schock, den alle Mütter und Väter er-leiden, wenn sie erfahren, dass ihr Kind eine gravierende Behinderung hat. „Die – damals bedrückende – Diagnose: An Taubheit grenzende Schwerhö-rigkeit" (a. a. O., S. 282). Sie bemühten sich intensiv um Orientierung, um Informationen über Implikationen und Konsequenzen dieser Behinderung, um Anregungen zur künftigen Gestaltung des Zusammenlebens, der Erzie-hung und gezielten Förderung, die zugleich helfen könnten, die Auswirkun-gen der Beeinträchtigung bestmöglich zu kompensieren.

Und dann eine derart entmutigende Voraussage ohne Wenn und Aber. Mei-ne Eltern konnten sich einfach nicht vorstellen, dass dies „tatsächlich die Zukunftsperspektive für unsere bisher so liebevolle und zärtliche zweijähri-ge Tochter Ariane sein" musste, „die bis dahin der Welt so fröhlich und vol-ler Neugier begegnete und auf andere Menschen so unbefangen und freund-lich zuging" (a. a. O., S. 281).

Nicht-hören-Können als ein alle Persönlichkeitsbereiche dominierender und prägender individueller ‚Defekt', der eine andere Entwicklung nicht zulässt! Diese monokausale Sicht erschien ihnen weder plausibel noch akzeptabel. Die den Gehörlosen oft aufgezwungenen Lebensumstände inklusive der Verpflichtung zum Besuch von Sondereinrichtungen mit dem vagen Ziel finaler → Integration in die Gesellschaft wurden ebenso wenig hinterfragt wie das in der Gehörlosenerziehung geforderte und praktizierte metho-disch-didaktische Konzept der Förderung, das das „Defizit zum Dreh- und Angelpunkt allen pädagogischen Denkens, Planens und Handels macht" (a. a. O., S. 283).

Etwa „das ‚Dogma' der Frühförderung: Nur verbale Kommunikation ist er-laubt. Zeichen und Gebärden be-, ja verhindern, dass Gehörlose sprechen, artikulieren und von den Lippen ablesen lernen. Zusätzlich ist jede gemeinsame Tätigkeit wortsprachlich zu begleiten. Dabei ist dafür zu sorgen, dass das Kind den Sprechenden auf den Mund schaut und das Gesagte nachspricht. Gelingt das nur unbefriedigend, wird dieser Vorgang (nötigenfalls mehrmals) wiederholt" (ebd.). Sicher war meinen Eltern klar, dass ihr bisher so unbefangenes Umgehen mit mir nun in manchen Zusammenhängen eine beeinträchtigungsbezogene Modifizierung brauchte. Aber es sollte keinesfalls zu vorwiegend ‚therapeutischem' Verhalten ausarten. Vor allem war ihnen wichtig, meine Lebendigkeit und Spontaneität, meine wissensdurstige Neugier, meine Lebensfreude, meine Bereitschaft zu Kontakt, mein Bedürfnis nach Kommunikation nicht dadurch zu behindern oder gar abzuwürgen, dass der Interaktionsfluss permanent gebremst, begrenzt und reduziert wird auf die gezielte Förderung meiner damals noch so beschränkten verbalen Fähigkeiten (vgl. ebd.).

Während der Wochen der Orientierung wurde meinen Eltern immer deutlicher, dass es sich mit ihrem Lebensgefühl und Menschenbild nicht vereinbaren ließ, eine sogenannte Behinderung als einen den ganzen Menschen weitgehend bestimmenden „Zustand" zu verstehen, „der einschneidende ‚Rehabilitationsmaßnahmen' fordert und auch dann rechtfertigt, wenn diese zu Lasten von Bedingungen und kindlichen Aktivitäten gehen, die für die Entfaltung der Gesamtpersönlichkeit wichtig sind" (ebd.). Beispielsweise hätte ich für den Besuch des Sonderkindergartens in Köln einschließlich des stressigen „Einsammeltransports" bereits als Zweijährige fast 11 Stunden täglich außer Hause verbringen und zusätzlich wiederkehrende 3-wöchige Internatsaufenthalte zum Sprachtraining durchstehen müssen.

Meine Eltern sahen und erlebten mich keineswegs „als ein ‚behindertes' und deshalb besonders betreuungsbedürftiges Kind" im Sinn einer rein individuellen, umfeldunabhängigen und zugleich statischen Gegebenheit, sondern ganzheitlich als ein ‚vollwertiges' kleines Mädchen mit einer gravierenden Sinnesbeeinträchtigung, das deshalb „beim Spracherwerb eine andere Förderung sowie in bestimmten Zusammenhängen mehr Unterstützung und ausgleichende Hilfen – z. B. bei verbaler Verständigung und Informationsvermittlung –" (ebd.) braucht als ein hörendes Kind. In zahllosen anderen Zusammenhängen spielt die Beeinträchtigung auch ohne ausgleichende Hilfen keine oder nur eine untergeordnete Rolle.

Dieses umfeldabhängige, dynamische Verständnis meiner Hörbeeinträchtigung bewog meine Eltern dazu, sich gegen eine ausgrenzende Zusammenführung von Kindern mit gleichen „Defekten", über die sie allein definiert werden sollten, zu entscheiden. Auch gelangten meine Eltern ganz pragmatisch zu der Überzeugung, dass die geringe Wortsprachkompetenz Gehörloser wesentlich begründet ist in dem Fehlen von Anregung und Vorbild hörender Gleichaltriger in der Sondereinrichtung, im Mangel alltäglichen Trainings mit „Erfolgskontrolle" im Umgang mit diesen bei dem für sie so überaus mühevollen Spracherwerb. Das können noch so engagierte und kompetente SonderpädagogInnen alleine einfach nicht bieten bzw. ersetzen.

Im integrativ arbeitenden Montessorikindergarten in Bonn (→ Montessori-Pädagogik) bekam ich einen Platz in einer der drei Gruppen mit je fünf Kindern mit unterschiedlicher und zehn ohne besondere Beeinträchtigung, die jeweils von zwei Erzieherinnen betreut wurden (→ Integrative Kindertageseinrichtungen). Jede Gruppe hatte einen eigenen Raum, ausgestattet mit Freiarbeits-, Mal- und Bastelmaterialien, Büchern, Spielen, Spielzeug, sowie eine Küche mit großem Esstisch für gemeinsames Frühstück und Mittagessen.

Die Jahre dort sind mir in angenehmer Erinnerung. Ich fühlte mich gut aufgehoben, mochte meine beiden „Kindergärtnerinnen" sehr, genoss das Zusammensein mit den anderen Kindern, schloss Freundschaften.

Was vom Folgenden der eigenen Erinnerung und was zumindest teilweise dem späteren Austausch mit den anderen, den Erzählungen und Berichten meiner und anderer Eltern sowie von Filmaufzeichnungen aus dieser Zeit entstammt, vermag ich nicht zuverlässig zu unterscheiden.

Das gemeinsame Leben, Spielen und Lernen mit den hörenden Gleichaltrigen motivierte mich sehr, mich ebenfalls wortsprachlich zu äußern und die anderen durch Lesen von den Lippen zu verstehen. Dabei halfen mir die oft begleitend eingesetzten Gesten und natürlichen Gebärden, die Mimik sowie situationsimmanente Hinweise. Einigen Kindern gelang es besonders schnell, sich in ihrem Sprechen auf meine Möglichkeiten einzustellen. Sie sorgten in unbefangener Selbstverständlichkeit z. B. immer dafür, dass ich ihren Mund sehen konnte, benutzten mir geläufige Worte, sprachen langsam und deutlich. Geduldig bemühten sie sich, meine von Wortwahl und Artikulation her zunächst sehr schwer verständlichen Mitteilungen zu erfassen. Auch übernahmen sie bald „Dolmetscherfunktion", gelegentlich sogar für meine Erzieherinnen, öfter für Besucher, vor allem aber für ihre Eltern, die sich im

Umgang mit mir die ersten Male recht hilflos fühlten, wenn ich nach dem Kindergarten mit zu ihnen nach Hause kam und gar über Nacht blieb. Trotzdem fühlte ich mich keineswegs als „Exotin" und wurde auch von den anderen nicht als solche wahrgenommen. Jeder und jede hatte die eine oder andere „Schwäche", deretwegen er oder sie besondere Rücksichtnahme bzw. Unterstützung brauchte und von uns anderen bekam – wichtig dabei ist das entsprechende Vorbild der Erwachsenen. Aber jedes Kind hatte auch seine „Stärken", d.h. vieles konnte es sehr gut – und manches besser als andere.

Der Sprachunterricht einmal pro Woche machte mir erst Spaß und spornte mich zur Mitarbeit an, als er spielerisch gestaltet und auch hörende Kinder einbezogen wurden. Entsprechend nahm ich meist teil an gymnastischen Übungen und Spielen für Kinder mit einer körperlichen Beeinträchtigung. Meine Artikulation verbesserte sich hörbar, mein Wortschatz stieg fast sprunghaft, blieb aber dennoch zunächst weit hinter dem hörender Kinder zurück.

Da ich weitgehend von Informationen abgeschnitten war, die andere über das Gehör ganz nebenbei aufnehmen, sahen meine Eltern mit mir zur Unterstützung meiner intellektuellen, sozialen und emotionalen Entwicklung auf Video aufgenommene (und damit jederzeit für Klärungen zu unterbrechende) „altersgemäße Natur-, Kultur- und Kinderfilme sowie Kindersendungen, die ausreichend anschaulich soziale, natürliche und technische Zusammenhänge zeigten" (a.a.O., S. 284). Ebenso faszinierend fand ich Bildbände, Bilderbücher, Kinderzeitschriften und das mit meiner Mutter geführte Bildtagebuch. Alles, was mich interessierte und emotional ansprach, wollte ich auch sprachlich erfassen, darüber reden – zu Hause und im Kindergarten. Dabei verwendete ich meinen höchst unzureichenden Wortschatz sehr „kreativ" und erweiterte ihn zugleich. Um mir den Mut zu spontanen Sprachbeiträgen und die Freude daran nicht zu verleiden, vermieden meine Eltern und auch die Erzieherinnen bei diesem verbalem Austausch ganz bewusst, mich ständig sprachlich zu führen und zu korrigieren, wie es die Richtlinien der Gehörlosenschulen von 1982 in NRW für alle Fächer außer Kunst vorsahen. Im Vordergrund stand eben nicht das Üben korrekten Sprechens auf reduziertem Sprachniveau, sondern das – auch begriffliche – Erfassen von Wissen und Erlebnisinhalten. Zusätzlich benutzten sie jede Art nonverbaler Verständigungsmittel, um meinem großen Bedürfnis nach Kommunikation und Information nachzukommen (vgl. ebd.).

Im Kindergarten bearbeitete ich – allein oder mit anderen – besonders gern das Montessori-Freiarbeitsmaterial mit seinem hohen Aufforderungscharakter und enthaltener Erfolgskontrolle. Verbale Anweisungen oder Erklärungen waren nicht erforderlich. Das Material fand auch bei den anderen Kindern großen Anklang.

Eine besondere Freundschaft entwickelte sich zwischen Uli, einem Jungen mit so genannter geistiger → Behinderung, und mir. Wenn er nicht da war, fehlte mir etwas. Und seine Mutter erzählte, dass sie ihn, wenn er zum Kindergartenbesuch mal keine Lust hatte, immer damit locken konnte, dass er dort doch „Janka" (mein Kindergartenname) treffen werde.

Die besondere Atmosphäre, der unbefangene soziale Umgang, die sichtliche Freude am gemeinsamen Leben und Spielen, die Möglichkeit, mit- und voneinander Lernen zu können und vor allem die eindrucksvollen Entwicklungsfortschritte aller Kinder bewogen meine und Ulis Eltern mit weiteren Eltern von Kindern mit und ohne Behinderung eine Initiative zu gründen (→ Elternperspektive), mit dem Ziel, ihren Kindern das gemeinsame Leben und Lernen auch in der Schule zu ermöglichen. Anregung und Vorbild der nicht in gleicher Weise Beeinträchtigten sowie integrationspädagogisch nutzbare Erkenntnisse und Erfahrungen der Sonderpädagogik – hilfreich auch für manch nicht „Sonderschulbedürftigen" – sollten zusammengeführt werden. Und die übliche überwiegend frontale Unterrichtsgestaltung, mit der Erwartung, dass alle SchülerInnen in gleichem Tempo die gleichen Lernziele erreichen, mit der Orientierung am Durchschnitt bei Anforderung und Leistungsbewertung, an der auch viele Kinder ohne Behinderung immer wieder scheitern, musste natürlich erheblich verändert werden: „Das gemeinsame Lernen mit sehr unterschiedlichen Stärken und Schwächen fordert Differenzierung und Individualisierung bei Lehrstoffauswahl und -vermittlung, bei den Lernwegen, der Lerngeschwindigkeit, der Bewertung der Fortschritte. Wesentliche Elemente entsprechender Unterrichtsgestaltung sind Freiarbeit, kooperatives Lernen in Kleingruppen, Partnerhilfe, Wochenplan, Projekte, zu denen jeder nach seinem Vermögen beiträgt" (ebd.). So lassen sich nicht nur Leistungsschwächere in den Lernprozess integrieren, sondern auch besonders Leistungsstarke, die bei der Orientierung am Durchschnitt leicht aus Unterforderung und Langeweile versagen.

Das erarbeitete Kurzkonzept des gemeinsamen Unterrichts traf bei dem zuständigen Schulrat auf offene Ohren und fand die Unterstützung der Stadt Bonn, die einen entsprechenden Schulversuch beantragte. Mit viel Einsatz und Zähigkeit gelang es schließlich nach fast eineinhalb Jahren dem Kultusministerium die erforderliche Genehmigung für eine erste Integrationsklasse an der Bodelschwingh-Schule in Bonn-Friesdorf abzuringen. Im Jahr der Behinderten 1981 erlebte ich stolz und glücklich meinen ersten Schultag. Endlich in der Schule! Einige der mir wichtig gewordenen Kinder waren dabei, neue kamen hinzu. Doch ich hatte schon ganz gut gelernt mit Hörenden in Kontakt zu kommen, meine Bedürfnisse und Vorstellungen einzubringen und die der anderen aufzunehmen. Besonders den Mädchen machte die Kommunikation mit mir kaum Probleme. Zu meiner Klasse gehörten 16 nicht behinderte Kinder und sechs Kinder mit unterschiedlichen Behinderungen. Eine Grund- und eine Sonderschullehrerin gestalteten gemeinsam das Lernangebot. In den Phasen gebundenen Unterrichts erarbeiteten wir den Lehrstoff zunächst zusammen in einem Klassengespräch und bekamen anschließend differenzierte Aufgaben. In den Phasen Freier Arbeit wählte jeder nach seinem aktuellen Interesse etwas aus dem bereitgestellten Material, das er alleine oder mit anderen bearbeiten wollte. Der individualisierende Unterricht und das Lernen mit den anderen gefielen mir sehr und brachten mich voran. Trotz meiner noch immer vergleichsweise recht begrenzten Verbalsprache vermochte ich die Lernangebote uneingeschränkt zu nutzen.

Damals konnte ich natürlich noch überhaupt nicht ermessen, was mir heute als Sonderschullehrerin völlig klar ist: Der Weg der prozessualen → Integration durch Aufwachsen in der Normalität, den ich dank der psychologischen und pädagogischen Überzeugungen und des Menschenbilds meiner Eltern habe gehen können, gab mir die Chance, die Kompetenzen für eine befriedigende und erfolgreiche Teilnahme am allgemeinen Leben in der Welt der Hörenden zu erwerben und mich dort zu Hause zu fühlen.

Ariane Jaeger

Literatur

Jaeger, Dorit/Jaeger, Kristian: Ariane – zu Hause in der Welt der Hörenden. In: Roebke, Christa/Hüwe, Birgit/Rosenberger, Manfred (Hrsg.): Leben ohne Aussonderung: Eltern kämpfen für Kinder mit Beeinträchtigung. Neuwied und Berlin: 2000, S. 281-290

Trägerperspektive

„Es gibt keine zweite Garnitur Gottes" (Brahms 2003, S. 55). Dieser Satz von Wulff Traugott Kruse, langjähriger Pastor der Dietrich-Bonhoeffer-Gemeinde in Bremen und einer der Initiatoren der gemeinsamen Erziehung behinderter und nicht-behinderter Kinder in evangelischen Kindergärten in Bremen Anfang der 1980-Jahre, steht nicht nur für das christliche Menschenbild, sondern auch für die Perspektive evangelischer Träger bei der Umsetzung der Erziehung, Bildung und Betreuung von Kindern mit und ohne → Behinderung in ihren Kindertageseinrichtungen.

Wohl wissend, dass es auch andere Ansätze und Begründungen für eine gemeinsame Erziehung von behinderten und nicht-behinderten Kindern gibt, ist unser gemeinsames Ziel, die integrative Arbeit mit Kindern zu begründen und zu fördern. Dieses Ziel, in Bremen behinderte Kinder in unseren Kindergärten gemeinsam mit nicht-behinderten Kindern zu betreuen, war und ist geleitet von dem christlichen Menschenbild: Vor Gott sind alle Menschen gleich. Sind sie es aber auch vor dem Menschen? Heutzutage wachsen Kinder in eine Gesellschaft hinein, die Skalen und Hierarchien der Leistungsfähigkeit, der Funktionstüchtigkeit, der körperlich-geistig-seelischen Fitness bereithält und vorschreibt, an welchen Sprossen die Kinder von klein auf ihre Kletterversuche unternehmen müssen. Der ehemals durch christliche und humanistische Wertvorstellungen be gründete Respekt vor dem menschlichen Leben in seiner Vielfalt wird zunehmend in Zweifel gezogen und die von Thomas Jefferson konstatierte Aussage, dass nichts unveränderlich sei, außer die dem Menschen eigenen unveräußerlichen Rechte,werden – bezogen auf alte, kranke und behinderte Menschen – massiv infrage gestellt.

Unserem christlichen Verständnis nach stehen jedem Menschen Würde und die Möglichkeit zur Entfaltung seiner Identität zu. Jeder ist eine einmalige, von Gott geschaffene und geliebte Persönlichkeit, keiner ist ohne Gaben, jeder hat vor Gott einzigartigen Wert. Jeder ist erste Garnitur Gottes! Es ist als normal anzusehen, dass Menschen verschieden sind (→ Normalität), dass sie mit Begrenzungen leben müssen, auf die Hilfe anderer angewiesen sind, auf deren Wissen und deren Zeit. Die Individualität und Einmaligkeit des Menschen darf nicht in einigen Fällen dazu führen, dass daraus ein Anderssein konstruiert wird, das scheinbar rechtfertigt, zum Beispiel behinderte Kinder, Alte und Kranke aus ihrem regulären Lebensumfeld und damit auch aus dem gewohnten Gemeindeumfeld auszuschließen. Jeder Mensch ist uneingeschränkt Mensch und als solcher grundsätzlich entwicklungsfähig. Dies begründet unsere Auffassung der Unteilbarkeit von → Integration und verweist auf die uneingeschränkte Verpflichtung zum Angenommensein des Einzelnen dort, wo er lebt. Denn der Mensch ist bis in die biologischen Wurzeln seiner Existenz hinein auf das soziale Miteinander angewiesen und nur von daher in seinen Lebensäußerungen verstehbar (Wehrmann 2004, S. 310 ff.).

Es wird deutlich, dass christliche und pädagogisch-entwicklungspsychologische Erfahrungen in der unteilbaren Erkenntnis zusammenlaufen, dass jeder Mensch eine einmalige Chance ist, dass er gewollt ist, dass Menschen trotz ihrer Unterschiedlichkeit je eigene Entwicklungsmöglichkeiten besitzen und dass jeder ein Recht hat auf eine Entwicklung in seiner angestammten (Kirchen-)Gemeinschaft, der er sich zugehörig fühlt.

Wir als Christen haben uns entschieden, in der solidarischen Gemeinschaft und Gemeinde zu leben. Das Zusammenleben von behinderten und nicht-behinderten Menschen im Besonderen ist das Modell der christlichen Gemeinde schlechthin. Denn die vermeintlich Stärkeren und vermeintlich Schwächeren leben hier miteinander, die Schwächeren lernen von den Stärkeren, und auch Starke lernen von und mit Schwachen. Gemeinschaft in christlichem Sinne bedeutet mehr als eine Leistungsgesellschaft, die Benachteiligte und Schwächere erst aus Nachbarschafts- sowie aus Lern- und Produktionszusammenhängen herausfallen lässt, um sie dann wieder in eigens für sie geschaffene (und im Übrigen recht kostspielige) Sondereinrichtungen aufzufangen. Diese Sichtweise war Ansporn für den Landesverband Evangelischer Tageseinrichtungen in Bremen, gemeinsam mit vielen Mitstreitern gemeindediakonische Konzepte zu entwickeln, die verhindern, dass Diakonieeinrichtungen fernab diejenigen Aufgaben wahrnehmen müssen, die zu den selbstverständlichen Pflichten der betroffenen Kirchengemeinden gehören, nämlich zur Integration ihrer Kinder in den eigenen Kindertageseinrichtungen.

Seit nunmehr über 20 Jahren arbeiten wir in Bremen daran, behinderten Kindern im Alter von drei bis zwölf Jahren ein integratives Kindertagesheimangebot zu machen. Heute werden in Bremen in nahezu allen evangelischen Gemeinden mit Kindertagesstätten behinderte und nicht-behinderte Kinder gemeinsam betreut und gefördert. Für viele von uns und für jene, die in Integrationskindertagesstätten arbeiten, ist die integrative Erziehungspraxis zur Normalität geworden. So gibt es junge Erzieherinnen, die keine andere Form der Arbeit kennengelernt haben (→ Integrative Kindertageseinrichtungen). Und es gibt in Bremen Eltern, für die Integrationseinrichtungen normale Einrichtungen sind, die sich durch eine gute Personalausstattung und hohe pädagogische → Qualität auszeichnen. Diese Einrichtungen haben sich bewährt, trotz aller Widerstände und gegen jene Menschen, die den Erhalt von Sondereinrichtungen als die bessere Lösung sahen. Und bislang mussten wir in keinem Fall feststellen, dass ein Kind zu seinem Wohl oder dem Wohl anderer in einer Kindergruppe nicht betreut und gefördert werden konnte (Bremische Evangelische Kirche 2003, S. 13 f.).

Die Prinzipien gemeinsamer Erziehung, die Rahmenbedingungen für Integrationskindertagesstätten und die Voraussetzungen, die Träger für die Umsetzung der integrativen Betreuung in diesen Einrichtungen schaffen müssen, werden im Folgenden skizziert.

Die gemeinsame Erziehung von behinderten und nicht-behinderten Kindern darf keine Glaubensfrage sein und bleiben, sie bedeutet vielmehr die Bereitschaft von MitarbeiterInnen und die Bereitstellung von geeigneten Bedingungen in den Einrichtungen. Als Voraussetzung für eine gemeinsame Erziehung und Bildung behinderter und nicht-behinderter Kinder gilt das *Prinzip der Regionalisierung*. Es besagt, dass der Einzugsbereich integrativ arbeitender Kindertageseinrichtungen wohnortorientiert ist. Es gehören die Kinder zusammen, die aus einem Wohnbereich, einem Ortsteil oder aus einer nahen Ortschaft stammen. Gemeinsame Erziehung *aller* im Einzugsbereich einer Kindertageseinrichtung und einer Schule lebender Kinder schließt von vornherein die Aussonderung bestimmter Kinder aus. Unabhängig vom Schweregrad und von der Art der Behinderung sind alle Kinder anzunehmen, auch solche, die bereits in Sondereinrichtungen gefördert werden (Feuser/Wehrmann 1987).

Um allen Kindern eine ihren Entwicklungsmöglichkeiten entsprechende Förderung zu garantieren, sind alle dazu notwendigen personellen, finanziellen und materiellen Mittel durch die Träger zur Verfügung zu stellen. Nicht am Kind kann die Integrierbarkeit scheitern, sondern nur an der bereitzustellenden Ausstattung und Unterstützung für die MitarbeiterInnen, für das Kind und die Kindergruppe. Integration kann also nicht an bestimmten Kindern „scheitern", sondern an Bedingungen, die den Integrationsprozess erschweren.

Ein weiteres Prinzip für die Arbeit in Integrationseinrichtungen ist die *ganzheitliche Sichtweise*. Diese Betrachtungsweise stellt nicht die Beeinträchtigungen von Menschen in den Mittelpunkt, sondern die vorhandenen Kompetenzen. Der Mensch wird mit seinen Besonderheiten als Ganzheit betrachtet und akzeptiert und nicht auf ein Normbild hin erzogen, geheilt oder repariert. Demnach heißt Ganzheitlichkeit nicht Isolierung und Aussonderung durch therapeutische Maßnahmen, sondern es findet – wo immer möglich – gezielte Unterstützung als Angebot und Förderung innerhalb des Alltags in der Tageseinrichtung statt. Im gemeinsamen Leben und Lernen behinderter und nicht-behinderter Kinder kommt die Ganzheitlichkeit durch das gegenseitige Geben und Annehmen unterschiedlicher Hilfen zum Ausdruck. Alle Kinder erfahren, dass jeder Mensch in bestimmten Lebenssituationen unterschiedliche Hilfsangebote braucht und dass alle in der Lage sind, Hilfen zu geben.

Ausgehend von der ganzheitlichen Betrachtung der Persönlichkeitsentwicklung des Kindes soll sich die Therapie an den Fähigkeiten und individuellen Bedürfnissen des Kindes orientieren, nicht an seinen Defiziten. Therapie, die in den Gruppenalltag eingebunden ist, kann am besten Handlungen und soziale Interaktion unterstützen. Das Kind lernt in der „normalen" Situation seine Fähigkeiten und auch seine Grenzen kennen. Das bedeutet, dass die Therapie dem pädagogischen Gesamtkonzept zuzuordnen ist. Die Kinder sollen sich mit der therapeutischen Unterstützung mit so wenig Hilfe wie möglich im Spiel und in den alltäglichen Verrichtungen als kompetent erleben.

Therapie ist integraler Bestandteil der gemeinsamen Erziehung. Regel- und SonderpädagogInnen sowie TherapeutInnen arbeiten in gemeinsamer Kompetenz und pädagogischer Verantwortung zusammen. Der aus dieser Kooperation resultierende Kompetenztransfer garantiert den Kindern zu jeder Zeit und durch alle MitarbeiterInnen ein optimales Hilfsangebot. Die Träger haben dafür Sorge zu tragen, dass alle MitarbeiterInnen durch Fort- und Weiterbildungsangebote in der integrativen Erziehung und Bildung auf ihre Arbeit vorbereitet bzw. in Ergänzung zu ihrer Berufsausbildung entsprechend qualifiziert werden können. Solche Qualifizierungsangebote werden inzwischen von verschiedenen Trägern als Einzelveranstaltung oder als berufsbegleitende Langzeitmaßnahmen angeboten (z. B. die 12 Lehrgangswochen umfassende Zusatzausbildung „Integration" der Bremischen Evangelischen Kirche). Grundsätzlich gilt: Integration ist rechtlich machbar und finanzierbar. Vom rechtlichen Ansatz her scheint das ganz einfach zu sein: Die Kinder- und Jugendhilfe ist für den Kostenaufwand der nicht behinderten Kinder zuständig und die Sozialhilfe für den der behinderten Kinder. Leistungen der Kranken- und Pflegeversicherung sind hier nicht berücksichtigt. Das Problem bei der Finanzierung integrativer Kindertageseinrichtungen ist die Bestimmung der jeweiligen Kostenanteile von Kinder- und Jugendhilfe und Sozialhilfe im Rahmen solcher Mischfinanzierungskonzepte. Sie lassen sich nicht ohne Weiteres eindeutig bestimmen, weil der Gesamtaufwand in je unterschiedlicher Weise sowohl den behinderten als auch nicht-behinderten Kindern zugutekommt. Bei integrativen Kindertageseinrichtungen ist darauf zu achten, dass in Bezug auf die behinderten Kinder dieselben Leistungen gewährt werden, wie sie die Sozialhilfe für Sonderkindergärten erbringt. Interessierte Träger sollten hier bei den zuständigen Behörden die entsprechenden Leistungen beanspruchen.

Abschließend werden die wichtigsten Rahmenbedingungen für die Arbeit in integrativen Kindertageseinrichtungen skizziert. Ausgangspunkt unseres Verständnisses von integrativer Erziehung und Förderung ist eine *basale, kindzentrierte Pädagogik,* die auf einer für alle Menschen gültigen Entwicklungslogik basiert und Sonderpädagogik und Regelpädagogik in sich aufhebt (vgl. Feuser 1995). Integrative Förderung setzt an in der Gestaltung

und Strukturierung des Tagesablaufs, der sich im Allgemeinen zusammen-
setzt aus alltäglichen, immer wiederkehrenden Elementen, wie zum Beispiel das gemeinsame Frühstück oder Mittagessen, der Morgenkreis als gemeinsamer Tagesbeginn oder das Spielen im Garten einerseits, und besonders geplanten Angeboten und Aktivitäten, die teils täglich wechseln oder
auch über mehrere Tage wiederholt werden können, andererseits.
Vor dem Hintergrund des psychischen Entwicklungsstandes von drei- bis
sechsjährigen Kindern, unabhängig von behinderten Kindern, sollte eine
Gruppe mit 12 bis 15 Kindern bei zu definierenden räumlichen Bedingungen das Maximum sein (Wehrmann 2007). In Bremen beispielsweise liegt
die Gruppenstärke bei 18 bis 20 Kindern, davon sind drei bis vier behinderte Kinder. Zur personellen Ausstattung gehören zwei sozialpädagogische
Fachkräfte, integrierte sonderpädagogische und therapeutische Unterstützung in einem Umfang, mit dem direkte Intervention, modellhaftes
Arbeiten, Förderdiagnostik, Anleitung, Beratung und Fachsupervision der
geleisteten Arbeit möglich wird. Bei individuellem Unterstützungs- und
Pflegebedarf von Kindern wird die Möglichkeit einer persönlichen Assistenz
(z. B. Zivildienstleistender) geschaffen.
Die Räumlichkeiten sind so zu gestalten bzw. umzugestalten, dass Differen-
zierungsangebote umsetzbar werden und Kinder Rückzugsmöglichkeiten,
Nischen und funktional unterschiedlich nutzbare Bereiche vorfinden.
Durch die gemeinsame Erziehung von Kindern mit und ohne Behinderung in
Kindertageseinrichtungen kommen auf Erzieherinnen, Träger und Eltern neue
Anforderungen zu. In der herkömmlichen Erzieherinnenausbildung werden
die für diese komplexe Aufgabenstellung notwendigen Qualifikationen in
der Regel nicht vermittelt. Deshalb muss langfristig mit der Forderung nach
gemeinsamer Erziehung von behinderten und nicht-behinderten Kindern
auch die Forderung nach einer Veränderung der Ausbildung von Erzieherinnen einhergehen (→ Akademisierung der Erzieherinnenausbildung).
Zusammenfassend ist festzustellen, dass gemeinsame Erziehung behinderter und nicht-behinderter Kinder nicht nur ein gesellschaftlicher Auftrag
ist, sondern auch eine besondere Verpflichtung für Kirche und Diakonie vor
dem Hintergrund des christlichen Menschenbildes bedeutet. Integration
gibt es nicht zum Nulltarif. Auch der Staat ist gefordert, durch Bereitstellung
von Steuerleistungen geeignete Rahmenbedingungen für die gemeinsame

Erziehung und Bildung von Kindern mit und ohne Behinderung in Kindertageseinrichtungen zu garantieren.
Integration erfordert ein Umdenken, ein Verlassen vielleicht bequemer Gewohnheiten. Integration ist Konfrontation, führt uns mit Menschen zusammen, die zu uns gehören, deren Geschichte für viele von uns aber ungewohnt, vielleicht angstbesetzt ist. Trotz der vielfältigen Widerstände und Erschwernisse, die sich in Form von leeren öffentlichen Kassen und einer unsicheren Finanzgrundlage, in Form von Wartelisten, Ängsten und bürokratischen Erschwernissen zeigen, gibt es keine Alternative zu dem Weg der gemeinsamen Erziehung von behinderten und nicht behinderten Kindern in Kindertageseinrichtungen.

Ilse Wehrmann

Literatur

Brahms, Renke: „Es gibt keine zweite Garnitur Gottes". In: Bremische Evangelische Kirche. Landesverband Evangelischer Tageseinrichtungen für Kinder (Hrsg.): Gemeinsamkeit macht stark, Unterschiedlichkeit macht schlau. 20 Jahre integrative Bildung und Erziehung in evangelischen Tageseinrichtungen für Kinder in Bremen. Bremen: 2003, S. 55-65

Bremische Evangelische Kirche. Landesverband Evangelischer Tageseinrichtungen für Kinder (Hrsg.): Gemeinsamkeit macht stark, Unterschiedlichkeit macht schlau. 20 Jahre integrative Bildung und Erziehung in evangelischen Tageseinrichtungen für Kinder in Bremen. Dokumentation der Integrations-Jubiläums-Fachtage vom 15./16. Mai 2003 im Festsaal des Bremer Rathauses. Bremen: 2003

Feuser, Georg: Behinderte Kinder und Jugendliche. Zwischen Integration und Aussonderung. Darmstadt: 1995

Feuser, Georg/Wehrmann, Ilse: Informationen zur gemeinsamen Erziehung und Bildung behinderter und nichtbehinderter Kinder (Integration) in Kindergarten, Kindertagesheim und Schule. Bremen: 1987

Wehrmann, Ilse: Kindergärten und ihre Zukunft. Weinheim u. a.: 2004

Wehrmann, Ilse: Deutschlands Zukunft: Bildung von Anfang an. Berlin: 2007

Übergang Kindertageseinrichtung/Grundschule

Der Übergangsprozess von der Kindertageseinrichtung in die Grundschule stellt für Kinder einen wichtigen Entwicklungsabschnitt dar. Er steht daher seit einigen Jahren im Fokus zahlreicher Forschungsaktivitäten. Während ein gelungener Übergangsprozess die Kompetenzen des Kindes stärkt, wirken sich Schwierigkeiten bei der Bewältigung des Übergangsprozesses auch auf nachfolgende Bildungsprozesse aus (vgl. Griebel/Niesel 2004, S. 130 f.). Mittlerweile liegen zahlreiche Ergebnisse und Anregungen zur Gestaltung gelingender Übergangsprozesse vor. Sie weisen u. a. darauf hin, dass für das Gelingen des Übergangs nicht allein die Kompetenzen des Kindes entscheidend sind, sondern die Partizipation der am Übergang beteiligten Akteursgruppen: Kind, Eltern und pädagogische Fachkräfte[1] (vgl. Lingenauber 2008; Lingenauber 2010; Griebel/Niesel 2004, S. 193). In den Übergangsprozess sind Kinder, Eltern, Erzieher/innen und Grundschullehrer/innen in unterschiedlicher Weise involviert:

- Kinder müssen den Übergang vom Kindergartenkind zum Schulkind persönlich bewältigen (vgl. Lingenauber/von Niebelschütz/ ThILLM 2010, S. 8).
- Eltern kommt die Aufgabe zu, ihre Kinder im Übergangsprozess zu begleiten und zu unterstützen. Sie müssen jedoch auch selbst einen Übergang bewältigen: Sie werden von Eltern eines Kindergartenkindes zu Eltern eines Grundschulkindes (vgl. Griebel/Niesel 2004, S. 124).
- Pädagogische Fachkräfte in Kindertageseinrichtungen und Grundschulen erleben keinen eigenen Übergangsprozess (vgl. a.a.O., S. 192). Ihre Aufgabe ist es, den Übergangsprozess im letzten Kindergartenjahr sowie im ersten Grundschuljahr *gemeinsam* mit den Kindern und Eltern zu gestalten (vgl. Lingenauber 2008, S. 198).

Die Partizipation sämtlicher am Übergangsprozess beteiligter Akteure setzt die systematische Wahrnehmung und Berücksichtigung der unterschiedlichen Erwartungen, Bedürfnisse und Ausgangslagen voraus (vgl. Lingen-

---

[1] Mit pädagogischen Fachkräften sind hier und im Folgenden Erzieher/innen und Grundschullehrer/innen gemeint.

auber 2010; Lingenauber/von Niebelschütz 2012, S. 141). Es ist zum einen zu berücksichtigen, dass Kinder und Eltern aufgrund ihrer unterschiedlichen Ausgangslagen individuelle Kompetenzen und Ressourcen in den Übergangsprozess einbringen (vgl. Lingenauber/von Niebelschütz 2012, S. 133). Zum anderen muss berücksichtigt werden, dass sich die Bedürfnisse und Erwartungen der Kinder stark von denen der Eltern und diese sich wiederum von denen der pädagogischen Fachkräfte unterscheiden (vgl. Dockett/Perry 2001, o. S.). Internationale Forschungsergebnisse zeigen, dass Kinder im Übergangsprozess beispielsweise bestehenden Freundschaften sowie der Kenntnis von Regeln im neuen Lernumfeld Schule einen hohen Stellenwert beimessen (vgl. ebd.). Für Eltern hingegen ist von Bedeutung, dass die zukünftigen Lehrkräfte das Besondere an ihrem Kind wertschätzen und dass sie als Eltern die Möglichkeit haben, mit der Lehrkraft sowie mit anderen Eltern in Kontakt zu treten (vgl. ebd.). Die These der Autorinnen lautet, dass nicht die individuellen Ausgangslagen von Kindern und Eltern über das Gelingen oder Misslingen von Übergangsprozessen entscheiden. Vielmehr beeinflusst der Grad der Partizipation den Verlauf von Übergangsprozessen. Die individuellen Erwartungen und Bedürfnisse können umso besser wahrgenommen und berücksichtigt werden und Kinder und Eltern umso stärker zu Akteuren im Übergangsprozess werden, je umfassender professionelles Handeln Partizipation ermöglicht. Diese Annahme entspricht in besonderem Maße dem Gedanken der Inklusion (vgl. Gewerkschaft Erziehung und Wissenschaft 2007, S. 12 ff.). Partizipation ist also nicht nur von wesentlicher Bedeutung für Erziehungskonzepte (vgl. Lingenauber 2013), sondern auch grundlegend für die Gestaltung gelingender Übergangsprozesse (vgl. Lingenauber 2008, S. 199). Eine partizipative Form der Übergangsgestaltung entspricht der Sichtweise auf Schulfähigkeit als gemeinsamem Ziel pädagogischer Arbeit, an dem Kinder, Eltern, Erzieher/innen und Grundschullehrer/innen beteiligt sein müssen (vgl. Griebel/Niesel 2011, S. 131).

In den Bundesländern Berlin, Brandenburg, Bremen, Nordrhein-Westfalen und Thüringen wurden von 2005 bis 2009 neue Formen der Bildung in Kindertageseinrichtungen und Grundschulen erprobt sowie die Kooperation aller am Übergangsprozess Beteiligten weiterentwickelt (vgl. Lenkungsgruppe TransKiGs 2009). Die Erfahrungen im Projekt der Bund-Länder-Kommission für Bildungsplanung und Forschungsförderung (BLK) *Stärkung der Bildungs- und Erziehungsqualität in Kindertageseinrichtungen und Grundschule. Gestaltung des Übergangs* (TransKiGs) belegen die Bedeutung der Partizipation von Kindern und Eltern (vgl. ebd., vgl. Lingenauber/ von Niebelschütz/ThILLM 2010).

Das gemeinsame Ziel war es, „die Bildungs- und Erziehungsqualität in Kindertageseinrichtungen und Grundschulen zu stärken, um zur Anschlussfähigkeit der beiden Bildungsbereiche beizutragen und den Prozess des Übergangs für Kinder und ihre Familien zu verbessern" (Landesinstitut für Schule und Medien Berlin-Brandenburg o. J., o. S.).

Im Bundesland Thüringen wurden Strategien für gelingende Übergangsprozesse auf der Basis des *Thüringer Bildungsplans für Kinder bis 10 Jahre* (TBP) entwickelt, erprobt und verstetigt. Das darin beschriebene Bildungsverständnis stellt eine institutionenübergreifende Grundlage dar und ermöglicht so eine gemeinsame Bildungsorientierung der Kindertageseinrichtungen und der Grundschulen (vgl. Thüringer Kultusministerium 2008). Jedes Kind wird im TBP als Akteur seines Bildungsprozesses gesehen (vgl. a.a.O., S. 14). „Mit einem Bildungsverständnis, das die Perspektive des Kindes in den Mittelpunkt der Bildungsförderung stellt, ist Partizipation der zentrale Bezugspunkt in der pädagogischen Arbeit" (a.a.O., S. 29). Der Fokus im TransKiGs-Teilprojekt Thüringen lag daher im Besonderen auf der Partizipation von Kindern und Eltern (vgl. Lingenauber 2010, o. S.).

Ein zentrales Ergebnis der wissenschaftlichen Begleitung[2] dieses Teilprojektes ist, dass die Partizipation von Kindern, Eltern und pädagogischen Fachkräften der Kindertageseinrichtungen und Schulen auf unterschiedlichen Ebenen professionellen Handelns erfolgen kann. Es handelt sich dabei sowohl um Interaktionsebenen zwischen den Akteursgruppen als auch innerhalb dieser Gruppen: Kindern, Eltern und pädagogischen Fachkräften. Diese Interaktionen können durch professionelles Handeln zwischen *sämtlichen* Kindern, Eltern und Fachkräften entstehen. Insgesamt lassen sich nach Lingenauber (2008, S. 199) sieben Ebenen professionellen Handelns unterscheiden:

---

[2] Von Januar 2008 bis Dezember 2009 wurde *TransKiGs Thüringen* von Sabine Lingenauber wissenschaftlich begleitet, und seit Juli 2008 war Janina von Niebelschütz als Mitarbeiterin im Projekt tätig.

1. Erzieher/in-Grundschullehrer/in,
2. Erzieher/in-Grundschullehrer/in-Kindergarteneltern,
3. Erzieher/in-Grundschullehrer/in-Kindergartenkind,
4. Kindergarteneltern-Grundschuleltern,
5. Kindergartenkind-Grundschulkind,
6. Kindergartenkind-Erzieher/in-Grundschullehrer/in-Kindergarteneltern,
7. Kindergarteneltern-Kindergartenkind.

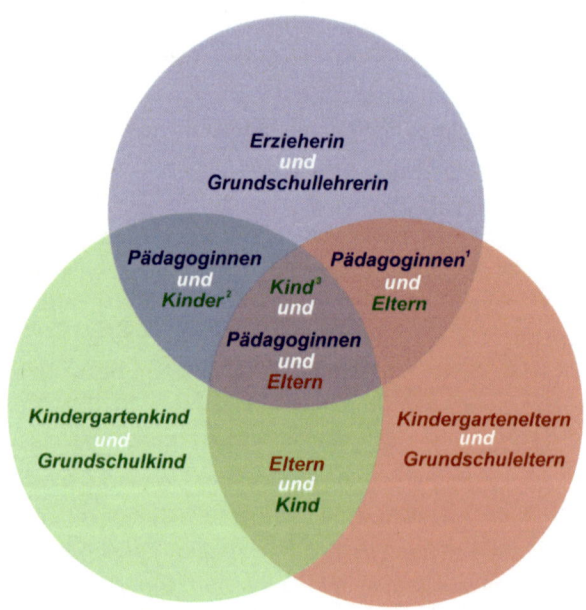

Abb. 1: Ebenenmodell professionellen Handelns (Lingenauber 2008, S. 200)

[1] Erzieher/innen und Grundschullehrer/innen
[2] Kindergartenkinder und Grundschulkinder
[3] Kindergartenkind

„Die Gestaltung des Übergangsprozesses von der Kindertageseinrichtung in die Grundschule erhält durch die Berücksichtigung der sieben Ebenen professionellen Handelns eine neue Qualität" (a.a.O., S. 199).

Die erste Ebene bezieht sich auf das gegenseitige Kennenlernen der pädagogischen Fachkräfte aus Kindertageseinrichtung und Grundschule, den fachlichen Austausch und die Entwicklung eines gemeinsamen Bildes vom Kind. Aktivitäten auf dieser Ebene sind z. B. gegenseitige Hospitationen, gemeinsame Fortbildungen, der gemeinsame Austausch und die gemeinsame Planung sowie Reflexion von Übergangsaktivitäten zwischen den beteiligten pädagogischen und ggf. weiteren Fachkräften (vgl. Lingenauber/ von Niebelschütz/ThILLM 2010).

Die zweite Ebene bezieht die Eltern mit ein. So lernen diese z. B. bei einem von der Kindertageseinrichtung und der Grundschule gemeinsam organisierten Elternabend in der Kindertageseinrichtung die Lehrkraft kennen, die ihr Kind zukünftig in der Grundschule unterrichten wird. Die Eltern erfahren bei dieser Gelegenheit, wie die pädagogischen Fachkräfte *gemeinsam* den Übergangsprozess der Kinder begleiten und unterstützen (vgl. a.a.O., S. 19).

Die dritte Ebene bezieht neben den Fachkräften das Kindergartenkind als Akteur in den Übergangsprozess mit ein. So werden in Thüringen die Kindergartenkinder beispielsweise für eine Woche in ihre zukünftige Grundschule eingeladen. Sie lernen ihre zukünftige Lehrkraft im Beisein der ihnen aus der Kindertageseinrichtung vertrauten Erzieher/innen kennen und machen erste Erfahrungen im Unterricht (vgl. a.a.O., S. 46).

Die vierte Ebene professionellen Handelns bezieht sich auf gezielt hergestellte Interaktionen zwischen Kindergarteneltern und Grundschuleltern. Beispielsweise berichten Grundschuleltern im Rahmen eines gemeinsamen Elternabends von den Erfahrungen, die sie im Jahr zuvor beim Übergang ihres Kindes von der Kindertageseinrichtung in die Grundschule gemacht haben (vgl. a.a.O., S. 66 f.). Dieser gezielt und systematisch hergestellte Austausch unterscheidet sich von einem rein zufällig entstandenen Austausch zwischen einzelnen Eltern, denn er bezieht *sämtliche* Eltern zukünftiger Schulkinder mit ein und ist fester Bestandteil der Übergangskonzeption. Übergangsstrategien wie diese sind noch relativ neu, aber im Prinzip unersetzliche Teile einer Übergangskonzeption.

Die Kindergartenkind-Grundschulkind-Ebene ist als fünfte Ebene für die Übergangssituation jedes einzelnen Kindes von besonderer Bedeutung. Sie betrifft nicht allein die Interaktionen zwischen den Kindern, sondern sie trägt insbesondere zur individuellen Übergangsbewältigung des Kindergartenkindes bei. Das professionelle Handeln umfasst hier etwa eine durch die Fachkräfte initiierte Patenschaft zwischen einem Kindergartenkind und einem Grundschulkind. So können die Patenkinder beispielsweise gemeinsam die Grundschule erkunden, und das Kindergartenkind kann die Schule aus der Kinderperspektive kennenlernen (vgl. a.a.O., S. 68 f.; S. 77 f.).

Ein Beispiel für die sechste Ebene ist ein gemeinsames Übergabegespräch, an dem das Kind, seine Eltern, die Fachkraft aus der Kindertageseinrichtung und die Lehrkraft aus der Grundschule teilnehmen. Dabei wird mit dem Kind beispielsweise über eine Lerngeschichte (vgl. Leu u. a. 2007) aus der Kindergartenzeit gesprochen. Der systematische Austausch zwischen *sämtlichen* beteiligten Akteuren, der sich von einem zufällig entstehenden Austausch beispielsweise während eines gemeinsamen Festes unterscheidet, wird bislang in der Praxis noch wenig gestaltet.

Die siebte Ebene betrifft den systematisch unterstützten Dialog zwischen dem Kindergartenkind und seinen Eltern in Bezug auf den Übergang. Forschungsergebnisse zeigen, dass das professionelle Handeln von Fachkräften aus dem Elementar- und Primarbereich überwiegend noch nicht systematisch auf die vierte Ebene, also den Austausch zwischen Kindergarteneltern und Grundschuleltern, die sechste Ebene, den Austausch zwischen *sämtlichen* beteiligten Akteuren, und die siebte Ebene, d. h. den Austausch zwischen Kindern und Eltern im Übergangsprozess, ausgerichtet ist (vgl. Lingenauber/von Niebelschütz/ThILLM 2010, S. 9).

Bezogen auf die siebte Ebene entwickelten die Autorinnen gemeinsam mit Erzieherinnen und Grundschullehrerinnen des Tandems Neuhaus[3] ein Tagebuch für den Übergangsprozess: das Übergangsbuch (vgl. Lingenauber/von Niebelschütz 2010). Es ist ein Instrument, das systematisch den Austausch

---

[3] Das Tandem Neuhaus besteht aus der „Staatlichen Grundschule Neuhaus" und der integrativen Kindertageseinrichtung „Tausendfüssler" der AWO.

zwischen Kind und Eltern, darüber hinaus aber auch den Austausch zwischen Kind, Eltern und pädagogischen Fachkräften unterstützt. Im Übergangsbuch dokumentiert das Kind gemeinsam mit seinen Eltern über zwei Jahre hinweg – nämlich im letzten Kindergartenjahr und im ersten Grundschuljahr – seine Erlebnisse im Übergangsprozess. Diese Dokumentation über die subjektive Perspektive des Kindes bildet die Grundlage für einen kontinuierlichen Dialog zwischen allen Beteiligten. In der → Reggio-Pädagogik wird diese Ebene professionellen Handelns bereits seit den 1990er Jahren genutzt (vgl. Scuola comunale dell'infanzia Diana 1990; Reggio Children 2002).

Bislang wird in Übergangs-Forschungsprojekten die besondere Ausgangslage von Kindern mit Behinderungen kaum berücksichtigt (vgl. Kron 2012, S. 105). Maria Kron betont, dass sich gerade für Familien mit dieser Ausgangslage der Übergangsprozess komplexer gestaltet und von zusätzlichen Faktoren beeinflusst wird (Kron 2009, 218 f.). So ist beispielsweise häufig unsicher, in welcher Schule der Übergangsprozess stattfindet (vgl. a.a.O., S. 217). Zudem ist die Gruppe der pädagogischen Fachkräfte erweitert um zusätzliche (therapeutische) Fachkräfte (vgl. Lingenauber/von Niebelschütz/ThILLM 2010, S. 63; Kron 2012, S. 110). In einem aktuellen Forschungsprojekt untersuchen die Autorinnen Übergangsprozesse von Kindern mit Behinderungen in Form einer Längsschnitt-Studie. Es geht um die Klärung der Frage, welche Faktoren die Übergangsprozesse aus Sicht der Eltern positiv bzw. negativ beeinflussen. Ziel ist es, Übergangsprozesse von einer integrativen Kindertageseinrichtung in die Grundschule aus der Perspektive der Kinder und Eltern zu erfassen. Darüber hinaus werden Möglichkeiten aufgezeigt, wie diese Perspektiven und Bedürfnisse In der Praxis durch eine inklusive Gestaltung des Übergangs einbezogen werden können. Das Forschungsvorhaben ist qualitativ angelegt. Zur Erfassung der Perspektive von Kindern mit Behinderungen und ihren Eltern im Übergangsprozess wird eine Längsschnitt-Studie durchgeführt, die sich über die Dauer des letzten Kindergartenjahres und des ersten Grundschuljahres erstreckt. Somit soll der Prozess der individuellen Übergangsbewältigung von Kindern mit Behinderungen und Eltern über die Dauer von zwei Jahren verfolgt werden. Von Interesse sind in diesem Vorhaben insbesondere die von Kindern und Eltern geäußerten Bedürfnisse, Erwartungen und Gefühle, aber auch die Sicht der beteiligten Fachkräfte. Durch dieses Vorgehen werden im Forschungsprojekt die Perspektiven sämtlicher beteiligter Akteure als Experten und Expertinnen berücksichtigt. Erfasst werden sie durch leitfadengestützte Interviews und durch Videografien. Dabei dienen die Übergangsbücher im Forschungsprozess zum einen als ergänzende Quelle für ein Verständnis der Kinder-Perspektive. Zum anderen wird das Übergangsbuch auch im Forschungsprojekt die Partizipation des Kindes und der Eltern unterstützen. Die ersten Ergebnisse einer Pilotstudie zeigen, dass sich die Perspektive der Eltern auf die „besonderen Bedürfnisse" ihres Kindes im Übergangsprozess erheblich von der Sichtweise der pädagogischen Fachkräfte unterscheidet. Gleichzeitig ermöglicht der Dialog der Akteure (Eltern, Lehrkräfte und weiterer Fachkräfte) die Vorbereitung der integrativen Schule auf die „besonderen Bedürfnisse" des Kindes.

Sabine Lingenauber
und Janina L. von Niebelschütz

Literatur

Dockett/Perry: Starting School: Effective Transitions. In: Early Childhood Research & Practice (ECRP) 3(2001)2 URL: http://ecrp.uiuc.edu/v3n2/dockett.html, Download vom 20.4.2013

Gewerkschaft Erziehung und Wissenschaft (GEW): Index für Inklusion (Tageseinrichtungen für Kinder). Spiel, Lernen und Partizipation in der inklusiven Kindertageseinrichtung entwickeln. Frankfurt a. M.: (2. Überarbeitete Auflage der deutschsprachigen Ausgabe) 2007

Griebel, Wilfried/Niesel, Renate: Übergänge verstehen und begleiten. Transitionen in der Bildungslaufbahn von Kindern. Berlin: 2011

Griebel, Wilfried/Niesel, Renate: Transitionen. Fähigkeiten von Kindern in Tageseinrichtungen fördern, Veränderungen erfolgreich zu bewältigen. Weinheim und Basel: (1. Auflage) 2004

Kron, Maria: Barrierefreie Passagen inklusiver Erziehung und Bildung. Der Übergang von der Kindertageseinrichtung in die Schule. In: Moser, Vera (Hrsg.): Die inklusive Schule. Standards für die Umsetzung. Stuttgart: 2012, S. 101–113

Kron, Maria: Übergänge von der inklusiven Kindertageseinrichtung zur Schule – Übergänge in disparaten Landschaften der Erziehung und Bildung. In: Heimlich, Ulrich/Behr, Isabel (Hrsg.): Inklusion in der frühen Kindheit. Internationale Perspektiven. Berlin: 2009, S. 215–229

Landesinstitut für Schule und Medien Berlin-Brandenburg (LISUM) (Hrsg.): Verbundprojekt TransKiGs. Stärkung der Bildungs- und Erziehungsqualität in Kindertageseinrichtungen und Grundschule. o. J. URL: http://www.bildung-brandenburg.de/transkigs/, Download vom 27.4. 2013

Lenkungsgruppe TransKiGs (Hrsg.): Übergang Kita – Schule zwischen Kontinuität und Herausforderung. Materialien, Instrumente und Ergebnisse des TransKiGs-Verbundprojekts. Ludwigsfelde: 2009

Leu, Hans Rudolf u. a.: Bildungs- und Lerngeschichten. Bildungsprozesse in früher Kindheit beobachten, dokumentieren und unterstützen. Weimar und Berlin: 2007

Lingenauber, Sabine: Einführung in die Reggio-Pädagogik. Kinder, Erzieherinnen und Eltern als konstitutives Sozialaggregat. Bochum/Freiburg: (6. Auflage) 2013

Lingenauber, Sabine: Bildungsqualität durch Partizipation. Kinder und Eltern als Akteure im Übergangsprozess. In: Zeitschrift für Inklusion (2010)3 URL: http://www.inklusion-online.net/index.php/inklusion/article/viewArticle/63/75, Download vom 25.4.2013

Lingenauber, Sabine: Übergang Kindertageseinrichtung/Grundschule. In: Lingenauber, Sabine (Hrsg.): Handlexikon der Integrationspädagogik (Band 1: Kindertageseinrichtungen). Bochum und Freiburg: 2008, S. 198–203

Lingenauber, Sabine/Niebelschütz, Janina L. von: Eltern als Gestalter des Übergangs Kindertageseinrichtung – Grundschule. In: Hess, Simone (Hrsg.): Grundwissen Zusammenarbeit mit Eltern in Kindertageseinrichtungen und Familienzentren. Berlin: 2012, S. 133–141

Lingenauber, Sabine/Niebelschütz, Janina L. von: Das Übergangsbuch. Kinder, Eltern und Pädagoginnen dokumentieren den Übergang von der Kindertageseinrichtung in die Schule. Berlin: 2010

Lingenauber, Sabine/Niebelschütz, Janina L. von/Thüringer Institut für Lehrerfortbildung, Lehrplanentwicklung und Medien (Hrsg.): Übergangskonzeptionen. Abschlussbericht des Forschungsprojektes TransKiGs-Thüringen. Bad Berka: 2010

Reggio Children (Hrsg.): Advisories. Five- and six-year-old children tell incoming three-year-olds about their new preschool. Reggio Emilia: 2002

Scuola comunale dell'infanzia Diana (Hrsg.): Diana Hop! Advisories for three-years-old children. Reggio Emilia: 1990

Thüringer Kultusministerium (Hrsg.): Thüringer Bildungsplan für Kinder bis 10 Jahre. Erfurt: 2008

Autorinnen und Autoren

Reiner Exner
Erzieher u. ehem. Leiter des Integrativen Montessori-Kinderhauses
An der Rosenhöhe 23
33647 Bielefeld

Prof. Dr. em. Georg Feuser
Emeritierter Universitäts-Professor für Behindertenpädagogik
im Studiengang Behindertenpädagogik des Fb 12
der Universität Bremen
http://www.georg-feuser.com/

Prof. Dr. Ulrich Heimlich
Ludwig-Maximilians-Universität München
Fakultät für Psychologie und Pädagogik/Fakultät 11
Lehrstuhl für Lernbehindertenpädagogik
Leopoldstr. 13
80802 München
www.edu.lmu.de/lbp

Ariane Jaeger
Sonderschullehrerin
Virchowstr. 19
53123 Bonn

Sabine Jobst
Dipl.-Soziologin und Dipl.-Sozialpädagogin
KoKi-Netzwerk frühe Kindheit, Landratsamt Bayreuth
Markgrafenallee 5
95448 Bayreuth
sabine.jobst@lra-bt.bayern.de
https://www.landkreis-bayreuth.de

Prof. Dr. Gerald Knapp
Alpen-Adria-Universität Klagenfurt
Institut für Erziehungswissenschaft und Bildungsforschung
Universitätsstraße 65-67
9020 Klagenfurt
Österreich
www.uni-klu.ac.at/gknapp/

Prof. Dr. Maria Kron
Universität Siegen
Erziehungswissenschaft und Psychologie/Fachbereich 2
Zentrum für Planung und Evaluation Sozialer Dienste (ZPE)
Universität Siegen
Adolf-Reichwein-Str. 2
D - 57068 Siegen
www.uni-siegen.de/zpe

Prof. Dr. Sabine Lingenauber
Hochschule Fulda
Fachbereich Sozialwesen
Marquardstrasse 35
36039 Fulda
www.fh-fulda.de

Prof. Dr. Kerstin Merz-Atalik
Pädagogische Hochschule Ludwigsburg
Fakultät für Sonderpädagogik
Reuteallee 46
71634 Ludwigsburg
www.ph-ludwigsburg.de

Janina L. von Niebelschütz
M. A. Soziale Arbeit und Dipl.-Sozialpädagogin
Promovierende an der Hochschule Fulda
j.v.niebelschuetz@sw.hs-fulda.de

Mechtild von Niebelschütz
Erzieherin, Leiterin „Integratives Montessori Kinderhaus
und Familienzentrum St. Martin"
Wartweg 27
35392 Gießen
http://portal.skf-giessen.de/

Autorinnen und Autoren

Birgit Papke
Dipl.-Pädagogin und Dipl.-Sozialpädagogin
Universität Siegen
Zentrum für Planung und Evaluation Sozialer Dienste (ZPE)
Adolf-Reichwein-Str. 2
57068 Siegen
www.uni-siegen.de/zpe

Prof. Dr. Ingrid Pramling Samuelsson
Göteborg University
Department of Education
Box 300
SE-405 30 Göteborg
Sweden
www.gu.se

Prof. Dr. Thomas Rauschenbach
Direktor des Deutschen Jugendinstituts e. V.
Nockherstr. 2
D-81541 München
www.dji.de

Dr. Christa Roebke
Journalistin
Auguste-Viktoria-Str. 55
50321 Brühl
w_roebke@hotmail.com

Prof. Dr. Ulrike Schildmann
Technische Universität Dortmund
Fakultät Rehabilitationswissenschaften
Frauenforschung in Rehabilitation und Pädagogik
bei Behinderung
Emil-Figge-Straße 50
44227 Dortmund
www.uni-dortmund.de

Dr. Matthias Schilling
Technische Universität Dortmund
Fakultät 12
Forschungsverbund Deutsches Jugendinstitut/TU Dortmund
Arbeitsstelle Kinder- und Jugendhilfestatistik
Vogelpothsweg 78
44227 Dortmund
www.uni-dortmund.de

Dr. Irmtraud Schnell
Goethe-Universität
Fachbereich Erziehungswissenschaften
Institut für Sonderpädagogik
Grüneburgplatz 1
D-60323 Frankfurt am Main
www.uni-frankfurt.de

Andrea Tures
Psycholinguistin M.A.
Promovierende an der Ludwig-Maximilians-Universität München
Lehrbeauftrage an der Hochschule Fulda
andrea.tures@sw.hs-fulda.de
www.andreatures.com

Dr. Ilse Wehrmann
Diplom-Sozialpädagogin und Erzieherin
Sachverständige für Frühpädagogik
Wehrmann Education Consulting
Büro Bremen:
Pelzerstraße 4-5
28195 Bremen
www.ilse-wehrmann.de

Sabine Lingenauber (Hrsg.)

Handlexikon der Reggio-Pädagogik

2016 (6., überarb. Aufl.)
172 S.; 16,50 EUR [D]
ISBN 978-3-89733-392-5

Sabine Lingenauber

Einführung in die Reggio-Pädagogik

Kinder, Erzieherinnen und Eltern
als konstitutives Sozialaggregat
2013 (6. Aufl.)
106 S.; 12,50 EUR [D]
ISBN 978-3-89733-191-4

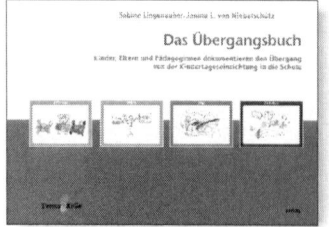

Sabine Lingenauber/
Janina L. von Niebelschütz

Das Übergangsbuch

Kinder, Eltern und Pädagoginnen
dokumentieren den Übergang von
der Kindertageseinrichtung
in die Schule

2015 (2., erweit. Aufl.)
76 S. (A4); farbg. Abb.
19,80 EUR [D]
ISBN 978-3-89733-351-2

Wir leben Inklusion:

Vielfalt studiert!

www.fruehkindliche-inklusive-bildung.de

Frühkindliche inklusive Bildung

Bester Studiengang im Wettbewerb des Stifterverbandes für die Deutsche Wissenschaft